●日本からの応答

葛谷 彩・芝崎厚士 編
Aya Kuzuya & Atsushi Shibasaki

The End of International Relations?
Reply from Japan

「国際政治学」は終わったのか

ナカニシヤ出版

目　　次

序　章　二つの「終わり」論と日本の視点 ────── 葛谷　彩　*1*

　　1．問題の所在　*1*

　　2．本書の目的と意義　*14*

　　3．本書の構成　*15*

第Ⅰ部　「国際関係論」（IR）と「国際政治学」への批判
　　──理論・思想の観点から

第1章　パワー・ポリティクスという示準特性の崩壊
　　──国際政治学の最終的勝利と死滅 ────── 小林　誠　*23*

　　1．パワー・ポリティクスとしての国際政治　*23*

　　2．パワー・ポリティクスからの逆襲
　　　　──第一のフロント　*27*

　　3．パワー・ポリティクスからの逆襲
　　　　──第二のフロント　*31*

　　4．パワー・ポリティクスという示準特性の崩壊　*35*

　　5．国際政治学の最終的勝利と死滅　*38*

第2章　リフレクシビズム
　　──ポスト実証主義の理論的展開 ────── 五十嵐元道　*42*

　　1．リフレクシビズムとは何か　*42*

　　2．国際関係論の理論的展開　*44*

　　3．リフレクシビズムの方法論　*48*

　　4．国際関係論としてのリフレクシビズム　*55*

i

第3章　ディシプリンの国際文化交渉
―― 日本の国際関係研究とIRの関係史序説 ―― 芝崎厚士　61

1．「国際関係研究」をいかに研究するか　61

2．ディシプリン間関係史の対象と方法　65

3．国際文化交渉と文化の多義性・重層性　71

4．「物としての言葉」と「未知との出会い」　75

5．「未知との出会い」としての国際文化交渉　79

6．日本の国際関係研究の「共有の方法」？　84

第Ⅱ部　日本からの応答
―― 地域研究・古典的国際政治論の視点から

第4章　終わらない国際政治学と下僕ではない地域研究のために
―― 中東地域研究が提示するもの ―――――― 酒井啓子　89

1．国際政治学と地域研究の乖離　89

2．社会科学の下僕としての地域研究か　92

3．地域研究は国際政治をいかに相対化できるか　95

4．「国際社会の動態を反映する地域」という考え方　97

第5章　統一を欠く分野
―― 国際関係論の政治性 ―――――――― 西村邦行　108

1．自問体質を問いなおす　109

2．学説史を問いなおす　110

3．国際関係（論）の特殊性　116

4．終わりを叫びたがる心性　120

第Ⅲ部 外部の視点から見た「「国際政治学」の終わり？」論

第6章 国際関係理論は終わったのか
──グローバル国際関係学にみる自己省察の行方
―――――――――――――――――――――――――――― 安高啓朗 *127*

　　1．自己省察的研究小史　*129*

　　2．グローバル国際関係学の現在地　*136*

　　3．グローバル国際関係学にみる自己省察の行方　*140*

第7章 時政学の射程
──国際政治学の時間論的転回に向けて ── 高橋良輔 *149*

　　1．社会的時間から時間政治へ　*149*

　　2．七月危機をめぐる時間分析　*153*

　　3．戦後世界の時政学　*157*

　　4．世界秩序の時間論的転回　*162*

　　5．時間統治の行方　*167*

第8章 国際政治学はマテリアル・ターンの真意を受けとめられるか？
──多重終焉の黄昏の中で ─────────── 前田幸男 *173*

　　1．マテリアル・ターンとは何か？　*173*

　　2．確かに終焉なのだ、しかし何の？　*178*

　　3．リアリズムのリバイバル？　*184*

　　4．ジオパワーに基づいた新しい地政学へ　*187*

　　5．日本からの応答？　*189*

終 章 終わりは、はじまり ―――――――――― 芝崎厚士 *195*

　　1．第Ⅰ部の到達点　*196*

　　2．第Ⅱ部の到達点　*200*

　　3．第Ⅲ部の到達点　*202*

　　4．本書全体の包括的評定　*208*

　　5．「終わり」論の意味、「終わり」論を提示することの
　　　　意味　*210*

　　6．終わりは、はじまり　*213*

おわりに　*218*

序章

二つの「終わり」論と日本の視点

葛谷　彩

　本書は、国際関係を対象とする学問（ディシプリン）である IR（International Relations.「国際政治学」「国際関係論」「国際関係学」）[1] の現状について批判的な日本の研究者が、それぞれの分野やアプローチから現状分析、問題提起および処方箋の提示を行うことで、自己省察の学としての IR および日本の国際政治学の特徴と問題点を多面的に描き出すと同時に、大きく変貌しつつある世界政治のより良い理解に資するような学のあり方を考察する試みである。序章に当たる本章では、近年の世界政治論や IR における自己省察の動向を概観し、この企てがもつ意味を明らかにしておきたい。

１．問題の所在

　日本は一般に国際ニュースの報道量が少ないとされている。またバブル崩壊後の「失われた 20 年」に象徴される長引くデフレ不況も相まって、内向き志向が強まったことにより、そうした傾向にいっそう拍車がかかったと思われる。現に国際政治学を大学で教えている筆者は、赴任当初（2005 年）の200 人を軽く超える履修登録者数が年々減っていくことでそれを実感していた。個人的にはそれは負担の軽減を意味するがゆえに好ましいことではあったが、国際政治学の教育者・研究者として、さらに一日本人として、このような状況に対してある種の危惧を抱いてもいた。それに加えて当時の日本が政権交代の渦中にあって短期政権が続き、また 2011 年には未曾有の国内災害・原発事故である「3.11」が起きたにもかかわらず依然として国内政治が安定せず、次第に国際政治における日本の存在感が低下していくことに対す

I

る焦燥感もあったと言える。

　ところが、一昨年の 2016 年を契機として状況が激変した。一時 100 人近くまで落ち込んでいた履修人数が再び 200 人の大台を超えた。言うまでもなく、イギリスの国民投票における EU 離脱派（ブレグジット）の勝利と、アメリカ大統領選において当初泡沫候補扱いされていた政治経験ゼロの実業家ドナルド・トランプ（共和党）の当選である。もちろん学生たちがこれらのニュースに飛びついたのは、そのわかりやすさ（前者は是非を問う国民投票、後者はアメリカの最高指導者を選ぶ事実上の直接選挙である大統領選挙）や見た目の派手さ（トランプ候補のキャラクターや、不法移民の入国を阻止するための「壁」の建設など政治的正しさ（ポリティカル・コレクトネス）に対して確信犯的に挑戦する発言や公約など）によるところが大きい。しかし、ほとんどのイギリス政治やアメリカ政治の専門家、さらに前者についてはEU の離脱・残留を問う国民投票を計画した政治家たち当人ですら、こうした結果を予測できなかったという事実がもつ衝撃が最も大きく作用したのではないだろうか。それに加えて、世界大国として国際秩序を主導してきたアメリカの指導力の後退、新興国の中国の台頭、とりわけ、「一帯一路」政策の提唱や「AIIB」（アジアインフラ投資銀行）の創設に象徴されるような、従来の西側先進諸国主導で形成され、維持されてきた国際秩序への挑戦的な動き、IS（「イスラム国」）の領土拡張の動きやシリア内戦に伴う中東の不安定化、さらにそこから派生したシリア難民が EU 諸国に逃れることで生じるEU 内の不協和音や排外的ポピュリズムの台頭、北朝鮮の核ミサイル開発問題など、さまざまな出来事が今後の世界についての不透明感を増していることも挙げられよう。

「リベラル国際秩序」の「終わり」？

　こうした予測不可能な世界情勢に直面して、アメリカをはじめとするリベラルな知識人たちから提起された議論が「リベラル国際秩序」の「終わり」論である（Ikenberry 2017, 2018; Haass 2014, 2018; Colgan and Keohane 2017; Nye 2017 など）。これは彼らが世界政治を理解し、政策を考案する際の枠組

みとして用いていた「リベラル国際秩序」論が、もはや有効ではなくなった
のではないかという政治的判断のみならず心理的ショックにも裏打ちされて
いた。

　「リベラル国際秩序」とは何か。ここでは、第二次世界大戦後アメリカを
中心とする西側諸国により構築され、①人権、法の支配、自由貿易などのリ
ベラルな価値観・理念に基づき、②政治・安全保障面における国際連合や、
経済面における自由貿易を促進するための国際通貨基金（IMF）、世界銀行
（WB）やGATT（のちの世界貿易機関（WTO））などの多国間主義の国際
機関・制度により維持され、③アメリカの軍事力・経済力に支えられた国際
秩序をさす。冷戦の本格化と相まって、戦後国際秩序はあくまで西側世界を
対象とするものにすぎなかったが、冷戦の終焉とソ連邦の崩壊により、その
基礎である人権、民主主義、自由経済といった諸理念が世界大に広がるべき
であるというある種の楽観論を、アメリカをはじめとする西側諸国に拡散さ
せることになった。これに寄与したのが同時期に発表され、最終的に自由民
主主義が勝利したことによってイデオロギー対立、すなわち歴史が終わった
とするフランシス・フクヤマの「歴史の終わり？」論（Fukuyama 1989,
2006［1992］）であった。フクヤマの議論は、現代の自由民主主義国家では
人々に対して肉体的安全や物質的豊かさといった功利的幸福しか与えること
ができないというその限界も指摘するものであったが、そうした文脈は無視
され、世界は自由民主主義によって再構築されるべきであり、アメリカはそ
の目的のために力を行使するべきであるという、ネオコンに代表される人道
的介入や民主化のための武力行使を正当化するイデオロギーとして、その後
のアメリカの指導者たちの外交の失敗を招く遠因となった[2]。

　かくして西側世界に限定され、先進国の安定した国内民主主義、福祉国家
と自由貿易の両立を可能にした「埋め込まれた自由主義」という、それ自体
戦後の西側世界の平和と繁栄に貢献した戦後国際秩序は、これ以降普遍的な
「リベラル国際秩序」へと変容していくことになった。

　それでは、「リベラル国際秩序」がなぜ終わったと考えられるようになっ
たのか。その背景には、第一にテロや金融危機に象徴されるようなグローバ

ル化によるリスクの増大という問題とともに、第二にそれを受けてより増幅され、加速化される先進諸国における格差の拡大と、グローバル化を推進してきたエリートへの反発、移民や難民に対する反感、民族・宗教的な排外感情、テロへの恐怖などに象徴される反グローバリズム・ポピュリズムの台頭、第三に 2008 年のリーマンショック以降顕著となった中国の台頭がある。とりわけ第二の背景の代表例としてのトランプ政権の成立は、実践のみならず理念の面でもこれまでのアメリカの外交を、国際主義から自国第一主義に転換させたことで、世界政治の大きな変容を印象づけた。また第三の中国の台頭にしても、中国が習近平体制の下、「一帯一路」構想を打ち出し、アジアインフラ投資銀行（AIIB）を創設するなど西側主導の既存のそれと競合する枠組みを構築し始めたことは、それまで西側が作りだした開放的な「リベラル国際秩序」は、中国にとってもメリットであるがゆえにいずれ取り込まれていくと考えていた西側諸国の指導者やリベラル知識人の予想に反する変化であった（Haass 2018; 中西 2018、22-25 頁; 納家 2018、22-26 頁）。

　他方、日本でもこうした米英などでの反響を受ける形で、「リベラル国際秩序」の「終わり」をめぐる特集が組まれた（『国際問題』特集号「揺らぐ国際秩序」（2018 年 1 ・ 2 月号）、『アスティオン』特集号「リベラルな国際秩序の終わり？」88 号（2018 年）など）。ここでは『国際問題』の特集号での、アメリカ、EU、グローバル・ガバナンス、日本外交の各専門家による座談会「国際秩序は揺らいでいるのか」（遠藤・大芝・中山・宮城・古城 2018）を取り上げたい。これまでの先進諸国と異なる中国のような新興国の台頭や、グローバル化の進展による先進国における社会的・政治的分断のリスクの出現の二点において、現在世界政治が大きな変容の中にあることについては参加者は皆一致しているものの、かかる「リベラル国際秩序」の実体性への違和感（たとえば、戦後国際秩序に比して、冷戦後に打ち出された「リベラル国際秩序」の世界大の普遍的秩序としての実態の曖昧さや、その曖昧な秩序が終わったという感覚など）が日本と東アジアの歴史的・地域的視点から表明されたり（宮城）、とりわけそうした議論が前提としている「歴史の終わり」論に象徴されるようなポスト冷戦的なユーフォリア（楽観的幻想）に対する

批判がアメリカと日本外交の専門家から出されるなど（中山、宮城）、総じて異論が目立つ。さらに興味深いのは、他の専門家（遠藤（EU）、大芝（グローバル・ガバナンス））の態度である。二人とも基本的にはリベラルな価値観を擁護しながらも、アメリカ発の「リベラル国際秩序」論とは一線を画しつつ、異なる歴史軸から思考している。遠藤はイギリスのブレグジットやアメリカでのトランプ政権の成立という二つの反グローバリズム・ポピュリズムの現象を挙げつつ、それが世界史的観点から19世紀から20世紀初めの英米の覇権による時代の終わりを意味すると指摘する。大芝は世界銀行やアジア開発銀行で重視されるようになってきた環境社会配慮について、それは戦後アメリカ主導で創設された世界銀行などでも最初から重視されてはいなかったが、冷戦後グローバル化が進展するなかで、普遍的価値としての人権や国際公共財としての地球環境保護という規範が広まり、さらにNGOの働きかけなどもあって、世界銀行などの国際開発金融機関でも、開発援助事業でのガイドラインとしてようやく確立されるようになったとして、その歴史的プロセスの厚みと重層性を強調する。確かにアメリカと密接な同盟関係にある「西側の一員」である「日本は、米国の言説空間に取り込まれてしまっている部分がかなりあるので、一緒に驚愕しているという側面もある」（中山）が、それは「リベラル国際秩序」の終わりへの全面的同調を意味しているわけではない。むしろ「西側の一員」でありながら、アジアの国として現在急速に台頭する中国と向き合っていかなければならない日本の微妙な立ち位置が、国際秩序の来歴と展望について欧米のみならず、中国や他のアジア諸国とも異なる見方を日本がとることを可能にしていると言えよう。

「国際関係理論の終わり？」

　他方で、おそらくこうした世界政治の大きな転換をも背景にしていると思われるが、国際関係を対象とする学問であるIRにおいても「終わり」論が登場している。

　ここでは、その端緒となった『ヨーロッパ国際関係論誌（*European Journal of International Relations.* 以下、*EJIR* と表記）』の2013年の特集「国

際関係理論の終わり？」を取り上げたい。これはディシプリンの成立以来数多く行われてきた自己省察の試みの一貫ではあるが、「終わり」という言葉を使ったことでより注目を集めた。本章では以下の三つの問いにしたがって、編者であるダン、ハンセン、ワイトによる巻頭論文（Dunne, Hansen and Wight 2013）を見ていく。

　第一に、「国際関係理論の終わり？」という問いについて、具体的に何が終わったのかという点である。三人によれば、それは理論の発展が止まったり、新たな理論の成立が見られなくなったことを意味するのではない。むしろ逆に複雑化する国際政治環境を反映する形で、理論は増殖の一途を辿っている。ここで彼らが問題にしているのは、かつてのパラダイム間で展開されてきた大論争（Great Debates）が近年低調になってきていることである。「問題は IR における理論の終わりの存否ではなく、メタ理論に取り組む研究の類いの終わりの存否である」（Dunne, Hansen and Wight 2013, p. 418）。すなわち、彼らによれば、ディシプリンの発展は単に理論研究の量的増加ではなく、それらの研究が研究共同体の中でどのように読まれ、参照され、さらにそれによってどの程度研究共同体の形成に貢献しているかという点が重要なのである。またパラダイム間の大論争の不在により、増殖し、断片化された各理論は相互の関係を特定したり、他の見方に照らして自身の立場を検証したりすることもなく、新しい理論の開発よりも従来の理論のテスト（検証）が重視され、結果としてそれぞれの理論が「タコツボ化」して併存しているという状況を呈している。いわば諸理論の「しまりのない（disengaged）多元主義」（Dunne, Hansen and Wight 2013, p. 407）が進行していると嘆く。

　第二の問いは、たとえタコツボ的状況とはいえ、一見すると各理論の多様化が進展し、活況を呈しているように見える現在の国際関係理論の状況について、彼らがなぜあえて「国際関係理論の終わり」という表現を用いるのかという点である。その理由は、そうした自他の理論に対して自覚的な研究が少なくなることがディシプリン内の各理論間のコミュニケーションを失わせ、ひいてはそれが「国際関係理論の終わり」のみならず、ディシプリンとして

6

の「IRの終わり」を意味するかもしれないと彼らが危惧しているからである。なぜなら、IRはそれが対象としているもの（国際関係、国際システム）と比して、比較的遅く（20世紀初め）ディシプリンとして確立されたがゆえに、他のディシプリンに対する優位がなく、歴史的に他の分野（人文学（社会・政治理論、哲学、歴史）、社会科学（経済学、社会学、法学）、自然科学（数学、物理学、統計学））から理論を輸入してきた。それゆえに、ディシプリンについての社会学的説明をすれば、IRにおいて「大論争」や「イズム」（リアリズム、リベラリズム、コンストラクティヴィズムなどの理論）への関心が高く、また理論の重要性が強調されてきたのは、他のディシプリンに対する比較優位を確立するという意図があったためであるとされる。いわば出遅れた学問であるIRが他のディシプリンに対する比較優位を確立できるよすがが、この理論に対する関心や志向、習熟度の高さであった。その意味で大論争を中心にして展開され、頻繁に自己省察を繰り返してきたIRにとって、「国際関係理論の終わり」はディシプリンのアイデンティティの終わりを意味しかねないのである。

　さらに編者たちが指摘するのが、グローバル化に象徴される近年の国際政治の変容により（ベルリンの壁の崩壊やアラブの春など国際問題における一般人のパワーが例証された出来事）、これまでIRが対象としてきた「国際的なるもの（the International）」自体が終わりを迎えている可能性である（Dunne, Hansen and Wight 2013, pp. 418-420）。もう少し具体的に説明すると、たとえば近年のグローバル化の進展が先進国を含む各国社会の格差の増大をもたらし、それが反グローバリズム・ポピュリズムの台頭という形で再び国際政治に対する反作用を惹き起こすという状況は、国際的なるもの（国際関係）と国内政治社会の境界を溶解させていくことで、社会学や比較政治学など他のディシプリンの参入を招き、いまや「国際的なるもの」（国際関係）はIRの独占的対象ではなくなりつつある。すなわち、「国際関係理論の終わり」はディシプリンとしての「IRの終わり」をも意味し、さらにはその研究対象である「国際的なるものの終わり」にも帰着しかねないのである。この点に編者たちがあえて「終わり？」という表現を用いた危機意識の深さ

が窺える。

　このような事態に対してどのような処方箋が考えられるであろうか。これが第三の問いである。編者たちが提示するのが、「統合的多元主義」である。それは理論的総合の一形態でもなく（「統一を目指す多元主義」）、あらゆる理論の良いところ取りをして「あらゆるものについてのグランド・セオリー」を折衷的に作りだすのでもない（「しまりのない多元主義」）。一方で、幅広い理論的視点の多様性を維持しながら複雑な現象をより包括的かつより多面的に説明できる手段として理論的多様性を擁護し、他方で、さまざまな理論をテストすることを通じて、失敗した理論を淘汰し、かつ理論の修正や変容も辞さない立場であり、何でもありの相対主義というわけでもないと述べる（Dunne, Hansen and Wight 2013, pp. 416-417）。

　このような通常の自己省察を超える IR の「終わり？」をも示唆した『EJIR』（2013 年）の問題提起に対し、内外から一定の反響が見られた。たとえば、インド出身のアメリカの国際政治学者で、グローバル IR の提唱者として知られるアチャリャと、アチャリャと共に非西洋 IR の確立に取り組む一方で、英国学派の研究でも知られるイギリスのブザンはその共著論文の中で、近年の西洋、とりわけアメリカを中心とするディシプリンの主流における動向として『EJIR』の特集を取り上げ、12 の収録論文のうち 1 本のみが「国際関係理論」における「多元主義的転換」について議論しているにとどまるとして、暗にその西洋中心主義的視点を批判する（Acharya and Buzan 2010）。こうしたディシプリンとしての IR および国際関係理論の西洋的偏狭化（パロキアル化）と彼らが呼ぶ状況に対して、処方箋として提示されるのが「グローバル IR」である。それはリアリズム、リベラリズム、英国学派およびコンストラクティヴィズムのような既存の主流の西洋優位的な IR の知識を拒絶しないが、それらのパロキアリズムには挑戦し、それらの理論に対して非西洋世界からの理念、経験および知見を受け入れるように促す。彼らはグローバル IR における多元主義を、共通の土台を求めつつ多様性を尊重する「多元主義的普遍主義」と呼び、ダンらが言うところの「統合的多元主義」ではないと述べ、ダンらの唱える多元主義が多様化し増殖す

8

序章　二つの「終わり」論と日本の視点

る国際関係理論の現状の承認とほとんど変わらないことを指摘し、これを批判する。

　もう一つ国内の反響として、本書の編著者でもある芝崎厚士の論考がある。芝崎もまた、ダンらの統合的多元主義を、ディシプリンとしての国際関係研究が抱えるアイデンティティや課題をめぐる問題状況に対する積極的な展望を示せていないとして、処方箋たりえていないとする。なぜなら統合的であるべきであるということと、それが実現可能であるということは同じではなく、ダンらは統合的多元主義がいかにして可能であり、理論の断片化という状況をどのように変えうるのかを具体的に説明していないからである。換言すれば、ダンらの統合的多元主義は統合を視野に入れるという条件つきで追認されるべき既存の、現状としての多元主義にすぎず、この点では芝崎はアチャリャたちの批判を共有する。しかし、その一方で、芝崎はそれ自体がディシプリンの抱えるアポリア（ここでは国際関係研究がつねに自己省察し続け、かつなぜこれまで決定的な処方箋を見出せなかったのかという問題をさす）を体現しているとして、彼らの問題提起には一定の評価を行っている（芝崎 2015）[3]。

二つの「終わり」論に共通するものと日本の国際政治学の視点

　かくしてダンらの問題提起に対し、その処方箋としての不十分性を西洋中心主義（アチャリャら）やディシプリンとしての IR が抱える構造的問題（芝崎）に求める声がある。これらに対し、筆者も基本的には同意しつつも、新たな視点を提示したい。それは「リベラル国際秩序の終わり」という外交・世界政治論と、「国際関係理論の終わり？」という学問論に共通する問題である。すなわち、歴史や地域、とりわけ非欧米地域の個別性への関心の低さである。それは換言すれば、イデオロギー対立が終わり、世界は一時的な紛争や混乱があっても、基本的には唯一の勝者である自由民主主義・市場経済に基づく「一つの世界」に向かいつつあるという、フクヤマの「歴史の終わり」論的世界観にほかならない。この点については後述する。

　前者の「リベラル国際秩序」の終わり論には、アメリカ主導で維持されて

きたリベラル国際秩序が普遍的なものであったという前提が埋め込まれており、かつ仮にいまはそうでないにしても、中国のような非民主主義国も、グローバル化の中で経済成長を志向していく過程で、おのずと既存のリベラル国際秩序に取り込まれていくであろうという見通しがあった。であるからこそ、いまとなって、一方でリベラル国際秩序に取り込まれるどころか、近年AIIB や「一帯一路」構想など自前の国際的枠組みを提唱し、かつ国内の支配の強化を推し進めている習近平下の中国に対する戸惑いと警戒を覚えつつ、他方で自らの足元でリベラルな価値観に逆行するような主張を繰り返す大統領が選出され、それを支えているのがグローバル化の進展により没落し、自らの意志や利益が反映されていないとして現在の民主政治に対して不満をもつ中間層の反グローバル・ポピュリズムであることに衝撃を受けていると言えよう。そこには自らの価値観や制度に対する傲りと、「他者」である中国やロシアをはじめとする新興大国に対する軽視があったことは否めない。

　読者においては、こうした「リベラル国際秩序」の終わり論が欧米のリベラル的価値観にもっぱら依拠していることから、これが他の国や地域の価値観に対する軽視につながりやすいということは理解しやすいであろう。しかし、「国際関係理論の終わり？」論は違うのではないかと思うかもしれない。そこで描かれている IR の状況は、およそ統一的な学問体系をもったディシプリンどころか、多様な諸理論やアプローチが乱立し、大論争やメタ的な理論に関心をもつこともなく、相互の対話も乏しいまま、それぞれの中で理論の実証性を追求するという、いわばタコツボ的ものではなかったかと。

　それはもっともな疑問であるが、前述したように、フクヤマの「歴史の終わり」論は単なる自由民主主義・市場経済の勝利宣言ではない。そこにはイデオロギーをめぐる大きな対立が終わったことにより、もはや人間はニーチェが言った「最後の人間」のように、自らの個人的利益や日常的欲求を超える価値を見出せないまま、ひたすらそれらを追求するしかないというニヒリスティックな状況の到来への予言もこめられていたのである。まさに IR で展開されている「しまりのない多元主義」という状況は、フクヤマのこのような苦みを含んだ予言と符合しないだろうか。その意味で、「国際関係理論

の終わり？」という問題提起をしたダンらの方が、「リベラル国際秩序」の終わり論の代表的論者であるアイケンベリーらよりも、現状に対する危機認識が深いと言える。しかし、これも先述したように、ディシプリンが直面する危機に対して理論の多元化・専門化を基本的には受け入れつつ、各理論の対話も促そうとする「統合的多元主義」というダンらが提示する処方箋は、すでにアチャリャ、ブザンや芝崎の指摘する通り、有効性に乏しく、基本的には現状承認をさほど超えるものではないと言わざるをえない。なぜなら、彼らがそこで想定している「他者」（理論）の範囲があまりにも狭いからである。そこには、第一の論争で主役となっていたリアリズムやリベラリズムの古典的国際政治論は登場せず、またアチャリャらがいみじくも指摘したように、非西欧の歴史や政治理論も含まれていない。つまり、本人たちはそこまで限定はしていないものの、対象とされているのはいわゆる現在アメリカを中心に展開される主流の国際関係理論である。

　そこで、もう一度最初の問いに戻ると、「リベラル国際秩序」の終わり論も、「国際関係理論の終わり？」論も、ともに「他者」への無関心や軽視という点で共通する。「他者」は非西洋諸国やその歴史や政治理論といった空間的なものに限らない。それは過去の国際秩序や国際関係理論といった時間的なものもある。そして、近代西洋以外の時間的・空間的他者が軽視されるという点では、フクヤマの「歴史の終わり」論はまさにその証左である。一見対照的な両者の「終わり」論には、ともに「歴史の終わり」論の世界観が埋め込まれていると言える。ここで時間的な他者＝過去を強調する理由は何か。それはアチャリャらが主流の IR に対してその西洋中心主義を批判することの正しさを認めつつ、IR をよりグローバルなものにする（「グローバル IR」）ために、既存の国際関係論が非西洋の歴史や政治理論、さらに世界史を国際関係理論に取り込むべきであるという彼らの処方箋が、問題の解決につながることに懐疑的だからである。それどころか下手をすれば、いわば「ミイラ取りがミイラになる」のごとく、既存の IR に取り込まれ、その多様性のアピールに利用される恐れがあるからである（葛谷 2017、4、7-8 頁; 芝崎 2015、140-141 頁）。言ってみれば、アメリカ中心の現在の主流 IR を相

対化するためには空間的多元化だけでなく、時間的多元化も必要となる。そして、それが歴史的アプローチの重要性であり、「リベラル国際秩序」の終わり論に対して日本の研究者たちが抱いた違和感の淵源でもあったのではないだろうか。

　ここでなぜ日本の国際政治学が、「国際関係理論の終わり？」というダンらの問題提起に答えるべきか、さらに何らかの意義ある応答が可能ではないかと筆者が考える理由を説明したい。それは、日本の国際政治学がアメリカを中心とする IR の影響を受けながら発展し、かつ同様に自己省察が盛んであるという共通点を有しつつも、他方で歴史性や地域性への関心をもっているというその独自性にある。IR 同様、他のディシプリンからの理論の「輸入学問」であるのに加えて、日本の国際政治学は非西洋国であるという立場から、さらにそのアメリカの IR の理論を輸入するプロセスが加わるという、いわば「二重の輸入学問」という側面をもつ。それは一方では、独自性の喪失というリスクもはらむが、他方で自己を相対化するプロセスを多く経るというメリットもある。これに加えて、アメリカの IR と異なり、外交史や国際法と切断されなかったこともあり、かつ外交史研究や地域研究が盛んであることがその特徴として自己認識されるなど、歴史性や地域性への関心を有している（田中 2000、2-3 頁; 日本国際政治学会 2017）。じじつ、国際政治学に関する最大の学会である日本国際政治学会の機関誌や研究大会でも、こうした国際政治学の自己省察の試みは盛んであり、共同研究という形ではあるが、日本の国際政治学もしくはアメリカの社会科学としての国際政治学について、これを相対化する研究が近年多く輩出されている（大矢根編 2016; 初瀬・戸田・松田・市川編 2017; 葛谷・小川・西村編 2017 など）。

　もっとも日本の国際政治学がアメリカの IR の影響を受けつつ、自己省察も盛んであるというだけでは、自己省察の試みが、日本の国際政治学の来歴と独自性を知るという点で日本の研究者や学生にとっては知的に重要な欲求を満たすことの理由にはなっても、それが世界に向けて発信する意義を有するかはまた別問題である。筆者は「アメリカの社会科学──国際関係論」（1977 年）というディシプリンの自己省察の嚆矢となった論文を著したスタ

ンレー・ホフマンに倣い、彼がアメリカの国際関係論の重要な問題点として指摘した歴史の軽視と現在への関心の偏重に対する処方箋として提示した三重の距離（①現在から過去、②超大国の視点から弱者と現状打破勢力の視点、③政策科学志向から伝統的政治哲学への移行）を援用して（Hoffmann 1977、邦訳123頁; 葛谷 2017）、日本の国際政治学は欧米のみならず、アジアやアフリカなど他の非西洋の地域にもない四つの距離をとれる立場にあることを指摘したい。第一に西側諸国の一員であるが非西洋国であること、第二に、戦後は政治的にも知的にもアメリカの影響を強く受けながらも、大陸ヨーロッパを中心とする戦前の知的伝統をもっていることである。両者は、西洋中心主義やアメリカニズムからの距離をとることを可能にするであろう。第三は、第二次世界大戦の「敗戦国」としての過去である。それはアメリカと異なって、権力政治や軍事力偏重から距離をとることを可能にする。第四は、新興大国である中国やインドとは異なる大国であることである。それは台頭しつつある新興国にありがちな、国の外交政策や戦略をディシプリンが知的に正当化するという両者の密着関係だけではなく、覇権国の移行ならびに覇権国移行の際の大戦争の可能性といった安易なパワーシフト論からも距離を置くことを可能にする。

　筆者もディシプリンの発展のためには相互の対話が望ましいと考えている点では、ダンやアチャリャたちと軌を一にする。ただし、単に相手を承認しつつ、ディシプリンの統合性をめざしてとりあえず何らかの対話をするとか、あるいは相手に非西洋の経験や思想に着目することを要請するといったアプローチでは限界があるとも考えている。むしろ現在のIRに対して、適度な距離を置くことが重要ではないだろうか。ここではそのための手段として、対象と時間的距離を置くという歴史的アプローチの可能性と意義を示唆しておくにとどめる。なおこれはあくまで部会「「国際政治学」は終わったのか？――日本からの応答」の企画者としての筆者の応答という問題提起であり、執筆者全員のコンセンサスではないことをあらかじめ断っておく。

2．本書の目的と意義

　本書の目的は、以上の IR をめぐる状況とそれに関する問題意識を踏まえた上で、さまざまな分野とアプローチの最前線からの自己省察を通じて、自己省察の学としての IR および日本の国際政治学の特徴と問題点を多面的に描き出すと同時に、大きな変容を遂げつつある現在の世界政治を理解するために資するような学のあり方を考察することである。

　本書の意義は、以下の 3 点にある。第一は、IR もしくは国際政治学の多様な研究やアプローチの最前線を明らかにすることである。それにより、研究者のみならず、国際関係に関心のある学生、大学院生および社会人に対しても、国際関係を研究する学（ディシプリン）としての IR や国際政治学の最前線で、現在および今後どのような研究や考察の展望が開けているのかについて一定の理解をもってもらうことが可能となる。その結果、その中から国際関係をより深く勉強したり、研究者を志してくれる人が出てくれれば、ディシプリンの発展にとどまらず、世界政治のより良い理解や問題の解決にも資するであろう。

　第二は、自己省察の学としての IR や国際政治学の特徴とその理由、さらにそのことが国際関係の研究にもつ意味を明らかにすることである。とりわけ前述したように、自己省察の試みの中で「終わり」が問われたことの意味に着目することで、各理論や分野間の対話の不在など現在のディシプリンが抱える問題の深さが浮き彫りにされる。自己省察の学としての IR や国際政治学を幅広い分野やアプローチから検討することは、そうした問題に対するディシプリンからの応答の第一歩となりえよう。

　第三は、世界政治の理解への貢献である。そもそも IR・国際政治学は第一次世界大戦の衝撃により誕生したと言われているように、両者は政治的現実との連関性がきわめて高い学問である。前述したように、現在世界は大きな変化に直面しており、「リベラル国際秩序」をはじめとして、「西側」や「パックス・アメリカーナ」などの「終わり」論が盛んである。ディシプリ

14

ンにおける「終わり」論に着目することは、世界政治の理解のみならず政策論にも影響を及ぼす。なぜなら、ポスト冷戦期の「歴史の終わり」論の浸透が、非西洋の地域に対する理解の軽視をもたらし、それが 2003 年のアメリカのイラクへの武力行使という安易な介入につながった側面もあるからである。すなわち、理論や概念は現実世界にフィードバックするのである。

3．本書の構成

本書各章の執筆者たちは、国際政治学会 2017 年度研究大会部会 9「「国際政治学」は終わったのか？──日本からの応答」を通じて以上の問題意識を共有してきた。そのうえで、各々の分野やアプローチから自己省察を試みた成果を集成したのが本書である。

本書は 3 部構成からなる。「第 I 部 「国際関係論」（IR）と「国際政治学」への批判──理論・思想の視点から」では、同部会の報告者の小林、五十嵐、芝崎によるディシプリン批判とオルタナティヴの提示が展開される。小林は国際政治学において古くから存在し、ディシプリンの中核として機能してきた理論的立場であるリアリズム、とりわけその公理であるパワー・ポリティクスに焦点を当ててその内在的問題点を論じ（第 1 章）、五十嵐は IR の最新の研究動向であり、実証主義に対するオルタナティヴとして期待されているリフレクシビズムを検討し（第 2 章）、芝崎は日本の国際関係研究の歴史の研究を取り上げ、そうした研究のための分析的枠組みとしての「国際文化交渉」についての試論を提起する（第 3 章）。三者三様の論考から浮かび上がってくるのは、自己省察の学としてそのアイデンティティを確立し、維持してきた IR と国際政治学のあり方を前提としつつも、それに対する評価や日本の国際政治学ないし国際関係研究の特有性については一様ではない点である。それは逆説的に IR と国際政治学が抱える問題点や両者をめぐる環境の多面性を物語っていると言えよう。

「第 II 部 日本からの応答──地域研究・古典的国際政治論の視点から」では、同部会の討論者の酒井と司会者の西村による問題提起がなされる。酒

井は日本の国際政治学の特徴とされる地域研究者としての立場から、これまで主従的に位置づけられてきた国際関係論と地域研究のあり方を批判的に検討し、専門である中東地域研究を手がかりとして、国際関係論と地域研究の新たな視座（「グローバル関係学」）に向けた止揚を試みる（第4章）。他方、西村は現在のIRに批判的な歴史と思想を重視する古典的国際政治論の視点から、なぜ国際関係論が自問し続けるのか、そしてなぜその「終わり」が叫ばれるのかを、国際関係論の学説史を批判的に検証することで明らかにしていく（第5章）。両者の議論を通して、現在の地域研究や自己省察を繰り返す国際関係論が抱える問題点が明らかにされると同時に、日本の国際政治学ないしは国際関係研究がディシプリンの再構築において果たしうる役割が示唆される。

　「第Ⅲ部　外部の視点から見た「「国際政治学」の終わり？」論」では、同部会の議論にインスパイアされた安高、高橋、前田が、各々の問題関心からディシプリンの自己省察を試みる。安高は批判的アプローチの立場から、ディシプリンの自己省察の一つの成果としての「グローバル国際関係学（Global IR）」を、具体的には非西洋の国際関係理論（アチャリャ）や、非西洋の視点を取り入れようとする英国学派（ブザン）など西洋中心主義批判やポスト植民地主義の立場を踏まえた理論動向を取り上げ（第6章）、時間と政治の関係性を問う時政学の確立をめざす高橋は、近代的な時間を前提にし、主権国民国家という空間表象の下で自明視されてきた国際政治学の思考法を、時政学の観点から根源的に問い直す試みを企て（第7章）、人類史的視座に立つ前田は、国際政治学における「マテリアル・ターン」と呼ばれる物質的側面の再評価を手がかりとして、人間中心主義的なこれまでの国際政治学の近視眼性を乗り越えようとする試みを取り上げ（第8章）、ディシプリンの抱える問題点を深く掘り下げるのみならず、それぞれのアプローチが提示しうるオルタナティヴの可能性を模索する。ここでは、国際関係論における多様なアプローチのもつ視座の広がりが認識されるとともに、三者のアプローチに通底する要素としての「時間」（現状を批判するツールとして（安高）、近代主権国家システムを前提とする国際政治学を相対化する観点として（高

橋）、マテリアル・ターンに埋め込まれた完新世時代の国際政治学を相対化する人類学的視点として（前田）の時間）への鋭敏かつ柔軟な感覚が、日本もしくは日本の国際政治学の文脈に埋め込まれているのではないかということが看取される。

　終章では、部会報告者でありかつ本書の編著者でもある芝崎が、かかる多様な立場からの国際政治学の自己省察を個々に検討し、重要と思われる視点を析出し、それぞれの論点を総合的に関連づけることで、本書で展開された知的営為が全体として示唆する国際政治の学のあり方、また今後の課題を提示する。結論として、多様なアプローチや視点にかかわらず、本書の執筆者の知的営為が全体として浮き彫りにしたのは、学問を扱っている国際関係研究者という人間のあり方であり、それはロゴスのレベルだけでなく、エートスとパトスのレベルでの人間としての国際関係研究者のあり方を問うものであること、国際政治学が「終わり」から「はじまる」ためには、そこから出発する必要があることが示唆される。

注
（1）　国際関係を分析する学問としての IR（International Relations）にはさまざまな用語と定義がある。たとえば、理論的研究をさすものとしての「国際関係論」に対し、日本の「国際政治学」のような外交史や地域研究なども含むより多様な領域を対象とする研究をさす場合もある。あるいは研究対象の範囲を基準にして、主に国家間の政治関係を対象とする「国際政治学」（International Politics）、より幅広い側面の国際関係を対象とする「国際関係論」「国際関係学」（International Relations）という区別もある。本書では、日本の文脈を重視する立場から、日本における国際関係を分析する学問については「国際政治学」を用い、また世界における国際関係を対象とする学問全般をさす場合は「IR」を用いるが、それは便宜上の理由によるものであり、他の執筆者がどのような用語を用いるかを拘束するものではない。むしろそれぞれの執筆者が適切だと考える用語を用いることが、国際関係を対象とする学問としての「IR」の多義性や曖昧さを浮き彫りにすると考え、あえて統一しなかった。
（2）　「リベラル国際秩序」論に埋め込まれた、かかる（フクヤマを誤読した）楽観的な「歴史の終わり」観について指摘し、これを批判したものとして、Mead 2014, 中西 2018。
（3）　芝崎はダンらの統合的多元主義を、理論面で統合を視野に入れることで現状を追認する「理論的多元主義」と呼ぶ。他方でアチャリャらのグローバル IR の取組みを、非西洋の時間・空間的経験をこれまで以上に取り入れるという条件付きで推奨される将来の、来るべき多元主義として「領域的多元主義」と呼び、双方とも IR に内在する問題点を的確にとらえているが、しかし双方とも IR の抱えるアポリアに対しては答えておらず、前者は現状への追認、後者は現状への否定・批判を前提にした今後の希望的観測に近い主張の域を出ていないとする。自己

省察を繰り返す IR のアポリアに対する芝崎自身の分析と展望については、芝崎 2015 を参照。

参考文献

Acharya, A. and Buzan, B. eds.（2010）*Non-Western International Relations Theory: Perspectives on and Beyond Asia*, Routledge.

——————（2017）"Why is there no Non-Western International Relations Theory? Ten years on," *International Relations of the Asia-Pacific* 17, pp. 341-370.

Colgan, Jeff D. and Keohane, Robert O.（2017）"The Liberal Order Is Rigged: Fix It now or Watch It Wither," *Foreign Affairs* 96(3), pp. 36-44.

Dunne, Timm/Hansen, Lene/Wight, Colin（2013）"The End of International Relations theory?" *European Journal of International Relations* 19(3), pp. 405-425.

Fukuyama, Francis（1989）"The End of History?" *National Interest* 16, pp. 3-18.

——————（2006[1992]）*The End of History and the Last Man*, Free Press（渡部昇一訳『歴史の終わり』（上）（下）三笠書房、1992 年）

Haass, Richard（2014）"The Unraveling," *Foreign Affairs* 93(6), pp. 70-79.（邦訳「解体する秩序 ——リーダーなき世界の漂流」『フォーリン・アフェアーズ・リポート』2014 年 11 月号、5-14 頁）

——————（2018）"Liberal World Order, R.I.P.," *Project Syndicate*, March 21, 2018.

Hoffmann, Stanley（1977）"An American Social Science: International Relations," *Daedalus* 106(3), pp. 41-60.（「アメリカン・ソーシャル・サイエンス——国際関係論」、中本義彦編訳『スタンレー・ホフマン国際政治論集』勁草書房、2011 年）

Ikenberry, G. John（2017）"The Plot against American Foreign Policy: Can the Liberal Order Survive?" *Foreign Affairs* 96(3), pp. 1-7.（邦訳「トランプから国際秩序を守るには——リベラルな国際主義と日独の役割」『フォーリン・アフェアーズ・リポート』2017 年 5 月号、22-33 頁）

——————（2018）"The end of liberal order?" *International Affairs* 94(1), pp. 7-23.

Mead, Walter Russell（2014）"The Return of Geopolitics," *Foreign Affairs* 93(6), pp. 69-79.（邦訳「「歴史の終わり」と地政学の復活——リビジョニストパワーの復活」『フォーリン・アフェアーズ・リポート』2014 年 5 月号、6-15 頁）

Nye Jr, Joseph S.（2017）"Will the liberal order survive? The history of an idea," *Foreign Affairs* 96(1), pp. 10-16.（邦訳「秩序を脅かす最大の脅威は米国内にある——国際公共財を誰が支えるのか」『フォーリン・アフェアーズ・リポート』2017 年 1 月号、16-25 頁）

遠藤乾・大芝亮・中山俊宏・宮城大蔵・古城佳子（2018）座談会「国際秩序は揺らいでいるのか」『国際問題』668 号（焦点：揺らぐ国際秩序）、1-17 頁。

大矢根聡編（2016）『日本の国際関係論——理論の輸入と独創の間』勁草書房。

葛谷彩（2017）「「アメリカの社会科学」を超えるとは何か」葛谷彩・小川浩之・西村邦行編（2017）『歴史のなかの国際秩序観——「アメリカの社会科学」を超えて』晃洋書房、1-15 頁。

芝崎厚士（2015）「国際関係研究の将来——国際関係の研究からグローバル関係の研究へ」『年報政治学』2015-I、138-169 頁。

田中明彦（2000）「序章　国際政治理論の再構築」『国際政治』124 号、1-10 頁。

——————（2009）「日本の国際政治学——「棲み分け」を超えて」日本国際政治学会編『日本の国際政治学 1——学としての国際政治』有斐閣、1-19 頁。

中西寛（2018）「戦後秩序の動揺と日本外交の課題」『国際問題』668 号（焦点：揺らぐ国際秩序）、

18-27 頁。

納家政嗣（2018）「歴史のなかのリベラルな国際秩序」『アスティオン』88 号（特集　リベラルな国際秩序の終わり？）、14-29 頁。

日本国際政治学会（2017）「『国際政治』第 200 号「オルタナティヴの模索——問い直す国際政治学」投稿募集」（2018 年 6 月 18 日アクセス）

初瀬龍平・戸田真紀子・松田哲・市川ひとみ編（2017）『国際関係論の生成と展開——日本の先達との対話』ナカニシヤ出版。

山本吉宣（2018）「国際秩序の史的展開」『国際問題』668 号（焦点：揺らぐ国際秩序）、37-45 頁。

第 I 部

「国際関係論」（IR）と「国際政治学」への批判
——理論・思想の観点から

第1章
パワー・ポリティクスという示準特性の崩壊
—— 国際政治学の最終的勝利と死滅

小林　誠

1．パワー・ポリティクスとしての国際政治

　国際政治学は、自らのディシプリンのあり方をいつも問い直さなければならないという強迫観念を持ち続けているように見える。それには、経済学や法学など、ディシプリンとして比較的エスタブリッシュされて安定した他の社会科学と比べ、誕生が遅く、十分に成熟していないという事情があるだろう。またディシプリンとしての生成期がおおよそ戦間期に当たり、第二次世界大戦を経ながら主に冷戦のさなかに多感な思春期を迎えたことも、ディシプリンの自己イメージに論争的な性格を与えた（たとえば Hoffmann 1977）。とりわけ日本では、学制上はだいたい政治学のサブディシプリンでありながら、ときに政治学からの自立を唱える必要があるといったプラクティカルな問題もあるだろう。

　しかしより重要なのは、国際政治を国際政治として抽出する意義について整理がきちんとできていないという自己構築のロジックに関わる問題があるということだ。この意味では、日本人は日本人論が大好きであるといったような滑稽な自己認識とは違って、ディシプリン形成について考察する意義は少なくない。なお、日本で一般に国際政治学と呼ばれるものは世界的には一般に国際関係学／国際関係論（International Relations, IR）と呼ばれることが多く、その異同には議論すべき含意もあるのだが、ここでは国際政治学という言葉で議論を進める。

　国際政治学を定義したり、その外的臨界を定めたりする物言いはさまざま

第Ⅰ部 「国際関係論」(IR) と「国際政治学」への批判

である。こんなに多様な方法や対象があると、大ぶりのメニューを広げることもできるだろう。知的世界一般の流行にならって大理論への関心が薄れ、さまざまな個別のイシューの研究へと細分化しつつある傾向も否定できない。とはいえ、リアリズムの理論がディシプリンの中核にあり、リアリズムの検討と批判によってディシプリンが発展してきたことはアンタリアリストも認めざるをえないだろう。リアリズムが多くの批判を受け、とくに冷戦の終焉後の一時期のユーフォリアの中で研究者や実務家の間で参照力を低めたかのように見えたとしても、その命脈は今なお強靱である。リアリズムが国際政治学の凝集力を作ってきた。

リアリズムの命題を国際政治学の中核とみなすならば、世界がアナーキーであり、したがってそこではパワー・ポリティクスが展開されることとなり、これが国内の政治秩序と一線を画するということが、おおよそ国際政治学のディシプリン自認の最終的な大きな拠り所となる。E. H. カーを持ち出すまでもなく、これは 1930 年代のディシプリン生成期から変わらない。藤原帰一はリアリズムについて以下のように簡潔にまとめている。「リアリズムの基本的な図式は、まず国内政治と国際政治を区別し、次に国際政治の主体は国家であると考え、そして各国がその存続のために権力を行使する限り、国家間の協力関係はごく限られた範囲でしか成立しない、という三つの要素にまとめてみることができるだろう」(藤原 2004、xii頁)。

そこでここでは、パワー・ポリティクスについて論じることで、国際政治学の消長を概観し、今の姿と未来の行く末を考察することにしたい。H. J. モーゲンソーは「パワーによって定義される利益の概念」が政治的リアリズムの導きであり、それが政治において普遍的な有効性を持つ客観的な法則を生み出すと考えていた (モーゲンソー 1985)。ここで言うパワーは、ある主体が保有し、ある客体に作用させる操作的な概念としてのパワーである。D. A. ボールドウィンによれば、モーゲンソーの用いるパワーとは、「Aが働きかけなかったらBが行わなかった何かをさせるAの能力」という、R. ダールが提起し、その後広範に用いられるようになった意味での概念だとしている。そのうえで、パワーの要素、資源としてのパワー、関係的なパワー概念

24

といったものと比して、ダール＝モーゲンソー流のパワー概念は国際政治の分析に有効だと主張している（Baldwin 2016）。

　だが、言うまでもなくパワーの概念は多様な使われ方をしており、ダール＝モーゲンソーのような操作的なパワー概念に限定されるわけではない。たとえばS.ストレンジは、政治経済に行使される権力には構造的なパワーと関係的なパワーの2種類があり、世界システムでの国家間あるいはビジネス企業間に展開されている競争的ゲームにおいては、構造的なパワーこそが関係的なパワーより遥かに重要な役割を帯びるようになっているとしている。ここで言う関係的パワーはダール＝モーゲンソー的な操作的パワーのことだが、構造的パワーとは、「どのように物事が行われるべきかを決める権力、すなわち国家、国家相互、または国家と人民、国家と企業等の関係を決める枠組みを形づくる権力を与えるもの」だと定義している（ストレンジ 1994、38頁）。ストレンジの構造的パワーの考え方を導入するなら、国際政治学の多くが先験的に想定しているような、国家が保有し他の国家に働きかけるという操作的パワーという前提が失われてしまうし、そのために国際と国内の区別も困難になる。またS.ギルは、国家だけでなく市場に備わるパワーについても目配りし、そのうえで資本は直接的パワーと間接的パワーを持つと分析することで、米国のヘゲモニーを衰退よりも再編成として捉える視点を示した（Gill 2003）。言うまでもなく、M.フーコーのような認識知をも構成するような構造としてのパワーの概念を用いるならば、パワーの主体として先験的に想定されている国家や、国家と国家の関係である国際政治というリアリストの用意するアリーナ自体が見事に吹き飛んでしまうことは明らかだろう（フーコー 1986）。

　確認しておきたいのは、ダール＝モーゲンソー的な操作的パワーの概念を前提にすることによってかなりの程度、論理的に主体としての国家が用意され、国際と国内の区別の境界線が導き出され、パワー・ポリティクスという国際政治の内容が充当されるようになるということである。

　この点は、パワーの主体として想定されている国家というユニットの問題に関わってくる。かなり前から指摘されてきたことだが、国際政治学は、ウ

ェストファリア講和で主権国家システムができて今日まで国際政治の基本構造を作っているという「ウェストファリア神話」に強くとりつかれてきた（山下編 2016）。だが歴史学や国際法学のディシプリンではかなり早い時期から明白にされてきたことだが、ウェストファリア講和の前後の断絶はさほど鮮明ではないし、その後の国家と国際政治は世界的規模への近代国家のしくみの拡大とともにかなり変容してきた。それにもかかわらず、ウェストファリア神話に拠った国家と国際政治のモデルを国際政治学で無自覚に用いることが多いという事情は、リアリストの一部が意識的に非歴史的な国家モデルを作り上げ、これに多くの研究者が無自覚に追随しているためであろう。

　リアリストを自称する研究者たちの多くは、ためらいなく自らの思想的原点をトゥキディデス、N. マキャヴェリ、T. ホッブズらに求め、その引用に余念がない。K. ウォルツは、古代ギリシャ、中世イタリア、近代の国民国家を並列して考察し、戦争について国際システムから説明する第三イメージが支持されるとまで論述している。彼によれば、トゥキディデスは「われわれの理論構築の手引となり、それから導き出されるような多くの政策的考察を行っている」という（ウォルツ 2013、193 頁）。近代国家が当時の政治共同体とはかなり構成の違いがあったことは配慮されていない。R. ギルピンに至っては、「国際関係の本性は基本的に 1000 年以上変わってない」とまで断言している（Gilpin 1981, p. 211）。国家におけるパワー・ポリティクスを導くのが、人間の本性なのか国際政治の構造なのかという大きな論争がリアリストの間であるが、そうだとしても興味深いことに、その場合の人間の本性や国際政治の構造のいずれもが歴史的に変化しないものとして想定されている。

　つまり、彼らは近代になって主権や国民を持つような国家が形成されて国際政治が生まれたというのではなく、さまざまな政治共同体——これを国家と通称している——の間でパワー・ポリティクスが貫徹する世界を非歴史的に思い描いているのである。そうした考察を行うことが客観的な科学の普遍的法則を求めることなのだから。

　しかし、何がパワー・ポリティクスの主体なのか。あるいはパワー・ポリティクスと言えば自動的に国家間のゲームとしてルールが決められていると

みなしていいのか。つまり国家以外のパワー・ポリティクスの主体は考えられないのか。これは重要な問題点である。さらに言えば、パワー・ポリティクスと言った場合のパワーは何を意味するかに関わってくるかなり根源的な問題でもある。

　だがここでは、パワーを追求する政治としてのダール＝モーゲンソー流の操作的なパワー・ポリティクスに注目し、パワーの概念そのものやパワーの主体の問題系はとりあえず捨象しておこう。パワーについてはモーゲンソー風ではないほかの考え方を持ち出した方が有効で、新たなパワーの考え方を用いることで国際政治学の終わりを語れるような気もするが、リアリストのパワー・ポリティクスの論理に則ることでも示準特性としてのパワー・ポリティクスの破綻が十分に言えると考えるからだ。ただ国家ではないアクターによるパワー・ポリティクスの可能性があるかもしれないことは念頭に置いておこう。

２．パワー・ポリティクスからの逆襲──第一のフロント

　パワー・ポリティクスの分析が国際政治学をほかのディシプリンと峻別する大きな基準だとしても、この概念の優位を揺るがす論調はかなり早い時期から数多く提示されてきた。トランスナショナリズムや世界政治モデル、国際制度、グローバル・ガヴァナンス、グローバリゼーション、非国家アクター、新しい戦争やテロリズム、地球市民社会や世界的な公共圏、コスモポリタニズム、グローバル・エシックス、世界政体などに注目する多様な営みを、パワー・ポリティクスへの批判や修正の試みとしてあげることができるだろう。膨大な典拠をここに付すことも難しくない。つまり、国際政治学がディシプリンとして形成され始めた当初から、同時にパワー・ポリティクスというディシプリンの示準特性を希薄化する試みが継続的に並行していたと言える。これらの議論に従えば、国際政治学という自律的な社会科学の範疇は世界政治学の広範な範疇に吸収されて霧散することになる。とくに歴史的な変化の中でこの点を強調することは、一種の流行であり、もはや容易でもある。

27

たとえば S. サッセンは、能力と転回点と組織化論理の三つの絡み合いから歴史を眺め、今日の世界スケールを初期のスケールと根本的に異なるものと解釈し、「今日の世界スケールのかなりの部分が、グローバルなシステムの形成を目的とする、増大する国民国家の中へのグローバルなプロジェクトの挿入を通じて達成されており、今日の国家の能力の脱ナショナル化をめぐる私の仮説は、そこに由来している」と論じている（サッセン 2011、49 頁）。国際政治学の主要な論争が国際政治学を解体するか保守するかというディシプリンの存続そのものを問う形で行われてきたことは、おそらく他の社会科学のディシプリンとはかなり異なる事態だろう。

　パワー・ポリティクスが国際政治学の成立をもはや約束しないという論難に対し、パワー・ポリティクスからの逆襲は二つのフロントで戦われていると見ることができる。第一に、パワー・ポリティクスを実際の国際政治において実践するプラクティスそのものである。当然のことながら、パワー・ポリティクスを政策的に進めることで現実の国際政治においてパワー・ポリティクスが生み出され、高まる。この意味では国際政治は多様なアクターの間の反照的で間主観的な現象と見ることができる。しかしそもそも実証主義的な国際政治学は、A. ウェントが悩んだようなエージェント＝ストラクチャー問題のような苦悩には無関心で、パワー・ポリティクスとして現実世界を眺め、それが同時にエージェントの持つ認識であるとは想定しない（Wendt 1987）。パワー・ポリティクスを前提にふるまえば、相手もある程度は相応にパワー・ポリティクスで応じざるをえないが、パワー・ポリティクスを前提とした非協調解の選択か、あるいは tit-for-tat 戦略による協調解の選択か、といった主体的な選択の問題が先に生じるわけではなく、仮に協調解を選んだとしてもそれはパワー・ポリティクスの非協調ゲームという全体のフレームの中での部分的過程としての小さな揺れとみなされる。パワー・ポリティクスの優位を信じる限り、パワー・ポリティクスが反照的に形成されたりパワー・ポリティクスが崩れたりするということはありえない。つまり先験的にパワー・ポリティクスが措定されているのだ。これは極端に言えば、どこから議論を始めるかという論理構築の階層制の問題であるはずだが、パワ

ー・ポリティクスが人間の社会関係の中で自然化されているのである。つまりパワー・ポリティクスは自己実現のパワーを持つが、これに無自覚であると言ってよい。

今ではかなり常識的だと思われるが、現実と別に理論があるとか、理論と別に現実があるというのではない。現実から理論が生まれ、理論に基づく人々の行動から現実が構成される。モーゲンソーが客観的な普遍的法則として権力の原理を提示しようとしたことは、「第三の論争」（不発に終わったかのような印象のある1980年代のポスト実証主義論争）や、その後、もはやスタンダードと言えるような地歩を築いた（かのように自己主張する）コンストラクティヴィズムの理論の流行を踏まえると、かなり時代がかった文言に見える。J. バトラーがパフォーマティヴィティなど、当たり前のことを改めて論じ始めなければならなかったこと（バトラー 1999）、そしてそうした認識が国際政治学に到達するのはさらに遅かったことを素直に反省したい。S. スミスらの論文集で、歴史社会学、ポスト構造主義、フェミニズム、批判理論の四つの局面で新たなポスト実証主義的な国際政治理論を語ろうとしたのは、ずいぶん遅く、1996年のことであった（Smith *et al.* eds. 1996）。さらに言えば、伝統的には安全保障のイシューの範囲外のものごとだと考えられてきたことを安全保障の範疇だと言明することが重要な意味を持つが、これが安全保障化（securitization）と呼ばれるようになり、概念化自体の重要性が注目されるようになったのはつい最近のことだ（People and Vaughan-Williams eds. 2015）。

パワー・ポリティクスが人間にとって自然であり、客観的事実だとみなす見解に立てば、パワー・ポリティクスがエージェントの理念や認識によって構成される局面が見落とされてしまう。理念や認識が作用する重要な例として、たとえば高橋進は、ヨーロッパ諸国間で国際政治そのものに対する認識が現実的でなくなり、イデオロギー化することが第一次世界大戦の背景になったと指摘した。すなわち、ヨーロッパ諸国においてもともとは大国間の戦争防止のルールであった勢力均衡が、国家はパワーを極大化すべきであるといった解釈を導くよう脱規範化・実体化してしまい、暴力が倫理化し、つい

には戦争こそが諸国の拠って立つ支配原理となってしまったのである（高橋1994）。また冷戦のさなかにあったとき、リアリズムが冷戦を現前の自明のしくみとして捉え、冷戦を終わらせる発想を持ちえなかったこともしばしば指摘されていた。坂本義和は「冷戦が終わりうるもの、終わらせうるものであるという考え自体が意識から脱落し、しかもその脱落を意識しないままになった」ことを指摘している（中村 2017、46 頁）。これらの知見がどうあろうと、また人々がどう認識し、選択しようとも、パワー・ポリティクスの自然性は変わらないというのがパワー・ポリティクスに拠って立つ国際政治学の返答であった。

　なお国際政治学におけるこうしたエージェント＝ストラクチャー問題の解法に関しては、二者の一般的な関係を論じるよりは、文化的・時間的文脈を持ち込むことで一定の解決をしようとする政治学の理論研究の試みが参考になるだろう。B. ジェソップや C. ジェイによる「戦略的関係論的アプローチ」（strategic relational approach）などがその例である（日本政治学会の批判的政治学研究会、および加藤雅俊、堀正晴より示唆を受けた）。

　今日の日本で、ほとんど制約の効果のない新 3 要件を設定することで集団的自衛権の行使を合憲だとする憲法解釈に踏み切り、多くの憲法学者が違憲だとみなすような新しい安保法制を定めるようなプラクティスは、パワー・ポリティクスの自己実現の道筋を作る例である。集団的自衛権の行使や新安保法制の必要性は「国際環境の悪化」から導き出されたが、この「国際環境の悪化」は客観的な与件として考えられており、多数の主体の関係の中で反照的に作り出されるというようには想定されていない。ましてや日本が選択して主体的に関与して形成してきたという自己認識は希薄だ。

　また、憲法の条項を持ち出すことで「外交は国家の専管事項」として、自治体外交、市民外交、民際外交を自認する試みを等し並みに退け、国家が自らを特権化して外交を独占しようとすることがある。これは多くの場合、オルタナティヴな外交を封じ込めたり阻止したりするための言動であるので、パワー・ポリティクスのプラクティスに結びつきがちである。例をあげるならば、非核神戸方式の妨害、長崎市や広島市による反核運動への牽制、沖縄

基地移転問題などがある。

　なおモーゲンソーは「道義的コンセンサス」に注目しており、この点について R. リトルは、モーゲンソーが勢力均衡の物質的側面だけでなく、社会的・観念的側面を捉え、コンストラクティヴィズム的であったと指摘している（大矢根 2016）。それはカーの歴史観における「過去と現在の対話」に注目してポストモダニストと評するような論法に通じているが、およそ完全なリアリストも完全なユートピアンも存在しないのであって、一人の研究者であってもさまざまな思考が混在するのはごく普通である。リトルの指摘をもってモーゲンソーをコンストラクティヴィストだと見ることは、そうした要素もあるだろうという言い方でだけ同意したい。モーゲンソーの『国際政治』は道義について十分な紙幅が割かれているが、客観的法則の分析に立つとするパワー・ポリティクスについての記述も満載されている。

　また同様に、高坂正堯は「現実主義は普遍的な道徳的原理に訴えることの危険を招く。しかし、だからといって、モーゲンソーのように、国際政治を「力の闘争」そのものとみなして対処することは逆方向への行きすぎであろう」といった言い方をして、リアリズムの行きすぎを指摘し、道義の重要性を指摘していた。そのうえで「国際政治の闘争は単純な力の闘争ではなくして、理念の闘争でもある」とみなしていた（高坂 2000、215-216 頁）。現実が認識され構成される側面を方法論的に採用しているが、それでも国際関係を闘争とみなすことで、国際と国内の質的断絶という命題は維持しているように見える。

3．パワー・ポリティクスからの逆襲——第二のフロント

　パワー・ポリティクスによる逆襲の第二のフロントは、知的世界におけるヘゲモニー闘争である。これは一つには、「国際政治学を乗り越えよう」という主張を非政治学的だとして国際政治学のディシプリンから排除する営みであり、高等教育や研究の制度としても具体化する。パワー・ポリティクスは、国際政治学を定義する公理を作るパワーとしても機能しているのである。

批判理論を掲げた国際政治学が、ときには美学、文学、文化人類学、ポストモダニズム、フェミニズムなどを取り込んだり、それらのディシプリン内部で国際政治を語ろうとしていることは、パワー・ポリティクスの逆襲の流れに棹さすものであった（小林 2016）。R. ディヴタクが、反合理主義やポストモダンの相対主義であっても啓蒙主義の合理主義を無視できないとし、モダニティのプロジェクトとしての国際政治学を論じなおしたこと（Devetak 1995）は、パワー・ポリティクス論者から見れば、第一に政治学から社会思想への逸脱であり、第二に社会思想という周辺部からの国際政治学中央部へのエールに見えただろう。J. A. ヴァスケスはパワー・ポリティクスというリアリストの見方が多様な発展を見せることで有効性を維持し、研究や高等教育において知的なパワーを持っていることを実証的に説明している（Vasquez 1998）。前に述べたパワー・ポリティクスによる国際政治のプラクティスは、パワー・ポリティクスという公理を設定してディシプリンを確定する公的制度に裏打ちされ、再生産されている。

　国際政治学はこういったものであるという定義を作ることが、大学・大学院・研究所の編成、学会の構成や配置、資源の配分、ポスト獲得などの実利的な側面に厳然として差異をもたらすことになるので、生活を賭けた極めて世俗的な競争になることもある。国際政治学が政治学のサブディシプリンとしてほぼ収まっている米国やヨーロッパ諸国と異なり、国際政治学が政治学のサブディシプリンとして生まれながら、日本学術振興会の系・分野・分科・細目表において、法学、経済学、経営学、社会学、心理学などと並ぶ社会科学の分科として政治学が立っているが、政治学の細目名として政治学と国際関係論が最近になって並べられるようになったことは示唆的である。日本の学問状況のいわば公的な認定においては、（国際関係論と呼ばれる）国際政治学は、欧米的な狭義の、つまり文字通りの国家間関係を学ぶディシプリンではなく、それを中核としながら、日本国外の政治についての研究、つまり厳格な狭い意味では比較政治学と呼ぶべき範疇を飲み込んでしまったのだ。たとえばウェストミンスター型議会制の研究や日本型ポピュリズムの研究といった先進諸国の内政についての学問は国際関係論には移動しないで政

治学のままでありながら、イラクのサッダーム・フセイン政権の抑圧と利益配分の二面的な政治や中国共産党の全国代表大会の機能についての研究など、途上国の内政については国際関係論が包摂するといった、南北格差を反映したかなり権威主義的な分類が行われているように見える。ここでの議論で重要なのは、そうした希薄化した国際政治学（日本学術振興会の言う国際関係論）は、パワー・ポリティクスという狭義の国際政治学が持つ凝集点を持たないということである。パワー・ポリティクスというディシプリンの神髄をだらしなく捨て去ったという意味では、国際政治学は既に日本では終焉を迎えたということになる。

　振り返ってみれば、国際政治学は、リアリズムを硬い核とするリサーチ・プロジェクトを堅固に配置し、自らへの批判を受け付けず、その周辺命題の部分だけで論争をすまそうとするような論理構成を取っていた。ディシプリンとしての内的成熟と言うことはできるかもしれないが、外延的な発展には弱いことになる。国際政治学や国際関係論というディシプリンのイメージに代えて、日本の高等教育や研究の中でグローバル・スタディーズという表象が用いられることが珍しくなくなったが、これはかなり前から予想されていたことであった（小林 1995/1996）。グローバル・スタディーズは、日本学術振興会が使うぼんやりとした意味での国際関係論をさらに突き抜けて政治学の枠さえ外してしまい、世界についての学際的な研究といった無節操な意味合いに行き着いているだけに、学問的な意味でのディシプリンとは今のところはとうてい言えない状態である。

　なお、近年の日本における特色として、国際政治学を普遍的な学問の営みと考えるのではなく、国家ごと、地域ごとに特色や偏差のある歴史的な系譜のあるディシプリンとして捉えようとする自省的な試みが生まれてきた。国際政治学においてあまりに米国の知的ヘゲモニーが強かったために、米国以外の諸国ではもっぱら米国の国際政治学の移入に心血を注いできたが、ようやく自己反省の契機を持つようになったということなのだろう。世界的にも国際政治学のイギリス学派や北欧学派という呼び方がされるようになり、日本でも学会の部会や分科会で、国際政治学一般論ではなく、日本の特定の国

33

第 I 部　「国際関係論」（IR）と「国際政治学」への批判

際政治学者の国際政治学の特色を剔出しようとする作業が成されることが散見されるようになった。日本における国際政治学の創成と発展の足取りをそれとしてつかもうとする大矢根聡編『日本の国際関係論──理論の導入と独創の間』（勁草書房、2016 年）や初瀬龍平他編『国際関係論の生成と展開──日本の先達との対話』（ナカニシヤ出版、2017 年）といったタイムリーな研究書も編まれた。

　リアリズムの伝統的な実証主義的な立場からすれば、国際政治学の言説は英語以外の言語に翻訳されるとしても意味は伝達される（べきである）。シニフィアンとシニフィエの差異は問題とされない（のが当然である）。つまり、日本の東京の大学で教えられている国際政治学は、米国のアイヴィー・リーグの大学で学生に教えられている国際政治学と内容は共通である（はずである）。それが国際政治学の普遍的な叡智であり、客観法則を理解するという普遍的な科学的職務の成果である。再帰性や反照性といった見方に立たない限り、国際政治学という普遍的なディシプリンにホスト国ごとに違いがあるということを有意な差異とは見ないですませられる。違いが見て取れるとすれば、それは米国の国際政治学からの「遅れ」の問題となる。

　たまたま手元にあるアルゼンチンで 1988 年に出版されたある標準的な国際政治学の研究書を見てみよう。大学間開発センター（Centro Interuniversitario de Desarrollo）が国際研究叢書の中の 1 冊として刊行した『国際政治──焦点と現実』と題されたこの論文集は、私たちが日本で手にしてきた国際政治学のかつての教科書の構成とずいぶんと似通っている。国内政治と国際政治の違い、理想主義とリアリズム論争、科学主義と伝統主義論争、国際システムの発展、国際政治の多様な主体、冷戦史、国際政治経済……。引用されているのは、モーゲンソー、ウォルツ、S. ホフマン、R. コヘイン、J. ナイなどである（Wilhelmy *et al.* 1988）。これらの人名が日本の国際政治学研究者の間でも競って引用される人名と同一であることに驚かされる。日本人の研究者が国際政治学を学ぶときにそれぞれの固有の理解の仕方をすることは避けられないし、アルゼンチンの研究者においても同様である。しかしこれらがかつてめざそうとしていたものは、偏差を想定しない普

34

遍的な国際政治学というイメージだったのではないだろうか。日本もアルゼンチンもあまり米国の国際政治学に「遅れて」はいなかったようだ。ここにパワー・ポリティクスの知的ヘゲモニーの強力さを見て取ることができよう。

4．パワー・ポリティクスという示準特性の崩壊

　次にパワー・ポリティクスのある種の機能が崩壊したと主張したいのだが、それはもはやパワー・ポリティクスが観察できなくなったとか、パワー・ポリティクスを反照的に構成できなくなって主観を凌駕する圧倒的な現実になったといったことではない。パワー・ポリティクスはアナーキーである国際関係に特有の特性であるとされ、これによって国際と国内の峻別がなされ、この峻別によって国際政治学というディシプリンが構成されてきたのだが、こうしたしくみについてここで異議を唱えたい。二つの方向から説明しよう。

　一つは、パワー・ポリティクスは過去から現在に至るまで、国際政治においてだけでなく、国内でも十分に見られたのではないか、という疑問である。言ってしまえば、国内において政治秩序を成熟させて十分にアナーキーでなくなり、パワー・ポリティクスを国際政治だけに追いやることのできた地域は世界的にはごく限られていた。それらが先進国であり大国であり、その限られた経験から国際政治学が生まれ、発展し、世界各地に普遍的叡智であるかのように普及した。

　T. スナイダーによれば、ウクライナ、ベラルーシ、ポーランドといったブラッド・ランドと呼ばれる地域で、戦争に直接関わらない暴力によって、ソ連とドイツによっておよそ 1400 万人の非戦闘員が虐殺された。1933 年から 45 年にかけてのことである。ソ連が指示したソヴィエト・ウクライナのホロドモールによる 300 万人虐殺を皮切りに、スターリン体制による大テロルで 70 万人、ソ連とドイツがそれぞれ行ったポーランド人殺戮が 20 万人、独ソ戦開始後にドイツがレニングラード包囲で故意に飢えさせたことで死亡した 400 万人、ドイツがパルチザン掃討のために殺したベラルーシやワルシャワの民間人が 50 万人、そしてドイツのホロコーストである（スナイダー

第Ⅰ部 「国際関係論」（IR）と「国際政治学」への批判

2015）。これらはいずれも、国際領域におけるパワー追求という利益のための闘争で犠牲になったのではなく、まごうことなく、アナーキーではないはずの国家の内部での意図的な殺戮である。第二次世界大戦の戦死者数を仮に4000万人と多めに見積もるとしても、そのうちの1400万人というかなり大きな割合であるが、それが国家間戦争でない、つまり国際政治学のパワー・ポリティクスの作用でない数字ということになってしまう。

　国連のジェノサイド防止条約における定義から離れて、ブラッド・ランドでのできごと以外に、R.レムキン流のやや広いジェノサイドの定義に従って、国家間戦争以外で国家がアクターとなって起こした内政上の惨禍のごく短いリストを作ってみよう（松村・矢野編 2007；パワー 2010；石田・武内編 2011）。

　　　トルコによるアルメニア人虐殺
　　　インドネシアの 9.30 事件
　　　中国の大躍進政策の失敗
　　　中国のプロレタリア文化大革命に伴う殺害
　　　カンボジアのクメール・ルージュ政権による虐殺
　　　中米紛争における先住民虐殺
　　　アゼルバイジャンの虐殺
　　　イラクのフセイン政権によるシーア派やクルド人抑圧
　　　ルワンダ内戦に伴うエスニック紛争
　　　クロアチア独立におけるエスニック紛争
　　　スレブレニツァの虐殺
　　　メキシコのインディオ虐殺
　　　ダルフール内戦

漏れや食い違いの小さくない不十分なリストである。事件のリストアップが厳密な基準で行いにくいだけでなく、死者数にも実にさまざまな推定があるので、死者数見積もりはあえて書くことはしない。ほかにあげるべきたくさ

36

第1章　パワー・ポリティクスという示準特性の崩壊

んの例もあるだろう。それでもこのリストで十分なのは、20世紀以降に国家間のパワー・ポリティクスによってもたらされた死者、つまり国家間戦争に起因する死者数と同程度の、あるいは計算の仕方によってはそれを上回る死者数があるということがわかるからだ。国家間のパワー・ポリティクスによる死亡者数より小さい数字だとしても、国際と国内を峻別して国際領域だけにパワー・ポリティクスを見いだすにはいささか大きすぎる数字である。ブラッド・ランドにおける1400万人の殺戮がドイツやソ連の戦争に付随する混乱だったことを思い出し、これらを政府のある（アナーキーでない）内政における事件であっても戦時の例外だと論じることが妥当だとも思えない。先進国の一部だけに目を配るのではなく、世界的規模で見てみれば、むしろ内政であっても国家がパワーを求めるポリティクスが十分に展開しており、パワー・ポリティクスをことさらに国際政治だけに突出した特色と言うことはできないのではないだろうか。

　国際政治学の示準特性としてのパワー・ポリティクスの二つ目の崩壊は、国際と国内の区別を乗り越える議論に関係する。かつてリベラリズムは、国際と国内の分断が薄れて国家間が相互浸透するという幸福な世界観を描いた。先進国どうしが相互依存し、国家主権は揺らぎ、もはや国際と切断された純粋な内政という領域がなくなる。かねてより議論されてきた「通商による平和」「民主主義による平和」に加え、さらには相互依存と並べて、民主主義、国際機関の三つが共有されることで好循環が始まり、その地域では国家間戦争が時代遅れになるという見解も現れた（Russett and Oneal 2001）。総じて近年では、グローバリゼーションの高度化のために、むき出しのパワー・ポリティクスを唱えるリアリズムはもはや有効でないという論調が強くなっている。しかしながら大切なのは、国境を通過するメカニズムが強くなったということは、仮に国際領域にパワー・ポリティクスが限られており、国境がそれを国内に入り込むのを阻止する障壁であったとしても、パワー・ポリティクスが国境を越えて国内に浸透することを許すことでもあるということだ。

　パワー・ポリティクスの国内への浸透の突出した例が、テロリズムの流行による暴力の拡散である。国家テロリズムの担い手が国境を越えて活動を拡

37

大し、ときには国際と国内の境界に挑むかのようなトランスナショナルなネットワークを作り上げている。イスラーム国（ISIS）が国家を名乗ったことは実に示唆的である。イスラーム国と関係のあるテロリスト、あるいは直接の関係はないが共鳴したテロリストたちが欧米諸国でテロリズムを敢行したことは、パワー・ポリティクスの国内への浸透の顕著な例だろう。パワー・ポリティクスの流れは途上国から先進国へ向けてだけではない。先進国を主体とするパワー・ポリティクスが対テロ戦争（WOT）の名目で途上国内に流入する。とりわけ、2001年の9.11米国同時多発テロ以降、対テロ戦争の担い手は警察や文民官僚だけでなくなり、戦争を主務とする国軍が表立って主役を担うようになった。米軍はパキスタンやイエメンに無人機を飛ばし、テロリスト攻撃をあからさまに行う。欧米諸国はイスラーム国を国家として認めないと言いながら、国際法上、本来は他の国家に対するものとして想定されてきた自衛権を行使するとしてイスラーム国に軍事攻撃をしかけたことは、とても興味深いできごとだった。こうしたなかで、もともとは国内管轄事項であったはずのテロリズムは、国家安全保障のイシューの重要な位置を占めるようになった。

　パワー・ポリティクスの国内への侵入はテロリズムそのものだけではなく、社会のしくみにも拡散する。カウンター・テロリズムの要請から、入国管理、金融統制、監視、自由の制限といった面で国内の統治のしくみが再編されているが（Donohue 2008）、これは国内社会の編成にパワー・ポリティクスが織り込まれていく例として捉えられる。

5．国際政治学の最終的勝利と死滅

　パワー・ポリティクスによる反撃に関して、最後に悪魔的な選択について記しておきたい。現実に国家間で戦争が起きるならば、パワー・ポリティクスはほころびているとか修正を必要としているという主張をわけなく喝破することができる。たとえばイラク戦争は国際政治のパワー・ポリティクスという特徴を強く立証することになり、冷戦の終焉後の新世界秩序へのかすか

な期待を粉砕した。さらに将来、全面核戦争が実際に起きるとしたら、それはあらゆる人にとって悪夢でしかないが、それが錯誤によるものではなく、国家による政策選択の結果として起きるならば、皮肉なことに、パワー・ポリティクスという国際政治の見方が正確であったということを最終的に証明することができるだろう。核兵器は文字通り、パワー・ポリティクスの君臨を確定する最終兵器である。核兵器の抑止力を信頼し「核楽観主義者」を自認するネオリアリストのウォルツの想定外の展開ではある。だが瞬時にと言うべきだろうが、全面核戦争による地球の壊滅、つまり人類史の終焉という事態に至ることで、人類の築き上げた他のすべてのディシプリンともども、国際政治学は勝利とほぼ同時にいまわの際を迎えることになる。核戦争が局地的な戦闘に終わったなら、生き延びる地域も生まれるので、パワー・ポリティクスという見方の立証された国際政治学が言い伝えられ続ける余地があるかもしれないが、そうだとしても国際政治学のまさに終末論的末路でしかない。

　ただ核兵器の保有と使用の主体が国家アクターに限られている場合は、伝統的な国際政治学の命題をしっかり裏打ちすることになるとしても、核兵器が非国家アクターの手に渡った場合は国際政治学のディシプリンにとって実は少しやっかいである。パワー・ポリティクスの主体はあくまでも国家であり、それゆえに国際政治学という範疇が定まるという前提があるからだ。ここで、パワー・ポリティクスを行う主体は国家だけなのか、という前述の問題が表に出てくる。とりあえず、核兵器の所有と使用が国家によって行われるのが通常であることを確認することでここでは議論をすませておきたい。伝統的な国際政治学の内部の論理立てによる議論によっても、国際政治学は自己実現を進めるなかで勝利するかもしれないが、同時に自閉的に絶命するということを主張しているつもりである。

　では、国際政治学にとって、パワー・ポリティクスという示準特性を放棄することで新しい意味のある展開が見込めるような希望はあるのだろうか。一つの道は、ダール＝モーゲンソー流のパワーとは異なるパワー概念を構想することである。もう一つの道は、先に予告していたように、新たなパワー

概念の導入によって国家という主体以外によるパワー・ポリティクスの可能
性を考察する道があるだろう。これらの作業には、たとえば N. フレイザー
の唱えるような公共圏理論の再政治化が手がかりになる。それが導くのはウ
ェストファリア神話に依存した成員資格原則から被害者限定原則への移行で
あり、これをトランスナショナルな公共圏、ディアスポラ的な公共圏、グロ
ーバルな公共圏へと結びつける戦略である（フレイザー 2013）。しかしここ
で、フレイザーの引用をおざなりな結論にしないためにさらに付言しよう。
残念なことに、そうした公共圏の構築までの果てしない道のりより、パワ
ー・ポリティクスで彩られた国際政治学の勝利と死滅を同時にもたらす核戦
争への道程の方が、ずっと短いように見えるということだ。

＊本稿は、日本国際政治学会 2017 年度研究大会、部会 9「国際政治学は終わったのか？」
　（2017 年 10 月 28 日）での報告原稿「自己実現予言としての国際政治学——自閉する公
　理の権力」を改稿したものである。

参考文献

Baldwin, David A. (2016) *Power and International Relations: A Conceptual Approach*, Princeton
　　University Press.

Devetak, Richard (1995) "The Project of Modernity and International Relations Theory,"
　　Millennium, Vol. 24, No. 1, pp. 27-51.

Donohue, Laura K. (2008) *The Cost of Counterterrorism: Power, Politics, and Liberty*, Cambridge
　　University Press.

Gill, Stephen (2003) *Power and Resistance in the New World Order*, Palgrave Macmillan.

Gilpin, Robert (1981) *War and Change in World Politics*, Cambridge University Press.

Hoffman, Stanley (1977) "An American Social Science," *Daedalus*, Vol. 106, No. 3. pp. 41-60.

People, Columbia and Nick Vaughan-Williams, eds. (2015) *Critical Security Studies: An
　　Introduction*, Routledge.

Russett, Bruce and John Oneal (2001) *Triangulating Peace: Democracy, Interdependence, and
　　International Organizations*, W. W. Norton & Company.

Smith, Steve *et al.* eds. (1996) *International Theory: Positivism and Beyond*, Cambridge University
　　Press.

Vasquez, John A. (1998) *The Power of Power Politics: From Classical Realism to
　　Neotraditionalism*, Cambridge University Press.

Wendt, Alexander E. (1987) "The Agent-Structure Problem in International Relations Theory,"
　　International Organization, Vol. 41, No. 3, pp. 335-370.

Wilhelmy, Masfred *et al.* (1988) *Política internacional: enforques y realidades*, Grupo Editor
　　Latinoamericano.

石田勇治・武内進一編（2011）『ジェノサイドと現代世界』勉誠出版。

ウォルツ、ケネス（2013）『人間・国家・戦争　国際政治の3つのイメージ』勁草書房。

大矢根聡（2016）「日本における『モーゲンソーとの対話』——もう一つの坂本・高坂論争」、大矢根聡編（2016）『日本の国際関係論——理論の輸入と独創の間』勁草書房、63-91頁。

高坂正堯（2000）「現実主義の国際政治観」、高坂正堯（2000）『高坂正堯著作集　第7巻国際政治——恐怖と希望』都市出版、191-219頁。

小林誠（1995/1996）「国際関係学の葬送のために（上・下）」、『立命館国際研究』第8巻第3号、」16-28頁、第8巻第4号、327-341頁。

————（2016）「国際政治学の問題設定——駆け抜ける権力をどう捕捉するか」『思想』2016年7月、1107号、24-40頁。

サッセン、サスキア（2011）『領土・権威・諸権利　グローバリゼーション・スタディーズの現在』明石書店。

ストレンジ、スーザン（1994）『国際政治経済学入門』東洋経済新報社。

スナイダー、ティモシー（2015）『ブラッドランド（上下）　ヒトラーとスターリン　大虐殺の真実』筑摩書房。

高橋進（1994）「1914年7月危機——『現代権力政治』論序説」、坂本義和編（1994）『世界政治の構造変動1　世界秩序』岩波書店、III、109-181頁。

中村研一（2017）「坂本義和——修業時代」、初瀬龍平他編（2017）『国際関係論の生成と展開——日本の先達との対話』ナカニシヤ出版、37-53頁。

バトラー、ジュディス（1999）『ジェンダー・トラブル——フェミニズムとアイデンティティの攪乱』青土社。

パワー、サマンサ（2010）『集団人間破壊の時代——平和維持活動の現実と市民の役割』ミネルヴァ書房。

フーコー、ミシェル（1986）『性の歴史　I II III』新潮社。

藤原帰一（2004）『平和のリアリズム』岩波書店。

フレイザー、ナンシー（2013）『正義の秤——グローバル化する世界で政治空間を再想像すること』法政大学出版会。

松村高夫・矢野久編（2007）『大量虐殺の社会史——戦慄の20世紀』ミネルヴァ書房。

モーゲンソー、ハンス・J.（1985）『国際政治』福村出版。

山下範久他編（2016）『ウェストファリア史観を脱構築する——歴史記述としての国際関係論』ナカニシヤ出版。

第Ⅰ部 「国際関係論」（IR）と「国際政治学」への批判

第2章
リフレクシビズム
——ポスト実証主義の理論的展開

五十嵐元道

1. リフレクシビズムとは何か

　国際関係論は、近年どのように発展し、何を論点としてきたのか。理論の領域で著しく発展してきたのが、実証主義のアプローチである。このアプローチには、統計データをもとに自然科学的な手法で国際関係の諸現象を分析するものから、心理学実験の手法を国際政治のイシューに応用して分析するものまで、さまざまなものが含まれる。こうした北米を中心とした実証主義の隆盛に対して、その問題点を指摘し、異なる視角で国際関係の諸現象を分析するアプローチがポスト実証主義であり、そのなかの一つが、リフレクシビズムである。本章では、近年の国際関係論の理論的な展開を概観し、非常に有力ではあるが、日本ではあまり広く理解されていないリフレクシビズムについて概説する[1]。

リフレクシビズムを取り上げる意義

　なぜここでリフレクシビズムに注目するのか。第一に、英語圏で「国際関係論の終わり」の議論が盛り上がるなか、新しいアプローチを模索する論者の多くが、リフレクシビズムのアプローチを採用しているからである。「国際関係論の終わり」が論じられた背景には、近年、国際関係論の理論であまり大きな発展（たとえば、新しいパラダイムの提起など）が見当たらない、といった問題意識がある。そのなかで、リフレクシビズムはまだ発展の余地があることから、国際関係論への貢献が期待されている。

42

ところが、リフレクシビズムは非常に難解である。それが本章でリフレクシビズムを取り上げる第二の理由である。リフレクシビズムは、後に説明するように、フランクフルト学派やM.フーコーなどによる、きわめて複雑な研究を国際関係論に応用するものである。そのため、何の理論をどのように応用しているのか理解するには、相当な労力が必要になる。けれども、利用できれば、国際政治上の諸現象を説明するうえで有用であるため、本章はその説明と整理を試みる。

リフレクシビズムの特徴

リフレクシビズムを理解するために、最初に押さえておかなければいけないのが、その存在論と認識論である。存在論とは、世界はどのようなかたちで存在しているのか、という問題であり、認識論とは、世界をどのように認識することが可能なのか、という問題である。国際関係論に限らず、社会科学のさまざまな理論やアプローチが、必ず何らかの存在論や認識論を前提にしている。リフレクシビズムの最大の特徴は、この存在論と認識論において、実証主義の理論と対立することである。

実証主義の場合、存在論では、分析者（主体）と世界（客体）が完全に分離している。そして、実証的な知識は事物や実在のあり方と一致する、と考える。また認識論では、事実と価値は分離可能で、客観的で中立的な分析が可能である、とされる。要するに、世界は人間が見たり、聴いたり、感じたりするままに存在し、科学的な手法を用いれば、いかなる価値観とも関係なく、世界の事物や事象をありのままに分析できる、と考えるのである。

けれども、リフレクシビズムはこのようには考えない。この立場によれば、世界は人間が感じ取れるように存在しているとは限らない。人間が世界だと思っているものは、あくまで人間が主観的に感じ取って、頭のなかで再構成しているイメージにすぎない。つまり、世界をありのままに認識などできない。そして、世界を分析し語る際には、分析者がデータを何らかのかたちで編集する以上、自ずと主観が入り込んでくる。分析という行為は、不可避的に何が重要で、何が重要ではないかを切り分けている。その優先順位には当

然、何らかの価値観が反映されているはずである。そうなると、価値から完全に中立な分析などできないのではないか、という疑いが出てくる。すなわち、世界（客体）と分析者（主体）はつねに一体不可分な関係にある。

　では、どうすればよいのか。世界をありのまま認識できず、分析が何らかの価値観を反映してしまうなら、何を語ればいいのか。リフレクシビズムは、自然科学的な手法によって世界を分析する実証主義の意義を否定しない。大事なのは、分析そのものがどのような価値観を反映しているのかを意識化することである。また、客観的な分析に基づく「合理的」とされる政策が、どのような価値観に基づき、実践のなかでどのような権力構造と結びついて人間の抑圧につながっているのか、それをつぶさに観察することである。リフレクシビズムは、そのためにさまざまな理論を援用し、分析を行うアプローチなのである。

2．国際関係論の理論的展開

　リフレクシビズムの具体的な理論およびアプローチの説明に入る前に、近年の国際関係論の理論的展開を概観しておこう。その特徴は主に二つある。

「イズム」をめぐる論争の収束
　第一に、国際関係論の「イズム」をめぐる議論がかなり下火になっている。「イズム」とは、つまりリアリズム、リベラリズム、コンストラクティビズムなどのことを指す。1990 年代は、コンストラクティビズムの発展もあって、まだイズムの議論が盛んだった。しかし、2000 年代からは、イズムの議論が成熟し、それぞれの理論的立場の違いが徐々に曖昧になってきた。

　レグロとモラヴチックによれば、近年、リアリズムを標榜する論者の研究アプローチの多くが、国際制度の役割や、国内およびトランスナショナルな国家＝社会関係、あるいは諸国家で共有された理念を重視するなどしており、折衷主義的な特徴を示している、という（Legro and Moravcsik 1999）。つまり、リアリズムを採用している論者でも、実際にはリベラリズムやコンスト

ラクティビズムなど他の理論を部分的に取り入れている、と彼らは指摘する。

レグロらは必ずしも「イズム」そのものが不要になったとは主張しないが、デイヴィッド・A.レイクなどは、パラダイム間の論争がもはや不毛で、そこからの離脱を主張する（Lake 2011; Lake 2013）。なぜ不毛かというと、研究者たちは新しい理論を打ち出すために、極端な理論を展開し、事例の説明能力がおざなりになってしまっているのではないか、と危惧するからである。そのため、イズムの差異にこだわって、どれかひとつを選ぶのではなく、むしろ、それぞれの理論の良い部分を折衷主義的に取り入れるべきではないか、と主張する。そして、国際政治上の事象を何もかも説明するような普遍的な一般理論ではなく、特定の領域、特定の事象についてのみ、十分な説明ができる中範囲の理論をつくっていくべきではないか、と提案する。理論の優劣については、さまざまな中範囲の理論を事例の説明能力で比較するべきだという。

こうした主張をする研究者はほかにもいる。たとえば、デイヴィッド・A.ウェルチもまた外交政策に関する分析のなかで、「イズム」に基づく一般理論の形成は非常に困難で、説明能力や予測可能性にも限界があることから、折衷主義的な中範囲理論の形成が好ましいと主張する（ウェルチ 2016、第1章）。同様に、シルとカッツェンスタインもまた、折衷主義の有用性を指摘している（Sil and Katzenstein 2010）。

自然科学的な実証主義アプローチの隆盛

こうしたイズムをめぐる論争に代わって急激に増加してきたのが、統計などを利用する量的分析や、数学的なモデルによって仮説を生み出すフォーマル・モデリングなど、より自然科学に近い実証主義的なアプローチによって、特定の事象を説明しようとする研究である。これが近年の国際関係論の展開における第二の特徴である。

より自然科学的な実証主義アプローチの具体例としては、たとえば、「ある地域に豊富な天然資源が存在している場合、武力紛争の発生率は高まるか」といった問いの検証が挙げられる。この例では、リアリズムなどの「イ

ズム」は、仮説の形成および検証には直接寄与していないように見える。ここで必要なのは国際関係をすべて説明する一般理論ではなく、天然資源と紛争アクターの行動に関するより細かな仮説であり、この仮説の真偽を確かめるために、統計データに基づく分析が行われる（たとえば、Collier and Hoeffler 2004）。このテーゼを検証したからといって、リアリズムのような一般理論の形成には必ずしもつながらない。

　スプリンツとウォリンスキー＝ナミアスがさまざまな国際関係のジャーナルを調査したところ、記述的研究、事例研究、量的分析、フォーマル・モデリング、クロス・メソッドの五つのうち、2000年に最も多く採用されたのが量的分析だったことが明らかになった（フォーマル・モデリングは三番目だった）（Sprinz and Wolinsky-Nahmias 2004, p. 6）。量的分析は、とくに1990年代から2000年にかけて急増した。International Studies Association（ISA）の会長を務めたブルース・ブエノ・デ・メスキータに代表されるように、量的分析およびフォーマル・メソッドは、近年の国際関係論研究において非常に有力である（de Mesquita 2002）。

　もちろん、このことからすぐにリアリズムなどの一般理論が意義や影響力を完全に失ったと考えるのは早計であろう。管見の限り、北米でもカリキュラムからイズムの議論を外した大学は、まだそれほど多くない。また、国際政治上の政策決定者が意思決定の際にリアリズムなどの議論を参照している可能性も決して否定できない。とはいえ、少なくともアカデミアの世界では、一般理論の形成を目指す実証主義（イズム論）が減少し、新しいかたちの実証主義が増加してきたと言えよう。

アンチテーゼとしてのリフレクシビズム

　このように量的分析やフォーマル・メソッドが方法論として有力視されることが、結果として（とくにイギリスやヨーロッパで）リフレクシビズムの意義を高めている。それというのも、とくにヨーロッパでは、これまで実証主義を批判してきた思想的伝統があり、国際関係論をより実証主義的にする試みに対して、強い違和感をもつ論者が多いという背景がある。たとえば、

第 2 章　リフレクシビズム

後に論じるように、20 世紀前半に発展したフランクフルト学派のマルクス主義思想では、実証主義の合理性が一種のイデオロギーであるとされ、それが既存の権力構造を支えていると指摘された。自然科学的手法によって、あらゆる現象を分析する実証主義とそれに対する批判は、近年に始まったものではない。国際関係論における実証主義をめぐる論争は、かつてヨーロッパなどで見られた論争の一種の変奏にすぎない。リフレクシビズムは、こうした哲学的伝統を国際関係論に援用する理論的立場である。

　リフレクシビズムは、さまざまなアクターによる政策言説および政策実践の（しばしば不可視化された）イデオロギーや政治的ダイナミクス、あるいは間主観的な権力構造の析出において力を発揮する。量的分析を採用する論者は、計量などの手法によって、より客観的で中立な分析が可能であると主張するが、リフレクシビズムは、そうした量的分析をはじめとする新しい実証主義研究もまた、それが位置する政治・社会的文脈のなかで、不可避的に何らかのイデオロギー的性質を帯びると考える。ただし、後者は前者の意義を否定するわけではない。実証主義的研究が国際政治上の現象を説明する一方で、その分析がはらむ一種の歪みを浮かび上がらせ、意識化させるのがリフレクシビズムであり、両者の関係は一種の役割分担になっている。

　たとえば、「民主主義の平和論」について考えてみよう。量的分析を採用すれば、過去に生じた戦争と政治体制の関係を統計データの分析によって明らかにすることになる（Huth and Allee 2003）。それによって、民主主義を政治体制とすることと、戦争を行うこととの相関関係の有無が検討される。他方、リフレクシビズムの場合、「民主主義の平和論」は一種のイデオロギーとして扱われる。たとえば、「民主主義の国々は、非民主主義の国々よりも戦争を回避しようとする傾向にある」というテーゼが一体誰によって語られ、どのように利用され、どのような権力構造と結びついてきたのかを分析する（Williams 2007, pp. 42-61）。ことによれば、このテーゼは、ある特定の国々が非民主主義国に対して圧力をかける外交政策を合理化・正当化するイデオロギーなのではないか、という疑いが出てくる。このように、あくまでリフレクシビズムは実証主義研究が明らかにしにくい問題群に取り組んでいるので

47

第Ⅰ部 「国際関係論」(IR) と「国際政治学」への批判

ある。

3．リフレクシビズムの方法論

では、いよいよ具体的な方法論について整理、概観していきたい。

フランクフルト学派と批判理論

そもそもリフレクシビズムは、どのように登場したのか。この点を検討することが、リフレクシビズムの内容を明らかにする最初の手がかりとなる。国際関係論において、実証主義を批判する立場を「リフレクティブ・アプローチ」と名付け、その名を広めたのがロバート・O.コヘインだった (Keohane 1998)。ただし、彼はそのアプローチがどういうものなのかについては十分説明しなかった。

アプローチとしての全体像を提示したのが、1995年に発表されたマーク・A.ニューフェルドの *The Restructuring of International Relations Theory* である。本書のねらいは、1980年代末に生じた国際関係論の第三論争に一石を投じることだった。第三論争は非常に複雑で、どのように整理するかは論者によって大きく異なる。ただ、はっきり言えるのは、この論争のなかで、ネオリアリズムなどの実証主義が前提とする存在論や認識論に疑義が呈されたということである。こうした実証主義を批判した一群の国際関係論は、批判理論と呼ばれた。ニューフェルドの研究もそこに含まれる。

ニューフェルドによれば、実証主義的アプローチは次の三つの前提を有している。第一に、主体と客体は独立しており、実証的な知識は事物および実在のあり方と一致する。第二に、社会科学と自然科学は同じアプローチによって分析が可能である。第三に、事実と価値は分離可能で、諸価値から自由な中立的分析が可能である。彼は、この三つの前提を批判的に再検討するべく、「理論的再帰性 (theoretical reflexivity)」というアプローチを提示する (Neufeld 1995, pp. 39-69)。

これが後にリフレクシビズムと呼ばれる一群の研究の特徴を最もよく示し

ている。実証主義との対比で言えば、リフレクシビズムが前提とする存在論と認識論は、すなわち、①主体と客体は独立しておらず、知識と事物および実在は一対一の対応ではない。②社会科学と自然科学は、しばしば同じアプローチでは分析が困難な場合がある。③いかなる事実も語るうえでは何らかの価値が入り込んでおり、諸価値から完全に自由な中立的分析は困難である。それゆえ、リフレクシビズムでは、理論上の前提を自ら意識化し、理論に固有の政治・規範的次元を認識し、さらに競合する理論間でその政治・規範的目的（あるいは機能）を比較することで優劣を決めるべきである、とニューフェルドは主張した。

　国際関係論という研究分野を考えるうえで、この指摘は重要である。実証主義の研究者は、国際関係を客観的に把握すべく、たとえば、さまざまな統計データを収集し、それを自然科学的な手法で分析する。しかし、そもそもその研究者の問題関心は、どのように形成されたのか。それに関連する統計データと分析結果は、なぜ（社会的に）重要なのか。何がそれを重要たらしめているのか。その分析結果は、誰がどのような関心と目的で利用するのか。一連の研究活動のなかで使用される言葉、概念、理論は、いずれも社会のなかで無意識に構成・維持されている何らかの構造と結びついている。それを意識化しなければ、研究活動の意義を大きく損なう可能性がある。

　ニューフェルドによれば、彼のアプローチはフランクフルト学派の思想に依拠している（Neufeld 1995, pp. 5-6）。しかし、ニューフェルドにせよ、他の批判理論の論者にせよ、フランクフルト学派の思想を詳細に分析したり、取り入れたりしている様子は、ほとんど見られない。あくまで、存在論や認識論についてのインスピレーションを得た程度にとどまっている。とはいえ、彼らが言及する限りにおいて、フランクフルト学派の思想について簡単に触れておきたい。

　フランクフルト学派は、1924年設立のフランクフルト社会研究所を拠点とした一群の研究者を指す。この学派を構成するメンバーは多様で、代表的な理論家として、マックス・ホルクハイマー、テオドーア・W. アドルノ、フリートリヒ・ポロック、ヘルベルト・マルクーゼ、エーリッヒ・フロム、

第Ⅰ部 「国際関係論」（IR）と「国際政治学」への批判

レオ・レーヴェンタール、ヴァルター・ベンヤミンなどが挙げられる。このように理論家が多岐にわたるゆえ、フランクフルト学派の諸理論を一つのものとして扱うことはできない。ここでは、ニューフェルドが直接・間接的に言及している、ホルクハイマーの「伝統的理論と批判的理論」論文に触れておく。

　再帰性（reflexivity）あるいは自己省察（self-reflection）といった言葉は使っていないものの、ホルクハイマーの「伝統的理論と批判的理論」論文は、それらの概念を理論化した最も重要な論文である（Horkheimer 1972）。伝統的理論とは、デカルトに代表されるような理論で、世界を記述するための普遍的な原理を定式化することで、その体系は内的に一貫し矛盾がなく、不断に蓄積されていく、とするものである。これが自律化し、非歴史的に基礎づけうるとされてしまうことで、物象化された（すなわち、人間から独立し、それとは疎遠な固有の法則性をもって人間を支配する）イデオロギーに変わる。いかなる理論も、現実の社会過程との連関のなかでのみ意味をもつ。それゆえ、学者であっても、社会機構から自律して科学的研究を行うことはできない。にもかかわらず、理論の構築において実践と意識的なつながりをもたないとすれば、精神の発展を阻み、間違った方向に進むことを助長してしまう。批判的理論は、こうした伝統的理論の誤りを回避しようとする。まず、理論を物象化して実践から遊離させてしまうことを拒絶する。研究者もあくまで社会の一部を構成するので、実践とのつながりを意識化し、そのうえで理論と結びついた社会の不正を廃するべきである、とされた。

　こうした伝統的理論への批判は、国際関係論の批判理論家たちにとっては、ネオリアリズムなどの実証主義理論に対する批判を考えるうえでの基礎となった。そして、ホルクハイマーの批判的理論は、実証主義の限界を克服するためのアプローチ（リフレクシビズム）のアイディアを提供した。

フーコーの思想を援用したアプローチ

　ニューフェルドをはじめ、実証主義の諸前提を問い直した批判理論の立場は、多くの場合、メタ理論（理論がどういうもので、どうあるべきかを論じ

50

る理論）で、国際政治上の諸現象を個別に分析するものではなかった。実際、そのための方法論が精緻化されていなかった。

これに対して、批判理論の存在論や認識論を一定程度、共有しながら、国際政治上の諸現象の分析を行った研究が登場した。興味深いことに、そうした研究の多くがフランスの哲学者M.フーコーの思想を援用した。本節ではフーコーの思想を包括的に論じることはできないが、リフレクシビズムを理解するために必要な範囲内で、概観しておきたい。

フーコーの思想のなかでも、リフレクシビズムとの関係で最も重要なのが、「系譜学（仏 généalogie, 英 genealogy）」という考え方である（Foucault 1980a; Foucault 1980b; Dreyfus and Rabinow 1982）。系譜学は本来、家系や動植物および言語の系統を分析する学問を意味するが、フーコーのそれは少し意味が異なる。フーコーが系譜学において着目するのが、現状の社会でどのような権力構造が存在するのか、という点である。ただし、権力構造といっても、誰かが支配的な立場に立ち、誰にでも分かるようなやり方で人々を抑圧するような状況を指すものではない。そうではなくて、たとえば、人々が社会のなかで、気づかないうちに考え方や行動の仕方を決められていて、そこからの逸脱が不正であると考えられ、皆が自発的にルールを守り、場合によっては（自己または他者の）逸脱を罰するような状況が、ここで言う権力構造である。この権力構造では、人間は自分の生を決める能力が著しく制限されている。

こうした権力構造が存在する場合、誰かがその構造を計画的につくったわけではないし、抑圧の中心にいて指示を出しているわけでもない。抑圧する人々は、同時に抑圧される人々であり、自ら知らないうちに抑圧の構造を内面化し、その生成に加担している。加担といっても、意識的に何か大きなことをするのではなく、日々の当たり前の行動や習慣のなかで、いつの間にか関与している。そうしたミクロなレベルのことが抑圧の構造の本質にあると、フーコーは見て取った。

系譜学は、そうした抑圧の構造に関連する、いつの間にか当たり前になっている行動や習慣が一体いつどのような経緯で始まったのかを分析する。そ

れらが当然のものとなり、そこからの逸脱が不正とされる以前、人々はどのように考え、行動していたのか。こうした点を調査していくと、現在の支配的な構造が偶然できあがったものであること、また、語られていなかった都合の悪い出来事が存在することなどが明らかになる（場合がある）。そのとき、新たな歴史的事実の解明によって、不可視化されていた現状の権力構造が明確になり、相対化される契機となる。

　では、国際関係論の研究者は、どのようにフーコーの思想を援用してきたのか。たとえば、デイヴィッド・キャンベルは、著書 *Writing Security: United States Foreign Policy and the Politics of Identity* において、アプローチとして系譜学を用いたが、そのなかで彼は、安全保障上の危機や脅威は客観的に存在するのではなく、人々の解釈の結果として存在する、と論じる。そして、国家は安全保障の言説を自己の不安定なアイデンティティの（再）生産のために利用してきたと指摘する。つまり、ある危険な他者を外交上の言説のなかでつくり出すことによって、外交の主体である「国家」というものが生み出され、それによって国家は自分の存在を確かめ、知らしめることが可能になる、というのである。すなわち、人々が日常的に当たり前に語る国家の危機や脅威は、一体いつ誰がどのように語り始めたのか。それを語ることが、どのような権力構造の（再）生産と結びついているのか。危機や脅威といった言説の形成過程を問い直すことで、それを相対化し、権力構造を浮かび上がらせるというわけである（Campbell 1998）。

　キャンベルなどは、系譜学的分析の際、言説を主な分析対象としたが、非言説領域を分析対象とするリフレクシビズムも存在する。このアプローチを理論的に整理したのが、ランドボーグとヴォーン＝ウィリアムズである。彼らは物質的なものの性質が人間のコミュニケーションや共同体のあり方を規定する、という点に着目し、物質的なものを分析対象とするアプローチを国際関係論におけるリフレクシビズムのバリエーションとして位置づける。彼らはフーコーが系譜学のなかで物質的なものにも着目していたことを強調する（Lundborg and Vaughan-Williams 2015）。非言説領域の分析対象として具体的にイメージされるのは、たとえば安全保障の領域ならば、紛争における

武器や、移動手段として使用される自動車などがあろう。

ブルデューの理論を援用したアプローチ

　国際関係論、とりわけ安全保障の領域で近年増加しているのが、フランスの社会学者 P. ブルデューを援用したリフレクシビズムの研究である。2013年には、リフレクシビズムの有力な論者らによって、*Bourdieu in International Relations: Rethinking Key Concepts in IR* と題した編著が発表された（Adler-Nissen 2013）。これはブルデューの理論における諸概念が国際関係論の諸概念とどのように結びつき、異なる見方を提示するのかを明らかにした。

　このアプローチでは、ブルデューが提示したさまざまな概念を利用して、ある特定の場で諸アクターが闘争し、制度的な変化が生じる過程などが分析される。たとえば、コペンハーゲン学派の T. V. ベルリンクの研究を紹介しよう。この研究によれば、冷戦の終結に伴い、NATO はその安全保障上の役割を再定義する必要に迫られた。この再定義をめぐる政治闘争には、NATO 加盟国の政府関係者だけでなく、シンクタンクなどの組織も加わった。彼らは経済的な資本に加え、人的なネットワークや規範的な正統性などを利用しながら、より優位な立場をめぐって闘争し、その結果、NATO の政策に変化をもたらした、とベルリンクは指摘した（Berling 2015）。

　これは一体ブルデューのどのような理論を用いたのか。ブルデューの理論のなかでも、とりわけ国際関係論で援用されてきたのが、「場（界と翻訳する場合もある）（仏 champ, 英 field）」に関する理論である。この理論では、ある特定の場において複数の行為者が「資本（capital）」をめぐり、闘争を行う。その際、行為者の行為を規定するのが、「ハビトゥス（habitus）」や資本、ならびに場の構造である。

　一見して明らかなように、理論の理解を難しくしているのが、その独特の用語と概念である。まず、「ハビトゥス」とは一体何か。大まかに言えば、それは行為者が決まったかたちで思考、感覚、行動する構造化された性向（disposition）で、社会的な条件が身体化して自然なものになっているため、

第Ⅰ部 「国際関係論」（IR）と「国際政治学」への批判

意識化されないものである。また、ハビトゥスは行為者の実践を通じて絶え
ず変化し、構造化される。ハビトゥスは、行為者が属する何らかの集合
（class）それぞれに存在するが、それは歴史的に形づくられたものである
（ブルデュー 1988, 83-87頁）。

　では、「資本」とは何か。ブルデューによれば、資本とは「労働の蓄積」
であり、権力の源泉である。これは必ずしも経済的な資本、すなわち金銭や
所有物だけに限られない。ほかにも文化資本（学歴を含む文化的な財やサー
ビス）、社会関係資本（人間のネットワーク）、象徴資本（正統性）などがあ
る。これらの多様な資本は、（場などによって変動する）何らかの交換比率
で交換が可能である。こうした諸種の資本を蓄積、投資、交換することで、
個人や集団は場における自らの地位を維持したり、高めたりする（Bourdieu
1986; Swartz 1997, pp. 82-94）。

　これだけ説明しても、まだかなり難解であろうから、誤解を恐れず、具体
的な例を出してみたい。たとえば、とある学会について考えてみよう。学会
もブルデューが言うところの一つの「場（界）」である。あなたはそこに新
規参入したばかりの、将来研究者になることを夢見る大学院生（博士後期課
程）である。大学院生であるあなたは、学会に属するさまざまな研究者と交
流することで、その「場」でどのように考え、行動すべきなのかを少しずつ
学んでいく。学会で評価される研究とは何か。どのように研究報告すべきか。
どういう論文を書くべきか。こうしてあなたは、明文化されていない学会の
ハビトゥスを内面化し、それに基づいて行動するようになる。さらに学会で
の評価を得るために、大学院生であるあなたは、博士号の取得を目指し、さ
まざまな研究者とのネットワークを形成していく。つまり、資本の蓄積に励
むのである。もし、あなたが学会のあり方に不満を抱き、改革を望むのであ
れば、学会のハビトゥスを変革するよう、闘争を開始することになる。この
闘争の成否を分けるのが、あなたの保持する資本の量と質である。

　ブルデューの社会学理論を援用する国際関係論研究が、新たなリフレクシ
ビズムの潮流の一つなのだが、それらをリフレクシビズムとして位置づける
のには、二つの理由がある。一つは、上述の理論では、主体と構造の関係が

54

ハビトゥスという概念によって統合されている。ブルデューの理論では、人間は自らが位置する構造に、行為のあり方を何もかも決められているわけではなく、主観に基づいてある程度自由に決定ができる。しかし、何もかも自由ではなく、ハビトゥスを通じて選択の幅を制限されている。また、行為はハビトゥスを通じて、構造と相互に構成的な関係にある。すなわち、構造によってハビトゥスが形成されるが、行為とその結果に基づいてハビトゥスは変化し、構造に影響を与える。

　もう一つの理由は、ブルデューが社会学自体を再帰的に分析し、社会科学者の研究活動における歪みに光を当てたことから（ブルデュー 1991）、ブルデューを援用する国際関係論研究も、そうした再帰的視点を意識しているためである（たとえば Eagleton-Pierce 2011）。ブルデューによれば、そもそも社会科学者は特定の社会的地位にある人々で、それぞれが属する「学界」（研究活動の場）にも固有の特性がある。また、社会科学者は研究を通じて獲得を目指す何らかの自己利益が存在している。それゆえ、分析者は完全に中立で価値自由な分析を行うことはできず、自らの立場を認識することが必要になる。

4．国際関係論としてのリフレクシビズム

　ここまでリフレクシビズムの特徴と具体的なアプローチについて検討してきた。繰り返しになるが、リフレクシビズムの最大の特徴は、その存在論と認識論である。この立場によれば、世界は人間が認識するように存在しているとは限らず、主観や価値から独立した中立的な客観的分析は困難である。そのうえで、リフレクシビズムは、国際政治上の事象を分析するために、分析者自身を含む社会構造に目を向け、その構造の内部で分析を実行する際の歪みを意識化しながら、分析者と事象を取り巻く不可視な構造を明らかにしようとするアプローチだった。

コンストラクティビズムとの差異

　では、リフレクシビズムは、コンストラクティビズムとどれほど異なるの
か。大きく括れば、リフレクシビズムもコンストラクティビズムの一種、あ
えて言えば「急進的なコンストラクティビズム」として分類できるかもしれ
ない。けれども、リフレクシビズムの論者の多くが、自らの理論的な立場を
コンストラクティビズムとは差異化しようとする傾向にある。

　違いの一つは、論文における手続き上の差異である。コンストラクティビ
ズムは、これまでのコンストラクティビズムの諸研究を概観し、その理論的
問題点を克服しようとするが、リフレクシビズムの場合、一般理論の形成を
目指しておらず、自らが援用する理論をめぐる先行研究を整理して、分析対
象のイシューに適合するかたちでのみ、枠組みをつくる。いわば、中範囲理
論の形成であり、その点は奇しくも実証主義の潮流と一致する。

　もう一つの違いは、分析の力点である。たとえば、フーコーを援用する研
究であれば、分析の力点は構造的な権力であり、ブルデューを援用するもの
であれば、場と闘争である。これは規範とその因果関係上の影響というコン
ストラクティビズムの視点とは、かなり異なる。コンストラクティビズムは
規範や因果推論の分析には強いが、国際関係上の権力構造や闘争の分析に向
いているとは言いがたい。リフレクシビズムの論者がわざわざフーコーやブ
ルデューを援用するのは、そうした援用によってしか分析できないイシュー
や、析出できない構造が存在するためである。

　加えて、分析者の位置づけもコンストラクティビズムとリフレクシビズム
では異なる。（北米などで主流の）コンストラクティビズムでは、分析者は
分析対象から切り離されており、自己省察の契機を基本的に内在していない。
一方、リフレクシビズムは、分析者も分析対象の一部であり、分析対象の内
部でどのように分析を行うか、また、分析者の分析における歪みをどのよう
に取り除くか、という課題に答えようとしてきた。そして、その答えがそれ
ぞれのアプローチによる自己省察だった。ただし、自己省察の手続きはそれ
ぞれの論者によって異なる。

他のリフレクシビズム

このように本章はリフレクシビズムを援用する理論によって整理してきたが、それでも国際関係論における、すべてのリフレクシビズムを扱ったわけではない。たとえば、一部のフェミニズムの国際関係論も重要なリフレクシビズムの研究である。そうした研究が依拠するフェミニズム理論も、フーコーやデリダの思想などから強い影響を受けている。そのため、フェミニズムの国際関係論研究のいくつかも、系譜学的な特徴を備えている（たとえば、Enloe 2004）。

多様なアプローチの重要性

冒頭で述べたとおり、リフレクシビズムへの注目が高まっている背景には、国際関係論の理論研究が停滞しているのではないかという危惧と、自然科学的な実証主義アプローチの急速な増加と発展があった。そのなかで、リフレクシビズムの論者は、国際政治上の諸現象をどこまで説明できるのか、方法論としてどこまで精緻化できるのかという課題に取り組んできた。

本章が指摘したいのは、決して日本で国際政治学の研究を行う者や教育を受けている者が皆、リフレクシビズムを採用すべきだということではない。リフレクシビズムの展開に学ぶべき最も重要なことは、自らのアプローチの存在論や認識論がどのような前提になっているのかを意識化することと、多様なアプローチこそがより広範囲にわたって社会現象を解明する助けになると理解することである。このことは理論的研究だけに当てはまらない。一次史料に基づく歴史研究も同様である。歴史研究では徹底した史料批判が求められるが、リフレクシビズムの立場から見ると、分析者自身の眼差しや研究が位置する社会的文脈についての批判もまた必要なのではないか、ということが言える。もし必要ないなら、なぜ必要ないのか。必要ならば、どういう手続きを踏むべきなのか。こうした論点を明確にすることで、それぞれの存在論や認識論がよりはっきりするだろう。

このように主張すると、アプローチの多元性を擁護することの権力性をどう考えるのか、という疑問が返ってくるだろう。それを考えるうえで考慮し

なければいけないのは、現状、実証主義とポスト実証主義が権力的に非対称である、ということだ。すなわち、今日の国際関係論の世界では、明らかに前者が主流の位置を占めている。実証主義の存在論や認識論のみが真実であると認められてしまうことは、われわれの価値観そのものを一元的なものにしてしまう危険がある。そうなったとき、われわれは実証主義によっては語られない抑圧された存在について無視することになるだろう。

　たとえば、ここに紛争に関するデータセットがあるとしよう。そこには紛争が起きた場所、紛争アクターの詳細、そして死者数が書いてある。このデータセットを用いて統計的処理を施し、分析を行うことには、十分な学術的意義があろう。一方、リフレクシビズムの立場では、このデータセットをそのまま受け止めることはできない。その死者数のデータは一体どのように形成されたのか、誰がどのように数えたのか、どのような目的で数えたのか、そのデータが拾い上げていない暴力はないかなど、さまざまな論点が浮かび上がり、それを検討する必要が生じる（そうした試みの一つとして、五十嵐2018）。こうした視点がなければ、データセットの背後に隠れている政治的闘争や暴力は存在しないことになってしまう。

　要するに、アプローチの多元性は、アカデミアの内部に矛盾と闘争の余地を残すことで、語られない存在が自らを語る方途を残すことになる。アプローチについて各々批判を行うことは重要である。しかし批判だけでなく、お互いの存在意義を十分に理解しようとしなければ、学問の発展には結びつかない。このように考えてみれば、リフレクシビズムの理論的存在意義は決して小さくないはずである。

注
（1）　本章の内容は、五十嵐元道（2018）「国際関係論におけるリフレクシビズムとは何か――ポスト実証主義の理論的展開」『関西大学法学論集』68巻1号を教科書用にできるかぎり平易にしたものである。そのため、一部記述が重複する。

参考文献
Adler-Nissen, R. ed. (2013) *Bourdieu in International Relations: Rethinking Key Concepts in IR*, Routledge.

Berling, T. V. (2015) *The International Political Sociology of Security: Rethinking Theory and Practice*, Routledge.

Bourdieu, P. (1986) "Forms of Capital," In *Handbook of Theory and Research for the Sociology of Education* (edited by Richard, J.), Greenwood Press.

Campbell, D. (1998) *Writing Security: United States Foreign Policy and the Politics of Identity* (Revised Edition), Manchester University Press.

Collier, P. and Hoeffler, A. (2004) "Greed and Grievance in Civil War," *Oxford Economic Paper* 56: 4, pp. 563-595.

de Mesquita, B. B. (2002) "Domestic Politics and International Relations," *International Studies Quarterly* 46, pp. 1-9.

Dreyfus, H. L. and Rabinow, P. (1982) *Michel Foucault: Beyond Structuralism and Hermeneutics*, The University of Chicago.

Eagleton-Pierce, M. (2011) "Advancing a Reflexive International Relations," *Millennium: Journal of International Studies* 39:3, pp. 805-823.

Enloe, C. (2004) *The Curious Feminist: Searching for Women in a New Age of Empire*, University of California Press.

Foucault, M. (1980a) "Nietzsche, Genealogy, History," In *Language, Counter-Memory Practice: Selected Essays and Interviews* (edited by Bouchard, D. F.), Cornell University Press.

───── (1980b) "Truth and Power," In *Power/Knowledge: Selected Interviews and Other Writings 1972-1977* (edited by Gordon, C.), Pantheon Books.

Horkheimer, M. (1972) "Traditional and Critical Theory," *Critical Theory: Selected Essays*, (translated by O'Connell, M. J.), Herder & Herder. (角忍・森田数実訳「伝統的理論と批判的理論」『批判的理論の論理学』恒星社厚生閣、1998 年)

Huth, P. K. and Allee, T. L. (2003) *The Democratic Peace and Territorial Conflict in the Twentieth Century*, Cambridge University Press.

Keohane, R. O. (1998) "International Institutions: Two Approaches," *International Studies Quarterly* 32:4, pp. 379-396.

Lake, D. A. (2011) "Why 'isms' Are Evil: Theory, Epistemology, and Academic Sects as Impediments to Understanding and Progress," *International Studies Quarterly* 55:2, pp. 465-480.

───── (2013) "Theory is Dead, Long Live Theory: The End of the Great Debates and the Rise of Eclecticism in International Relations," *European Journal of International Relations* 19:3, pp. 567-587.

Legro, J. and Moravcsik, A. (1999) "Is Anybody Still a Realist?" *International Security* 24:2, pp. 5-55.

Lundborg, T. and Vaughan-Williams, N. (2015) "New Materialisms, Discourse Analysis, and International Relations: A Radical Intertextual Approach," *Review of International Studies* 41, pp. 3-25.

Neufeld, M. A. (1995) *The Restructuring of International Relations Theory*, Cambridge University Press.

Sil, R. and Katzenstein, P. J. (2010) "Analytic Eclecticism in the Study of World Politics: Reconfiguring Problems and Mechanisms across Research Traditions," *Perspectives on Politics* 8:2, pp. 411-431.

Sprinz, D. F. and Wolinsky-Nahmias, Y. eds. (2004) *Models, Numbers, and Cases: Methods for Studying International Relations*, University of Michigan Press.

Swartz, D. (1997) *Culture and Power: The Sociology of Pierre Bourdieu*, University of Chicago Press.

Williams, M. C. (2007) *Culture and Security: Symbolic Power and the Politics of International Security*, Routledge.

五十嵐元道（2018）「紛争の証言者としての人権 NGO の出現——人道危機監視ネットワークの生成と展開」『国際政治』193 号。

ウェルチ、デイヴィッド・A（2016）『苦渋の選択——対外政策変更に関する理論』（田所昌幸監訳）千倉書房。

ブルデュー、ピエール（1988）『実践感覚(1)』（今村仁司・港道隆訳）みすず書房。

————（1991）『社会学の社会学』（安田尚ほか訳）藤原書店。

第 3 章

ディシプリンの国際文化交渉
──日本の国際関係研究と IR の関係史序説

芝崎厚士

　本章の目的は、「日本における国際関係研究の歴史を適切に研究するためには、複数の言語の行き来を焦点に据えて「未知との出会いの現場」に着目する「国際文化交渉」という分析枠組が有効かつ妥当である」という仮説を、先行研究へ応答しながら提示することである[1]。本章はこの分析枠組を、先行研究に存する方法論上の課題を、平野健一郎の国際文化論と柳父章の翻訳文化論の知的成果を発展的に統合することで提示する。

　以下、第 1 節では研究動向を整理し、第 2 節で検討すべき課題を提示する。そして第 3 節、第 4 節で「未知との出会いとしての国際文化交渉」の下敷きになる議論を展開し、第 5 節でこの分析枠組の基本的な構造を説明し、具体的な研究課題についてふれた上で、第 6 節で議論全体を総括し今後の展望を示す。

1．「国際関係研究」をいかに研究するか

「日本の国際関係研究」研究のルネサンス？

　英語圏の国際関係研究の特徴の一つは「自己省察を頻繁に繰り返す」ことにある。そして日本の国際関係研究もまた、英語圏ほど大規模かつ組織的ではないにせよ同様の傾向を持ってきた。とくにここ 10 年ほどの間には、日本の戦前・戦後における国際関係研究者の研究が多く見られるようになった。

　さらにここ 1 年ほどの間に、より組織的かつ包括的に「日本の国際関係研究とは何であったか」という問いに取り組もうとしている共同研究が 3 冊、相次いで世に問われた（大矢根編 2016; 初瀬ほか 2017; 葛谷ほか 2017）。これ

らの研究は、以前の比較的単発的・散発的な自己省察とは異なり、一部は重複する異なる研究者集団がある程度共通した問題意識に従って体系的に日本の国際関係研究を跡づけようとしているという共通点を持つ。

まず『日本の国際関係論——理論の輸入と独創の間』は丸山眞男の執拗低音論を参照しつつ、副題が示す通り日本の国際関係研究がいかに「海外の理論」すなわち主に英語圏の国際関係研究（IR[(2)]）の議論を輸入してきたか、その際にどのような独創性を発揮しえたかを検証する。続いて『国際関係論の生成と展開——日本の先達との対話』は対象を狭い意味での国際政治学に限定せず、「米国の政治的・文化的イデオロギー」という表現を用い、学問の輸入・導入だけでなく政治・文化・社会的影響をも考慮に入れつつ「土着性・内発性・自立性」に注目する。最後に、『歴史のなかの国際秩序観——「アメリカの社会科学」を超えて』はスタンリー・ホフマンの著名な論文を出発点として、主に日本以外の事例を扱いつつも、『日本の国際関係論』が直接的に「輸入元」として特定し、『国際関係論の生成と展開』がより幅広に「政治的・文化的イデオロギー」という形でとらえたアメリカの影響のうち「アメリカの社会科学」と「パックス・アメリカーナ」の二面に着目する「歴史的アプローチ」によって分析を試みている。

これらの著作は、国際関係研究の研究を本格的に前進させるための素地を広く提供しており、国際関係研究、とりわけ日本の国際関係研究とは何だったのかという問いへの取り組みを大きく進展させる契機をもたらした。そして、これらの研究によって改めて浮き彫りになったのは、日本の国際関係研究の特質ないし本質を明らかにするためには「海外理論」「米国の文化的ヘゲモニー」「アメリカの国際政治学のヘゲモニー」との関係を、考察の核に据えるべきであるということである。

国際関係研究自体を国際文化論的・国際関係思想的な視点から研究対象とし、英語圏国際関係研究の理論的アポリアと将来の可能性について論じたり（芝崎 2015）、共同研究によって英語圏国際関係研究の理論的アポリアを支えてきたウェストファリア史観の構造を解明しようとしたりしてきた（山下・安高・芝崎編 2016）筆者にとって、これらの著作の刊行は大きな励みと

刺激となった。その一方で、国際関係研究を研究する必要性をかねてから訴えてきた研究者として、その知的成果へ応答することで研究の戦線をさらに前進させるために何が必要かを論じる責務を感じている。こうした問題意識から本章は、先行研究を一方的に非難、否定するのではなく、これらの到達点を受けてさらに何をなすべきかを積極的に論じることを目的とする。

研究史・学問史的把握からの脱却

　これらの研究が浮き彫りにした「その先にある課題」とは、今回解明された how を引き受けた、その「how を可能にしている why の解明」と、「その why を成り立たせている how の解明」という二重構造をなしている。この二重構造を解きほぐすことは、少なくとも日本の国際関係研究を研究対象として研究する際に最も重要な問いの一つである。

　この課題を分析する際に対象となるのは、これらの研究がほぼ共通して使用しているにもかかわらず、ある種の思考停止に陥っているためその内実に立ち入って考察していない言葉の数々である。それをさらに踏み込んで考察していくことが課題となるということである。具体的には、「輸入」「導入」「独創」「応戦」「向き合う」「超える」「土着性」「内発性」「自立性」といった一連の言葉を俎上に載せることになる。

　おそらく国際関係研究者であればあるほど、欧米の国際関係の理論の「受容」（これも頻用される、立川談志流にいえば「分解」の必要な言葉である）に対してこれらの用語を使用することに疑念は感じないかもしれない。海外の学会誌や書籍を読んでは研究動向を消化、輸入し、それをもとに自己の学的オリジナリティを編み出していくという営為は国際関係研究の専門家の日常において恒常的に起きている現象である。しかし、ひとたび「輸入」「導入」「受容」と表現していることそれ自体が一体何なのか、あるいは「独創」「土着性」「内発性」「自立性」「応戦」「向き合う」「超える」といったことが具体的に一体何なのかと問われたときに、単純に専門分野の文献をただ「読んだ」「考えた」「書いた」と答えるだけで説明し尽くしたことになるであろうか。

たとえば「日本の国際政治学者Jは、アメリカの国際政治学者AのX理論を輸入し、それを内発的に捉え返し、独創的なY理論を提示した」と説明すればことは済んだように思われるが、実はそうではない。それで済むのは研究史、すなわちあるディシプリン内部においてゲームのルールを共有している人々の間で了解される説明にすぎない。これらの鍵概念とその学問分野内で自明とされる専門用語や、その専門用語間の（ここでは輸出入に関する）関係を表現する言葉を組み合わせて表現される文章は、一見専門家にとってはそれ以上説明する必要のないものであるかもしれないし、国際関係の教育を受け研究を志すものはむしろそれを説明されずとも内面化して了解できるようになることを目標におくことになる。しかし、その過程で人間の内面においてどのような知の働き、頭の動きが起きているかを説明することが、学問という知的営為を研究対象として突き放して研究することの第一歩になる。

加えて、当然ながら、学問用語は一見いつの時代も同じように見えて異なる文脈やニュアンスで使われ、変遷してきたことも無視しえない。このことも含めて、「もう一歩先」の説明をすることなしには、研究史を脱却できないのである。そして、これまでの既存の研究は、この壁を破ることがそれほど自覚的にはできていないように思われる。

メタ学問史へ──もう一歩先にあるもの

そのもう一歩先とは、日本の国際関係研究がIRに大きな影響を受けてきたというときに、なぜそうなのか、どのようにしてそれが起きたのかをできる限り個々の人間の知の形成の現場に降りたって考えるということである。そこで何が起きたのか、ということである。この問いは、当該研究者にとってはあまりに自明かもしれないが、実はそこに大きな見落としがあると筆者は考えている。なぜなら、既存の学問体系の中で定着した言葉のみによって既存の学問記述の形成過程を説明することは、単なる研究史の域を出ないためである。人間が知を紡ぎ出す際の原的な営みのレベルにまで記述の範囲を押し広げなければ、本質的な意味での学問史ないしメタ学問史たりえないし、そこで得られる知見が既存の学問を変革していかないということである。

より突き詰めて表現すれば、この問いは、ある知をある人間が受け取るとはそもそもどういうことなのか、とくに多くの場合母国語とは異なる言語で書かれた知がどのように受け取られ、どのように感じ取られ、どのように理解され、認識されたか、またその言葉をその人間がどのように使ったか、さらにその際にはどの言語においてどのように使ったかということである。こうした知の構築の生々しい現場にまで降りたって考えない限り、そこで実際に起きたことが何だったのかは説明できないし、ある学知がどのように立ち現れたかを理解することはできないのである。筆者はこの問いを「ディシプリンの国際文化交渉」という問題設定によって引き受けようとするものであり、本章はそのための基本的な枠組を提示する導入的な論考として書かれている。

2．ディシプリン間関係史の対象と方法

「一国民国家一ディシプリン」という前提について

こうした「研究の研究」の根本にある問題意識は、いうまでもなく今後の当該研究分野を今後どのようにしていくべきかという問いに対する現代および将来に対する示唆を得ることにある。そのためには、過去において当該研究分野とは一体何であったのかを解明する必要がある。そして研究対象である日本の国際関係研究の特質を解明する場合に欠かせない焦点となるのは、「日本の国際関係研究」と「英語圏の国際関係研究」の「関係史」である。これをディシプリン間の国際関係史ととらえ、日本の国際関係研究の特質を、それがいかに英語圏の国際関係研究に影響を受けてきたかという点にとくに着目して考察する際に一般的に前提として考えなければならないことは何であろうか。

第一にそれは、ある学問分野とある学問分野を別個の単位として考えるという前提に立つことを意味する。もちろん、あらゆる境界線がそうであるように、実際には必ずしもこのように明確な分別はできない。ある個人や集団が複数の学問分野の内部にさまざまな程度の差を伴って属することはいつの

65

時代においてもありうる。しかしディシプリン間関係史は、二つ以上のディシプリンを区別できる二つ以上の単位として措定せざるをえない。したがって「日本の国際関係研究」と「英語圏の国際関係研究」を区別可能な独立した別個の集団としてあえてとらえることが方法論的な前提となる。

　当然ながら「日本の」という形容詞自体が孕む数多くの問題群があり、それを本質主義批判やポストコロニアリズム的に批判することもきわめて重要である。この批判は IR において近年頻用される non-Western/Western の区別に対してもなされうる。しかし、既存の先行研究は基本的に「一国民国家＝一ディシプリン」という国民国家の国境線を基準とした研究者集団の分別を意識的ないし無意識的に前提として論じてきたことも確かである。世界全体においても、一方で英語圏国際関係研究に所属し接続されつつも、ある国の国際関係研究という単位の集団に属しその集団の固有性や独自性を考察しようとすることはそれほど例外的ではない。もちろん、それが望ましいかどうかは別の問題である。

　あらゆる境界設定はこうした難点を孕む。したがって、この問題設定からふるい落とされる事象が存在することを踏まえ、この問題設定自身の意義と限界を測定するという意味合いを含めて、ディシプリン間関係史においては、ある特定の時期や範囲における研究対象の本質を明らかにする上で、この前提を分析上有意かつ必要である限りにおいて存在論的にではなく方法論的に置いているということを認識しなければならない。

　第二にそれぞれのディシプリンは、基本的に異なる言語を使用しているという前提に立っている。具体的には、日本の国際関係研究の第一次的な研究・教育用の言語は日本語であり、英語圏のそれは英語であるという基本理解である。もっと強い仮定をおくとしたら「日本の国際関係研究の研究者とは、日本語を母語としつつ英語＋αも操ることができる国際関係の研究者である」という措定になり、これはおそらくある時代までの日本の国際関係研究を論じる多くの論者たちの前提になっていたことは否めない。

　そして第一の区別における境界問題が孕む難問は、この第二の区別にもあてはまる。強い仮定はもちろん、第一次的な研究・教育用の言語、すなわち

第3章　ディシプリンの国際文化交渉

基本的に書き、語り、教えている言葉が日本語であるという弱い仮定でさえもいうまでもなく現実とは必ずしも一致しない。第一次的な研究・教育言語が日本語ではない「日本の」国際関係研究者は数多く存在し、母語のレベルにおいてはさらに多いであろう。そして、近年の芥川賞選考騒動やノーベル文学賞受賞者の国家単位でのアイデンティティの所属先や影響をめぐる議論を想起するまでもなく、「日本」「日本語」は誰のものかという点からこの措定は当然批判されるべきである。

　その一方、日本の国際関係研究業界における自己のアイデンティティをめぐる一連の議論は、この二つの区別の存在を暗黙の前提として展開されてきたし、また過去の国際関係研究者の多くは、この枠組の中でディシプリン間関係を理解してきたことも事実である。「はじめに」でとりあげた三つの著作も実は、明言こそしていないがこれらの仮定をおいているように思われるし、またこの仮定が持つ問題性についてそれほど強力な留保を提示してはいない。

　以下の議論において本章は、この二つの前提とその問題性を理解した上で、異なる集団ないしは異なる集団に属し、異なる言語を用いて異なる国民国家に属した集団間の国境を越えた知の関係としてディシプリン間の関係史をとらえる枠組を方法論として採用する。そして、日本の場合、日本語を第一次的な研究・教育用の言語として使用し、日本という国民国家内部の制度上の集団の一員を形成している人間ということを方法論的な前提としておく。

　ただし、これは過去の、少なくともポスト冷戦期あたりまでの歴史的現実を分析する場合に程度問題として有効でありかつ妥当であるがゆえの選択にすぎず、おそらく世紀末から21世紀以降現在に至るディシプリンのグローバル化のプロセスが進んで以降の事態を的確に描写できるものではない可能性が高い。そのためには別の枠組を措定しなければならないことは予期した上で、この枠組を本質主義的に存在論化するのではなく、その枠組の限界を炙り出すことで、その「次の枠組」を発見する手がかりを得るような余地も考慮しながら議論を進める。

　これは単なる推論であるが、来たるべき「次の枠組」は、現在および未来

67

を有効に描写できるだけでなく、この枠組が有効かつ妥当であるという前提で描いてきた歴史をも、まったく新しい視点で描き直すことができるようになるであろう。

ディシプリン史研究における三つのアプローチ

学問の歴史を捉える既存の方法としては、第一に研究史的把握、第二に文脈主義（脈絡主義 contextualism）的把握、第三に言説に基礎をおいた把握（言説アプローチ）をあげることができる。本章はそれらとはさらに異なると同時にそれを包摂するようなメタ学問史的把握として「国際文化交渉史」を考えている。

第一に研究史的把握とは、同じ業界に属し、同じ専門用語を共有している人々の間での内部において閉じた空間の中で共有される学問史の理解を生み出す。すでに論じてきたように、これまでの日本の国際関係研究の研究のかなりの部分はこの研究史的把握から脱却しきれていないように思われる。この視点に立った文献は、事実の整理という意味でも、研究者内部での過去の議論の共有という意味でもきわめて有用であるが、国際関係研究を客観的に研究する上では、さまざまな問題がある。

研究史的把握は、現在知られている学問の姿との差分から過去の学問を記述してしまうという、後述するガネルやシュミットのいう現前主義（presentism）に陥りやすく、一部の国際関係思想研究が成功裡に試みているように、当時書かれ、理解されていたことを現在から見ると整合的ではない場合であってもそのまま再構築するという歴史研究の基礎的な姿勢自体が保ちがたくなる可能性がある。しかし、研究史的把握の最大の問題は、すでに述べたように、内部の閉じた自明性が担保されている学術上の語彙や論じ方によって記述し表記することは、その学術的構築物の生成過程で実際に起きたことを見えにくくする可能性を持つ点にある。

研究史的把握による記述は、後付け的に、今の専門家にとって効率的に理解しやすい記述を容易に生み出せるという利点があるが、得てしてそれらの専門的な言葉をどう使い、組み合わせたかという話に事態を還元してしまう

ことによって、そうした言葉を操作する際にその言葉がその人にとって実際にどう受け止められ、どう理解されたものだったのかをよりよく理解する契機を失わせる傾向がある。「Xは「勢力均衡」をこう理解した」と書くときに、Xとこれを記述する側の「勢力均衡」観はある種の理解を前提として共有していると考えがちであるが、この言葉がそのXにとって何であったのか、何をどう考えたのか、というより核にある部分を隠蔽してしまいかねないということである。

　端的にいえば、「こう理解した」という部分よりもむしろ、「「勢力均衡」を」と書いた瞬間にその言葉をどのように受け止めたのかという部分のXの主観的認識と執筆者の客観的記述との間のズレのほうにことの本質があるのではないかということである。これを無視して、「勢力均衡」といえばみな同じ文献を読み、同じ専門用語の系譜学を同じように知っているという前提で話を進め、きわめて自己言及的な構造の中で学問を語ることは、かえって知の現場自体を見えにくくするということである。

　第二に、既存の学問史の先行研究においてアプローチとしてよく知られているのは、ガネルやその影響を受けたシュミットなどにおける、フーコーの考古学的アプローチを援用した言説内部の関係に特化した批判的内部言説史（critical internal discursive history）を構築するという言説アプローチであり、彼らが批判するところの文脈主義（contextualism）的把握であろう（Gunnell 1993; Schmidt 1997）。言説アプローチは、文脈主義的な外部の要因による説明（冷戦が……、ベトナム戦争が……、イラク戦争が……といった類い）への依存を極力排除し、またバックミラーから覗くような後付け的現前主義をも排し、国際関係研究の主要概念がどのように語られ、論じられることで構築されていったかという、具体的なテクストの分析から言説圏の形成を見ていくことになる。

　この方法は、歴史的な大事件や場合によっては文化や風土といった言説の外側にある要因からの文脈主義的な説明に依存せず、何もかも説明できる要素は何も説明できないという帰結を排してテクスト内在的な分析に集中していくという意味で研究史的把握とは一線を画した学問的な方法論として確立

されたものである。

国際ディシプリン関係史のアプローチ

　筆者の見る限り、日本の国際関係研究の研究は、研究史的把握をベースとしつつ、控えめにいってもこの三つのアプローチの折衷ないし混在のように見受けられ、意識的な方法論が確立されているとはいいがたいのが実情である。この三つのアプローチのうち、研究史的把握からは脱皮しなければならないのは論をまたないが、かといって言説主義と文脈主義を効果的に折衷するというだけでは十分ではない。というのも、日本の国際関係研究の特質は、すでに述べたように異なる言語を研究の第一言語として使用する異なる集団間の国境を越えた交流によって形成されてきたということにあり、三つのアプローチはこの特性を忠実に反映した枠組とはいえないためである。とはいえ、これらは日本の国際関係研究の特質を解明することをはじめから射程に入れて形成されたわけではない以上、この論難はないものねだりの域を出ないともいえよう。

　言説アプローチは、この多言語性、言語間の交流について、実はあまり多くを語らない。実際のところ、基本的にこのアプローチが得意としているのは、同一言語内、すなわち英語圏の内部の言説史なのである。国際関係思想とそのグローバルな広がりの研究を思想史の分野から試みるアーミテージにも、同じような傾向がある（Armitage 2013）。また言説アプローチであるがゆえに、専門用語や専門的概念そのものに接する際の態度としてどのような知の働きがあったかという点についてもそれほど掘り下げられてはいない。それらの言葉のネットワーキングには着目しているものの、それらの言葉自体を使うときに人が何を考えているのかというところには届いていないのである。

　以上のように、国境を越えたディシプリン間の関係史を問う場合には、まず、二つの固有の独立した単位としての異なる学問（という知の単位）が存在し、それらが国境を越えて異なる言語において交流するという基本的な構図を考えることになる。そしてこの交流を前提として近代以降から少なくと

も前世紀末までの日本の国際関係研究の形成と変容の歴史を見ると、日本の国際関係研究は日本語で書かれ、複数の異なる学問集団が混在するという状況において、アメリカとイギリスを中心とした主に英語圏の国際関係研究からさまざまな影響を受けながら知を形成してきたことになる。

　そしてその影響に関する描写は、専門用語を英語から日本語に直に写したというだけではなく、また文化や風土で外在的に説明し尽くせるようなものではない形で描写されなければならない。とくに、専門用語を駆使した研究や言説を、時代を超えて後追い的にあてはめて記述するという現前主義に陥りやすい研究史的手法では、そこで本当に起きたことが何かはむしろわからなくなってしまう。

　したがって、言語の複数性に根ざした異なる二つの学問集団間の関係史という枠組の中で、過度の文脈主義に陥ることなく、複数の言説圏の間での相互のやりとりとそれぞれの内部でのやりとりを抽出していくことが必要になる。以下ではまず第3節で、異なる二つの集団間の関係史に関する基本枠組を、そして第4節でその際の二つの異なる言語間の関係史に関する、とくに近代日本における日本語と外国語との関係史に関する基本枠組を析出し、両者を統合することで国際文化交渉の枠組を見定めたい。

3．国際文化交渉と文化の多義性・重層性

国際文化交渉という枠組

　日本の国際関係研究を、英語圏の国際関係研究からどのように影響を受けてきたかという形で歴史的に考察する場合に、その大枠として使いこなしうる枠組として、日本における国際文化論の提唱者である平野健一郎の「国際文化交渉」論を検討の俎上に載せる。

　平野が国際文化論を生み出すきっかけとなったのは、1964年に原著に出会い、1978年に翻訳を刊行したシュウォルツによる近代中国の知識人厳復が行った翻訳の分析を核に据えた思想史研究であることはよく知られている（Schwartz 1964）。平野の議論は2000年に刊行された『国際文化論』に集約

的に表現されている（平野 2000）が、ここでは同書に加えて、2009 年に発表された、シュウォルツの著作を翻訳することによっていかに国際文化論的な着想を得たかを開披している論文（平野 2009）を主に参照していく。同論文は、国際文化論をどのように形成していったかという点に関する平野の自己申告である。以下では、完成された国際文化論を分析枠組として機械的にあてはめるというよりも国際文化論の形成プロセスから得られる前提をディシプリンの国際文化交渉という枠組に摘要していくという手法をとる。

　「国際文化交渉」は、文化人類学の理論である文化触変論を基礎にして展開される枠組である。平野は「文化交渉」を「文化の接触のダイナミックス」と定義し、「二つの文化が接触する場において、その出会いのダイナミックスを追究することによって、両者を捉える」という方法を「国際文化交渉」と名付ける（平野 2009、13 頁）。

　シュウォルツの著作から平野が引き出す国際文化交渉の枠組の基本的特質はつぎの四点である。第一が「われわれが扱うのは既知の変数と未知の変数なのではなく、極度に問題性を帯び、絶えず変化する人間経験の二つの巨大な領域なのである」（平野 2009、11 頁）というシュウォルツの視点である。すなわち文化と文化の衝突を、「明瞭に認知される物体が、もう一つの動きの少ない物質に衝突していくイメージ」として見るのではなく「未知数と未知数がぶつかる」ととらえるということである（平野 2009、12 頁）。ディシプリンの国際文化交渉にあてはめるならば、これは現前主義的把握を排する姿勢にもつながるし、のちの時代から見てよく知られているもの同士の関係を後知恵的に説明するのではなく、ある学知と学知が出会う瞬間をありのままにとらえることが基本姿勢であることを意味する。

　第二が「出会いの場」への着目である。文化と文化の衝突を、未知数と未知数がぶつかる出会いの場として理解するということであり、シュウォルツの言葉を借りれば「二つの文化の接触に焦点を合わせる」方法である。これまでの平野の国際文化論では、この接触へ焦点を合わせる手法が強調されてきたが、「出会い」という表現はそれほど明確ではなかった。

　ディシプリンの国際文化交渉史でいえば、「導入」「輸入」といった際に何

が起きたかを知の現場に立ち戻って考察するという課題に対応しよう。換言すれば、既知と既知（われわれが後付けで知っているところの日本と英語圏の国際関係研究同士の出会いではなく、それ自体が未知としてのある国際関係研究者が未知であるところのある国際関係研究とぶつかる）という視点である。従来の三つの研究アプローチは多少の留保をつけつつも、基本的には既知と既知との接触として事象を扱っていることはいうまでもない。また、文脈主義は出会いの大枠について言及することがあっても出会いの場そのものを軽視しがちで、言説アプローチは異なる二つの文化の接触という視点をあまり持っていないということになろう。

　第三が、双方の文化・世界の特性に可能な限り没入するということであり、シュウォルツの「西洋と、ある非西洋の社会、文化の出会いを扱うには、両世界の特性のなかに同時に、しかも可能な限り深く、没入することが必要なのであり、それ以外の方法はないということである」（平野 2009、12頁）という指摘によって表現される。これは方法論的枠組そのものに直接影響を与えないが、重大な指摘である。後述するが、留学、国際会議への定期的ないし集中的な参加、双方に属する大学・研究機関での研究・教育経験などによって双方の学問集団を往復しつつ学問形成・展開をしていったような事例の場合、この点はとくに注目するべきであろう。

　第四が、文化拘束性を十分に自覚した上で考察するということであり、完全に拘束性を超えられないからこそ、克服しようとする姿勢が重要であるということになる。「もちろん、自己の文化の外に立つことはだれにもできないのであって、われわれはみな「文化に拘束されている」のである。にもかかわらず、文化の基底に、あるいは文化の彼方に、普遍的な人間性の領域が存在していると考え、それによって、一定程度の自己超越が可能になると望んでもよいであろう」（平野 2009、12頁）というシュウォルツの指摘から見いだされた論点である。このことは、「日本の国際関係研究」に属する立場からディシプリン間の国際文化交渉を研究するという立ち位置の持つ意味を自覚する際に肝要であろう。

文化の多義性・重層性

　以上の四つの規定とともに重要なのはここで使用されている「文化」という用語の規定の仕方である。平野はシュウォルツの「文化はそれぞれに特殊であると同時に、それぞれに普遍的な人間性の領域を基底に有する、人間経験の巨大な領域である」（平野 2009、11頁）という指摘から、それぞれの文化に無尽蔵な可能性があり、無数の相矛盾する文化要素によって構成されていると解釈し、さらに、文化自体だけでなく文化要素の一つ一つが多義的であるという点を付け加えた。すなわち「それぞれの文化要素が潜在的に持っている多義性に加え、一つの文化要素が他の文化要素との関連で営み出す機能も多様でありうる。時代の状況、社会の関心との関連で、そうした多義性と多様性のどれが前面に出てくるか、そのメカニズムが文化変容でないか」（平野 2009、15頁）というとらえ方である。

　ここで平野が強調したのは文化の多義性と同時に、文化の重層性であった。すなわち「国際社会を、複数の次元上に存在する集団間——主権は持たないかもしれないが、特有の文化を持つ集団間——に発生する文化触変を、重要な国際関係とみる、という考え方」（平野 2009、17頁）ということになる。さらに平野は、文化と文化の出会いを考察する上で、主体的選択（力関係の有無や対照性の度合いにかかわらず、受け手の主体性を重視する）・抵抗（いかなる「出会い」にも必ず受け入れたあとに「抵抗」が生じその抵抗が文化の変化を生み出す）・敵対的文化触変（相手の文化を取り入れることで自己の文化を強化し相手の文化に対抗しようとする際の文化の変化）を鍵概念とした、焦点を受け手の側におく考察の重要性を、西洋と非西欧の近代以降における歴史的な関係を背景に説くことになる。

　この平野の枠組は、既存の研究史的、言説史的、文脈主義的ないし現前主義的把握の盲点を克服する上での基礎的な土台を提供していると考えられる。すなわち、ある異なる独立した二つのディシプリンをそれ自体、またその要素一つ一つが重層的・多義的である「文化」としてとらえ、出会いの場で何が起きたかに着目し、文化拘束性を自覚しつつも双方に可能な限り没入しつつできうる限り超越しつつ、双方の関係とその変容を、受け手の側に力点を

おいて考察するということである。

　平野の枠組自体は総論的・一般的な視座としてはそれほど違和感のないものであろう。おそらく問題となるのは、では「出会いの現場で何が起きてきたか」ということであり、何をどう分析すればそうでありえるのか（そうでありえないのか）ということになる。ディシプリンの国際文化交渉においてより具体的な出会いの特質は何かと考えると、それは、言葉対言葉の関係であり、シュウォルツが厳復論で見いだしたのもまさにその問題であった。ここまでの記述では「言葉と言葉」の出会いの場そのものに対する大枠での分析の視点はあったが、よりミクロな生々しい出会いの瞬間についての考察までは平野は立ち入っていないように思われる。

　付言すれば、シュウォルツが厳復と出会ったことで何が生み出されたのか、そしてシュウォルツに出会った平野がそこで何を見いだしたのかということ自体が、その後の「文化触変論」の「導入」過程を含めて、日本における国際文化論の形成過程という、ディシプリンの国際文化交渉史の一幕の題材となる。この点は後日の課題としたい。

４．「物としての言葉」と「未知との出会い」

「未知との出会い」という枠組

　平野のいう、ないしはシュウォルツのいう「未知数と未知数のぶつかり合い」「出会いの場」の重要性と共通する視点である「未知との出会い」という観点から翻訳論をとらえ直したのは柳父章（1928-2018）であった（柳父については Shibasaki 2017; 芝崎 2018）。柳父は一般には、近代日本の翻訳語の多く、とくに学術や思想、制度などに関わる観念的な言葉のほとんどが新たに創られた多くの人々にとってそれだけでは意味のわからない漢語二語で主に構成される翻訳語であり、翻訳語は、意味がわからないからこそ魅力を持ち、重要であると思われ、濫用されて新たな意味を創り出し、ひいてはそれが近代日本の文化や社会を形成していったという「カセット効果論」に根ざした翻訳文化・翻訳学問論で知られている（柳父 1972; 1984; 2013）。

75

第Ⅰ部　「国際関係論」（IR）と「国際政治学」への批判

　その柳父によれば翻訳はいわば二重の「未知との出会い」を日本にもたらしてきた。すなわち、翻訳者においては外国語という「未知との出会い」であり、翻訳の消費者である大多数の人間にとっては新造された「翻訳語」という「未知との出会い」である。「未知との出会い」ということは、ＡとＢが出会ってＣが生まれるという図式では語れないということを意味する。ＡとＢが出会ってＣが生まれた、というのは、典型的な研究史的学問史の説明の仕方であり、これがいかに実際の現場で起きたことが何なのかを説明できないというのが柳父の主張である。

　柳父はこれまで自己の方法論に関してはまとまった形で披瀝することは少なかったが、最近著である『未知との出会い』で比較的まとまった形で議論を展開している。

　柳父は自己の翻訳論を、「未知との遭遇」という「出会い」への着目として規定する。

　　　一般に、ＡとＢとの出会いを、科学的・客観的に考えるとすると、どうするか。まずＡについて考え、またＢについて考え、次にそのＡとＢとの出会いを考えるだろう。しかしこれは、「出会い」の視点からの考えではない。
　　　「出会い」の視点では、最初にＡまたはＢの主体的立場から出発する。次に、そのＡまたはＢが、相手のＢまたはＡに「出会う」ことを考える。つまり、これから「出会う」ＢまたはＡのことは、よく分かっていない、という前提がある。「出会い」は、「未知」との「遭遇」として始めざるを得ない。
　　　いわゆる学問的・科学的方法というのは、「出会った」後に振り返って全体を見返す視点に立っているのだ。全体を見渡す視点ならば、なんとなく客観的で科学的に感じられるのだろう。だが、これでは「出会い」の問題はよく理解できない。（柳父 2013、28-29頁）

　ある主体的立場から出発し、それが未知のものと出会うことで、その未知

を理解すると同時に、自己をも理解していく。そのあとではじめて「「出会った」後に振り返って全体を見返す視点」で記述が可能となるが、その記述は、この未知段階で何が起きたかをむしろ捨象することで成り立つ。この指摘は、平野が自己の出発点としてシュウォルツを経由して展開する「未知と未知の出会い」論と軌を一にすることは明らかであろう。そして、研究史的把握がまさに「出会った後に振り返って全体を見返す」という「いわゆる学問的・科学的方法」に陥っていることも論をまたない。また平野は受け手の側からの視点を取ることの重要性を指摘しているが、翻訳という行為はまさに受け手の側の議論である。

　柳父はこれに加えて、シンメトリー構造観、ないしはオモテ・ウラ構造観をもう一つの原理としてあげる。これは、A＝Bとして整理されてしまう数学的等式的原理には還元されないオモテのやりとりの部分の背後にある多義的かつ理解困難なウラの部分を理解することが「未知との出会い」の分析において重要であり、またオモテ・ウラ構造をさまざまな形で持つことが、むしろ人類普遍的な現象であるという人間観そのものに対する主張でもある。すなわちオモテ・ウラ構造のほうに、出会いの本質があるという立場である。これは、平野のいうところの文化の多義性、多重性の指摘とコインの裏表をなしている。

「物」としての言葉

　こうした視座をもとにして柳父が翻訳という現場において何が起きてきたかを描写するのが、カセット効果論であり、翻訳文化論であり、言葉と人間の関係に関する議論である。カセット効果論では、翻訳語が「意味がわからない言葉」として人と出会い、そうであるからこそ物として魅力を生み、濫用されることで日本社会や文化を創ってきた点を考察していく。われわれは翻訳語を使いこなしているようで実は翻訳語に動かされ、思考を規定されている。そして、それは言葉の用法に限らず近代日本語の構造にも及び、さらに文化の形にも影響を与えている。

　学問の分野では翻訳語が規範概念化して現実を演繹的に裁断する用法を定

第Ⅰ部 「国際関係論」（IR）と「国際政治学」への批判

着させることで、翻訳学問を構成していったと柳父は指摘する。この点については すでに別の機会で論じたが、翻訳語（カタカナ語も含む）は近代の学問や思想を表現する際に必要不可欠なものになっている一方で、もともと日本には対応する言葉が存在しない抽象語を日本語には存在しなかった翻訳語で表現しているため、外側からやってきた「完成品」として扱われる。「完成品」としての翻訳語には、つぎのような思考の動きを学者や知識人に強いる。

> 完成品として出発した概念は、まず、その言葉の使用者の思考を、「言葉」のところで停止させてしまう傾向がある。たとえば、ある事柄について、「それは何故か」、「それはいったい何なのか」と問いかけられた問題は、しばしば、「要するにそれは前近代的なのだ」、「それは疎外現象である」、「体制的である」というような形の答えで、結末がついてしまう。問いかけを契機として動き始めた思考は、「前近代的」、「体制」、「疎外」というような言葉に辿り着いたところで停止し、結論が与えられたことになる。問いかけた者も、答えた者も、このような種類の言葉に辿り着いたとき、それまで不安定にゆれ動いていた思考を、すべて「言葉」にひき渡し、満足する。あとは「言葉」が引き受けてくれるのである。（柳父 1972、45-46 頁）

　こうした翻訳語を使用した学問や思想の記述は、翻訳語という外部から内部を裁断するという思考の動きをもたらし、「社会」の観点から「世間」「世の中」の前近代性や封建制を批判するといった思考の型を作り出す。それが規範概念による演繹的思考である。

> 「言葉」のこのような現象は、知識人たちの思考の型を作っているように思われる。それは、日本の知識人たちの会話や、些細な文章から、まともな研究論文に至るまで、ほとんど無意識のうちに支配しているのではないか。たとえば、日本の「近代」とは何か、「古代奴隷制」は存在

したか、「大衆社会状況」はどのように現れているか、等々、現実の具体的な事象を、抽象的な概念によって分析するときの、思考の型によく現れている。論者は、それらの概念が、現実の現象にどうあてはまるか、に注意を集中し、或いは争う。思考の型が抽象的である、と言うのではない。思考の働きが、抽象から具象へと向いていて、その逆ではないのである。その結果は、むしろ、具体的な資料は精細に、詳細に調査され、記述される。が、調査された事実の方は、概念そのものをほとんど動かさないのである。前提となっている概念が、果してどこまで有効であるのか、という意見は希である。（柳父 1972、46頁）

　また、これとは別の系統に属するが、翻訳語としての漢語にあまりに慣れ親しんでしまうと、翻訳語以前に存在し別の意味で使われていた同じ言葉を、翻訳語としての意味で、まさに現前主義的に解釈してしまうということも生じる。柳父はこのことを、丸山眞男が翻訳語としての「自然」とそれ以前から存在していた「自然」を混同して分析を進めてしまったということを論証することで示してもいる（柳父 1977）。

5．「未知との出会い」としての国際文化交渉

「ディシプリンの国際文化交渉」の課題
　ディシプリンの国際文化交渉史の焦点が、日本語と外国語（主に英語）の間での言葉の行き来という現象にあることはすでに述べた。平野がいうような国際文化交渉において生の現場で展開されているのはまさに、こうした言葉と言葉の間の関係なのである。「日本の」国際関係研究者は、一方で日本語の翻訳語で書かれ、構築された文章を読み、翻訳語で考え、書き、教える。それと同時に、主に英語で書かれ構築された文章を読み、考え、書き、教えている。分野や素材によって程度や度合いは異なるが、こうした日本語と英語の行き来の中で、それぞれの言葉にどう出会ったのかを微細に検討し、平野や柳父の提示した構造の中でどのような思考を紡ぎ、どのように言葉を理

解し使っていったのかを解明していくことが、ディシプリンの国際文化交渉史の核心にある分析となるであろう。

かくして、オモテで扱われている専門用語のやりとりの裏側に、存在した／するにもかかわらず隠蔽され忘却されたウラでの「物」としての言葉という「未知」との出会いの局面を分析していくことが、ディシプリンの国際文化交渉の課題となる。それはいってみれば、表面的な研究史の裏側に存在する原的な思考の足跡を、言語の複数性、日本語と英語ないし他の外国語との行き来、原語・翻訳語・日常語との行き来の中でたぐり寄せることを意味する。さらにいえばそれは、表面的な言葉の意味ではなく、その言葉を通して、また英語・翻訳語・日常語などの重層的な行き来を通して何をどのように感じ取り、考えたのかを知ろうとすることを意味する。言葉のやりとりそのものではなくそのやりとり自体を通して何を考えていたのかというところまで解明するということである。

日本における認知科学の第一人者であった戸田正直は、人間は言葉によってではなく「イメージの断片の読み書き」によってものを考えているのであって、「ダイナミック・スキーマ」が考えているのだとまで指摘していた。戸田によれば、言葉はそれを文法という形で誰でも読めるようにした「凍ったダイナミック・スキーマ」である（戸田 1992/2007）。国際文化交渉が射程とする上記のような言葉の裏側で生起している事態を記述しようとする試みは、「凍ったダイナミック・スキーマ」間のやりとりではなく、それをどのように凍らせたか、凍ったダイナミック・スキーマをどのように受け取り、どのように解凍し、さらにそれをどのように別のダイナミック・スキーマに凍らせたか、というさまざまな冷凍・解凍の往復それ自体を記述するということになる。ダイナミック・スキーマそれ自体を直接読み書きすることは定義上不可能であるが、どこまで「イメージの断片」に迫りうるかが問われることになる。

ただし、平野の図式も、柳父の図式も、冒頭で述べた「日本の」「日本語の」という境界線自体の持つ問題性を完全に克服しているとはいいがたい。柳父の場合は徹底して日本語と外国語の関係を構造主義的に解明しようとし

ており、その構造自体の一般的妥当性についてはむしろ禁欲的に論じようとはしていないし、平野は文化の重層性・多義性を重視することで本質主義批判をある程度回避しえているものの、近代における受け手・送り手を固定して分別している。

　平野、柳父ともども、近代日本と西洋、ないしは非西洋と西洋という近代以降の歴史的な経緯をいかに分析するかという課題そのものがこうした図式を生み出す理由となっており、それ自体は大きな成果をあげてきた。しかしその一方で、グローバルに多言語・多文化状況が深まり、厚みと速度を増していくなかで新たに生起しつつある状況をより有効に描写するための新たな図式が必要であることも否めない。グローバルな文化交渉としてのディシプリン関係史がどのように描写しうるかは、前述の通り将来的な課題である。

ディシプリンの国際文化交渉の突破口

　このようなディシプリンの国際文化交渉の枠組に沿って研究していくとき、具体的にどのようなことを手がかりにしていくべきであろうか。原理的には、おそらく国際関係研究において使われているすべての専門用語や言葉が国際文化交渉論的にどのように生まれ、使われ、翻訳され、使われ、考えられてきたかということになるため、どんなところからでも考えることができるということになる。

　以下では、日本の国際関係研究とは一体何であったのかという視点に即して、いくつかの手がかりとその分析の仕方について試論的に示しておこう。

初めに名前ありき

　おそらく分析の出発点として有効なのは、ディシプリンそのものの名前であろう。周知のように、日本語では国際関係論、国際政治学、国際関係学、国際学など数多くの名称がある一方で、International Relations という英語名との対応関係については、文字通り星の数ほどの解釈や議論がある。筆者が「国際関係研究」という局外中立的な名称を使用するのは、こうした議論から距離をおくためでもある。IR が「国際関係論」であると仮に設定する

と、日本国際政治学会が Japan Association of International Relations と名乗るのは論理的には誤謬でありえるがなぜそうでないのか、ではなぜ直訳して「国際関係学会」と名付けなかったのかといった形でこの問題を展開していくならば、この問題の系が何を示すかは自ずと明らかであろう。このことは、学会名だけでなく学部・学科名ひいては大学名における「国際」ということにも拡大して考察しうる。さらに、近年の World Politics, Global Politics といったさまざまな派生的な名称との関係を含めて、「輸入」や「独創」の局面において何がどう考えられたのかを描写することで、業界所属者たちの精神史が描けよう。

　もちろん、この現象もまた、翻訳による効果が一役買っている。「国際」も「関係」も翻訳語であり、「国際」は「人間交際」を国家間に適用し「外国交際」としたという系譜や、万国公法の翻訳の系譜などさまざまな由来を持っている。さらにその派生系である「国際社会」といった表現についても同様の分析が可能であろう。

　同じように名称論として考察に値するのは、いわゆる The English School と「英国学派」という翻訳語の関係であろう。英国学派の研究者の一部が鋭く見抜いているように、「イングランド学派」と訳さずに主権国家という単位そしてイギリスというかつての「帝国」を連想させる「英国学派」と訳したことは日本における同学派に対する理解に対して大きな影響を与えてきたように思われる（大中 2010）。

理論・イズムの名付け

　名称をめぐる議論という意味では、いわゆる大理論の名称もまた、研究対象として掘り下げる余地が多い。最も有名なところでは、Realism と「現実主義」の関係がある。周知の通り、日本語の「現実主義」には日本語の中で鍛え上げられてきた言説史がある一方、同時並行的に走ってきた Realism 輸入の系譜ともまったくの無関係ではない。日本語においては Realism、リアリズム、現実主義はさまざまなレベルで使い分けられ、混同されてきた。

　もちろん「現実」も「主義」もまた翻訳語であるし、これと対になって語

られる「理想主義」に対しても同様のことがいえる。この混乱がどう生じたのか、なぜ生じたのかを語り、説明することは、日本語の曖昧さを嘆息するためにではなく、日本語と外国語との間の行き来が何を意味するのかを解明するために分析する必要がある。

　むろん、Liberalism、リベラリズム、自由主義の分野ごと・分野間での意味のズレ、Social Constructivism と Constructivism、社会構成主義と構成主義の関係など、他の用語についても同様である。またそもそも ism とはアプローチを超えた存在論的な過程である以上「科学」的な議論にどこまでなじむのかといった点も考察に値しよう。それはひいては、国際関係研究が理論、科学といった言葉をどのような意味で使ってきたのかというより大きな問いにもつながるであろう。

国際文化交渉を生きた人びと

　最後に、興味深い事例として、二つのディシプリン間を往復して研究・活動を行ってきた研究者の分析をあげたい。とくに、日本語と英語双方で生活そのもの、あるいは研究活動ないし教育活動を行ってきたような研究者、たとえば川田侃、坂本義和、武者小路公秀、入江昭、緒方貞子といった人物である。

　彼らは、日本語で読み、書き、考え、語ることと、英語で読み、書き、考え、語ることをそれぞれどう考えていたのであろうか。またその両方の言語における思考の間の関係をどのように考えていたのであろうか。そしてその実際の知の行き来の現場において何が起きていたのであろうか。そのこと自体が彼らの知のあり方をどのように規定したのであろうか。

　こうした点を、単に「留学経験が、在住経験が」あるいは人物によってはキリスト教との関係が、といった形でなく、文脈主義、言説アプローチ、研究史的把握、いずれにも偏しない形で国際文化交渉の立場から捉え返すことで、双方の「文化」の本質とその変容をより深いところから照射できるように思われるのである。

6．日本の国際関係研究の「共有の方法」？

　日本における、日本の国際関係研究に関する自己省察の機運は、英語圏においてと同様、今後も継続するように思われる。本章のもととなった報告がなされた部会「「国際政治学は終わった」のか？」もその一つであるし、日本国際政治学会は、2019年に刊行予定の第200号において「オルタナティブの模索──問い直す国際政治学」という特集号を組むという。そこでは日本の国際政治学は「多様性、学際性、国際性」を持つと規定され、改めて「固有の課題」と「共有の方法」が追究されるということである（日本国際政治学会 2017）。

　「国際政治学は終わったのか？」という問いに対して本章が示すのは、まずそもそもどのように始まり、続いてきたのか、とくにこの問いを発する「日本の」国際関係研究がどうであったのかを、研究史的・現前主義的把握から離れ、文脈や言説を適切に見ながら、国際文化交渉という枠組で見ていくことが有効ではないかということである。また、「オルタナティブの模索」に関していえば、そもそも「多様性、学際性、国際性」という所与の規定自体がどういうものであったのかをまず分析することが必要であるということになろう。

　また、国際文化交渉の枠組から見た場合、「固有の課題」はさておき日本の国際政治学の「共有の方法」は、少なくともある時期までは、日本語で（厳密には翻訳語としての日本語で）読み、考え、書くことと英語で読み、考え、書くことを往復するということにむしろあったのではないかという推論を提示しうる。

　日本がきわめて広範囲の文献を網羅する翻訳出版文化を持ち、日本語で大学の博士号を取得できるという、非西洋言語の中でも希有な知の環境を持っていることはよく知られているが、そうした日本語による知の厚みの根底には翻訳語を駆使することによる「カセット効果」が存在する。そのプラスの面を生かし、英語を標準語とする学問分野に対して現象を他言語によって理

解する、もっといえば英語によって普遍的に語られることに対して、日本語の重層構造を逆手にとって、規範概念による演繹的思考に流されずそれを跳ね返すなり有効に活用するなりして、それを英語圏での研究の根底を良い意味で揺るがすような仕事をしていくことが、日本の国際関係研究の共有の方法としてありえるのではないかという推論である。

また、飛躍を怖れず屋上屋を架してより一般化を試みるならば、次のようなことも考えられよう。英語以外の言語と英語の双方を駆使して研究・教育活動に従事しうる国際関係研究者は、英語のみの国際関係研究者と比較すれば、もはや決してマイノリティではないはずであり、少なくともホフマンが嘆いていた40年前よりは事態は改善されたはずである。そのような意味では、二つ以上の言語を行き来してその行き来から英語で語られる国際関係研究を豊かに賦活する、という戦略は、日本の国際関係研究のみが取りうる強みないし「共有の方法」ではない可能性もある。

この言語の複数性にもとづく「共有の方法」論については稿を改めて論じるとして、本章ではまず、先行研究の到達点を評価した上で「国際文化交渉」という枠組で研究していくことの妥当性や問い、この仮説に対する論議を提起することによって、日本の国際関係研究の過去・現在・未来をより建設的に論じる道を拓く一助となることを願っている。

注
（1）　本章は、日本国際政治学会2017年度研究大会（於神戸国際会議場）部会9「『国際政治学』は終わった」のか？（2017年10月28日）に提出し、後に公刊した論文に基づいている（芝崎（2018））。詳細は同論文を参照されたい。当日の部会に参加されたすべての関係者、参加者の皆様に心から感謝申し上げたい。
（2）　本章では、IR（International Relations）を「アメリカの」ではなく「アメリカ、イギリスを中心とした英語によって読み書きされ語られる国際関係に関する研究」という意味で用いる。その理由は行論の中で明らかになるであろう。

参考文献
Armitage, D. (2013) *Foundations of Modern International Thought*, Cambridge University Press.（平田雅博・山田園子・細川道久・岡本慎平訳『思想のグローバル・ヒストリー──ホッブズから独立宣言まで』法政大学出版局、2015年）
Gunnell, J. G. (1993) *The Descent of Political Theory: The Genealogy of an American Vocation*,

第Ⅰ部 「国際関係論」(IR) と「国際政治学」への批判

University of Chicago Press.（中谷義和編訳『アメリカ政治理論の系譜』ミネルヴァ書房、2001 年）

Schmidt, B. C.（1997）*The Political Discourse of Anarchy: A Disciplinary History of International Relations*, State University of New York Press.

Schwartz, B.（1964）*In Search of Wealth and Power: Yen Fu and the West*, Belknap Press of Harvard University Press.（平野健一郎訳『中国の近代化と知識人』東京大学出版会、1978 年）

Shibasaki A.（2017）"Translation, Culture, and Humanity: Implications of the thought and theory of Akira Yanabu for advancing the study of global relations," *Journal of Global Media Studies*: 21（September 2017）, pp. 41-52.

大中真（2010）「英国学派の源流――イギリス国際関係論の起源」『一橋法学』第 9 巻 2 号、249-267 頁。

大矢根聡編（2016）『日本の国際関係論――理論の輸入と独創の間』勁草書房。

葛谷彩・小川浩之・西村邦行編（2017）『歴史のなかの国際秩序観――「アメリカの社会科学」を超えて』晃洋書房。

芝崎厚士（2015）『国際関係の思想史――グローバル関係研究のために』岩波書店。

―――（2018）「ディシプリンの国際文化交渉――日本の国際関係研究と IR の関係史序説」*Journal of Global Media Studies*: 22（March 2018）, 29-49 頁。

―――（2018）「翻訳・文化・人間――柳父章と国際関係研究」『国際政治』第 191 号、143-156 頁。

戸田正直（1992/2007）『感情――人を動かしている適応プログラム』東京大学出版会。

日本国際政治学会（2017）「『国際政治』第 200 号「オルタナティヴの模索――問い直す国際政治学」投稿募集（2017 年 9 月 19 日）」（http://jair.or.jp/committee/henshu/2953.html）2017 年 10 月 1 日アクセス。

初瀬龍平・戸田真紀子・松田哲・市川ひろみ編（2017）『国際関係論の生成と展開――日本の先達たちとの対話』ナカニシヤ出版。

平野健一郎（2000）『国際文化論』東京大学出版会。

―――（2009）「国際文化交渉論の現在――シュウォルツの厳復論から国際文化論への軌跡」『東アジア文化交渉研究』第 2 号、7-22 頁。

柳父章（1972）『翻訳語の論理――言語に見る日本文化の構造』法政大学出版局。

―――（1977）『翻訳の思想』平凡社選書。

―――（1984）『翻訳語成立事情』岩波書店。

―――（2013）『未知との出会い――翻訳文化論再考』法政大学出版局。

山下範久・安高啓朗・芝崎厚士（2016）『ウェストファリア史観の脱構築――歴史記述としての国際関係研究』ナカニシヤ出版。

第Ⅱ部

日本からの応答
　　──地域研究・古典的国際政治論の視点から

第 4 章

終わらない国際政治学と下僕ではない地域研究のために
—— 中東地域研究が提示するもの

酒井啓子

1．国際政治学と地域研究の乖離

　2003 年のイラク戦争後、ある在米中東研究者がこう述べた。「ブッシュ大統領が見ているイラクとは、別の惑星のイラクに違いない」。戦後のイラクに駐留する米兵が毎日のように殺害され、ほぼ内戦ともいえる状態に陥るなど、イラクの戦後統治に困難をきたしながら、ブッシュ大統領は「イラクはイラク戦争によって、戦前の抑圧的政権が打倒され民主化されてよくなった」といい募っていた。上述の中東研究者の言葉は、日々悪化するイラク国内の治安情勢にかかわらず、楽観的な状況認識をするブッシュ米政権を批判してのものだ。

　もう一つのエピソードを挙げよう。イラク戦争時にイラクの若者がブログで語った言葉である。米軍が駐留するイラク西部で、反米武装活動が激化し始め、米兵のみならず民間人の間にも武装活動の被害が増えていることに対して、こういった。「米兵も、反米武装勢力も、イラクじゃなくてどこか別のところでやってくれ！」

　21 世紀に入って以降、中東は国際政治の中心的舞台であり続けている。2001 年の 9.11 アメリカ同時多発テロ事件、その報復として行われたアフガニスタン戦争とその後のアフガニスタンでの混乱、2003 年のイラク戦争とその後のイラクでの反米活動の激化、その結果生まれた「イスラーム国（Islamic States, IS）」、イラクを追われた IS が新たな活動拠点として利用し

89

たシリア内戦（2011 年～）。

　これだけ中東が国際政治を左右する原因や場所になっているのに、国際政治学を含む国際関係論の議論のなかで、中東地域研究が占める位置づけが拡大したとは考え難い。日本の国際政治学会は中東地域研究者が多く所属しているが、これは欧米の国際関係論研究と異なる日本独自の特徴である（大島 2017、2 頁）。

　中東を舞台とする政治的緊張、紛争事例が増えたことによって、欧米の国際関係論の理論的発展に中東での事例が反映されているとすれば、紛争研究、安全保障、テロといった研究分野であるが、それを除けば大きな発展はない。なぜこれだけの事例が発生していながら、国際関係論の理論と中東研究が隔絶しているのか（Valbjorn 2004）。

　比較政治学の視点からいえば、それは中東地域、あるいはイスラームという宗教が関連する政治が、長らく「例外」と扱われてきた（Middle East exceptionalism）ためである（酒井 2012）。「アラブの春」の発生時、多くの比較政治学者は、これでアラブ、中東諸国がようやく「例外」扱いから脱却できる、と考えた[1]。それだけ、「アラブの春」以前、あるいは「民主化」成功国以外の中東、イスラーム諸国は、政治学であれ国際関係論であれ一般理論が理解可能な枠組みから外れた例外として、あるいは現実の政策上「無法者国家」としか位置づけられないものとみなされてきたといえよう。

客体でしかない「中東地域」

　国際関係論をめぐる学術動向に対して筆者が地域研究者として抱く違和感は、このような「例外視」によるものだけではない。それは、中東があくまでも「テロの発生地として攻撃の対象」であったり、「独裁・核開発を制御すべき対象」であったり、あるいは「民主化を波及させる対象」であるという、ただの客体であって、主体として国際政治の舞台に登場する役者（actor）とみなされていないことに対する「違和感」である。

　『国際関係論ジャーナル（*Journal of International Relations*）』や『国際研究季報（*International Studies Quarterly*）』といった国際的に高く評価され

ている国際関係論の学術雑誌に記載された論文のなかで、中東の国名を論文タイトルにつけたものは、その多くが戦争（イラク戦争、イラク内戦、イスラエル）、安全保障、テロ・暴力（9.11、イラク、アフガニスタン）、大量破壊兵器（イラン、リビアおよび中東一般）をテーマとしている。つまり、こうしたテーマにおいて、中東は、もっぱら欧米先進国が起こす行動（制裁、軍事行動、人道的介入など）の対象として位置づけられているのである[2]。

　このことは、単に国際関係論という学問全体が、欧米先進国のためのものでしかない、という結論を導き出すだけのことなのだろうか。そこに、冒頭のエピソードが示す、イラク戦争後の「外国の介入」に対する「現地社会」のフラストレーションの源がある。それは、介入という行為そのものに対してというよりは、欧米先進国が見ている中東地域が、現実の中東地域と、あたかも違う惑星のことであるほどに乖離していることに対してである。認識が現地との間で乖離しているにもかかわらず、その乖離を一向に気にしない、欧米先進国の対中東認識に対して、中東の現地社会はフラストレーションを抱く。

「自分たちが考える中東」をめぐる余所者同士の戦い

　では、そのフラストレーションこそが、しばしば論じられるように、アルカーイダやその他の中東発の超国家武装ネットワークを生み出したのだろうか。「現地社会の声」に耳を貸さない欧米先進国に対して、それを代弁するのがアルカーイダなのであろうか。

　否、冒頭のエピソードに現れているように、米軍も余所者であるとともに、アルカーイダやISもまた、「現地社会」にとっては余所者である。現実の中東社会がどうあれ、中東という「場」を利用して「自分たちが考える中東」だけを追究できればそれでよい、と考える点では、アルカーイダもブッシュ政権も、大差はない。その、欧米先進国と中東発の超国家主体が、それぞれに違う像を以て「中東」という地域を舞台にして、それぞれの「自分たちが行動対象とするのにふさわしい中東」を空想して空中戦を戦っている。

　だが、空中戦は机上の空論を意味しない。戦いは実際に発生しており、戦

第Ⅱ部　日本からの応答

いの場に住む中東の「現地社会」の人々は、そのすれ違う「中東」観に直接
対峙し、巻き込まれ、そのヴァーチャルな世界に引きずり込まれている。そ
して、引きずり込まれた現実をもとに、アクチュアルな政治の作り手として
「現地社会」での政治のメカニズムを生成する。

　問題は、そのアクチュアルな政治の作り手が国際政治の研究対象の外にあ
ることだ。国際政治が扱う中東は、いつもヴァーチャルで現地社会から乖離
しているように見える。

　なぜか。その原因として二つ考えられる。第一は中東地域の正確な情報と
知識が介入主体たる欧米先進国に届いていない、ということである。第二は、
介入主体側に、中東地域の正確な情報と知識がなくてもかまわないという思
想が定着しているがゆえに、どれだけ多くの情報と知識が伝わってもそれが
先進国の判断に反映されない、という点である。

　本章ではこの二点を、国際関係論と地域研究がともに抱える問題として論
じる[3]。むろん、そこには日本の国際政治学、日本の地域研究が抱える問題
も含まれている。それは、理論としての国際関係論がいかに欧米中心主義を
脱却できるか、そして地域研究がいかに領域限定の固有性のみを扱う学問か
ら脱却できるか、という問題にほかならない。そして、国際関係論と地域研
究が、既存の学問枠組みから双方の視点を包括した新たな視座へと進んでい
く、その方向性を追究したい。

2．社会科学の下僕としての地域研究か

地域についての知識が足りないだけなのか

　まず、国際政治の西欧中心主義は、欧米先進国の中東地域に対する知識と
情報が不足していることが原因か、という疑問について論じる。現実の国際
政治における政策実践に対する地域研究者からの批判には、現地社会のロー
カル・コンテキストを国際政治のアクターが理解していない、というものが
多い。正確な知識と情報を得れば先進国の対中東政策は間違わないはずだ、
という考えである。

92

第4章 終わらない国際政治学と下僕ではない地域研究のために

　そもそも、欧米諸国における地域研究が、西欧が非西欧地域に関する知識と情報を得るために生まれた学問であることを考えれば、そう考えるのも不思議ではない。西欧の地域研究はオリエンタリズム（orientalism）的研究から始まったが、その傾向はアメリカにも継承され、欧米先進国の地域研究の主流となった（Khalidi 2003）。オリエンタリズム的地域研究は、領域的に限定された地域の文化的特殊性を研究するものであり、データ収集の専門家として経済学や政治学が理論を追求するのに材料を提供するものとされた（Mitchell 2004）。レイティンの、「理論家の興味を惹きつけるようなすっきりこないデータをつねに提供して……われわれの地域に関する知識を、興味深い異常例を発見することに使用する」という地域研究に関する記述は（Laitin 1993, p. 3）、地域研究が「理論家の普遍的知の構築のために必要なローカルで特殊な知識」をもたらすものとみなされてきたことを表している（Mitchell 2004, p. 101）。

　よって、冒頭に挙げた、イラク戦争後の米軍のイラク統治がうまくいかなかったことの問題の原因を、米軍、ひいては米政府自体がイラクに関する知識、情報を十分に持っていなかったことに帰する地域研究者からの批判は、多数存在する[4]。とくに、知識、情報を十分に持っていたにもかかわらずそれを政策決定者が利用しなかったことが最大の問題だ、とみなす議論は、CIA 分析官など政府関係者から多く出されている（Ritter 2005; Baer 2002）。

　こうした認識と反省が最も顕著な形で政策に反映されたのが、イラク戦争後米軍に導入された従軍研究（Human Terrain System, HTS）である。内戦、反米武装活動の激化など、戦後のイラク統治に困難をきたした米軍が、イラク国内情勢のより正確な把握と、現地調査を活かした現地での軍事作戦の展開と住民対策を実施するために、2007 年以降、地域研究者を従軍させて研究を行わせた。そこで起用された研究者は基本的には文化人類学者だったが、サドル派（tayyar al-Sadr）のマフディー軍（jaysh al-Mahdi）の前線での支持基盤について詳細な研究報告をまとめた社会科学者もいる（Krohley 2015）。HTS の上級社会科学顧問には、文化人類学者が就任した（McFate and Laurence 2015）。

93

第Ⅱ部　日本からの応答

「使える学問」の変化——国際関係論から地域研究へ？

　ここで注目すべきなのは、HTS に文化人類学者、つまり地域研究者が起用された理由である。2007~8 年、ディヴィッド・ペトレイアス駐イラク多国籍軍司令官のテロ対策上級顧問として勤めたキルキューレンは、以下のように述べる。「新しい脅威が国家を主体とするものではない以上、われわれのアプローチは国際関係論（選りすぐられた国家を中心とした枠組み（elite state-based frameworks）のなかでいかに国民国家が相互に関係しあうかという学問）ではなく、文化人類学（非エリート、非国家を土台とした枠組みのなかで、社会的役割や集合体、地位、制度や人間集団内の関係性を研究する学問）であるべきだ」（Kilcullen 2007）。

　国際政治において国家主体にかわり非国家主体の役割が増していること、非国家主体を形作る上でアイデンティティや規範などが重要であることなどは、もっぱらコンストラクティビストの側からリアリスト的国際政治学に対して投げかけられてきた批判である。皮肉なことに、キルキューレンの主張はこの指摘と合致する。すなわち、国家主体中心の国際関係論はテロ対策に役に立たない、非国家主体を扱う文化人類学、ひいては地域研究は社会の細かい情報と知識を提供するので、非国家主体によるテロに対策を講じるには地域研究者のほうが役に立つ、という議論である。ここに、ティティの指摘する「オリエンタリスト的地域研究は物質主義的政治学とタッグを組み、「進歩的」マルクス主義的、ポスト構造主義的視座と対立している」という状況が、具体的なリアリストによる現実の介入政策において実践されているのを見ることができる（Teti 2007, p. 130）。

　こうした地域研究者の HTS への登用に対して、文化人類学者の間からは、当然のごとくさまざまな批判が出された。とりわけ問題視されたのが、テロ掃討作戦などの現実の政策遂行のために現地社会の簡便な理解が必要とされた結果、ある地域、集団に対して単純な「名づけ」を行い、それが固定化されることで新たな紛争を惹起する、という問題である。彼らは、イラク戦争後、米軍がイラクの治安回復のために「部族」を活用し、そのために研究者の「部族」に関する知見を利用したことを批判した（González 2009; Peteet

94

2008, p. 551)。それは、オリエンタリズム的地域研究が研究対象地域を「名づけ」ること自体が地域＝他者の固有性、差異性を固定化することであり、地域研究者のまなざしこそが、地域の固有性の変化を阻み、20世紀的欧米のオリエンタリスト的な他者に対するまなざしを「固定化・永続化」するのに貢献することになってしまうからである。こうした地域研究者の負の役割は、オリエンタリズム批判で否定されたはずなのに、HTSのような紛争解決支援に起用されることで再活性化されている。

3．地域研究は国際政治をいかに相対化できるか

その「ただのデータ提供者」でしかない、それが政策や理論構築に活かされるしか生き延びる道はない、というオリエンタリズム的地域研究を正面から否定したのは、いうまでもなくエドワード・サイードのオリエンタリズム批判である。サイード自身は地域研究者でも国際政治研究者でもないが、その指摘は、国際関係論における西欧中心主義を相対化し、理論の（西欧中心的という）地域的バイアスを是正する上で、中東出身の研究者の地域からの視点が理論に貢献した例といえる。

だが、すでに40年も前に『オリエンタリズム』が出版されて以降、サイードが批判した欧米中心史観を国際関係論は払拭しえたのだろうか。オリエンタリズム批判が相対化したはずの欧米中心の視座は、その後新たな「国際関係論」によって代替されたのだろうか。

確かに、国際関係論が西欧起源の学問であり、それがもっぱら欧米研究者に偏向していること、そこで構築される理論が普遍性を装いつつ西欧中心主義に傾斜していることは、多くの国際関係論者、とくにポスト・ポジティヴィストの間で問題視されてきた（Waever 1998; Acharya and Buzan 2010; Vasilaki 2012）。欧米を「地方化」する（provincialise）視点、さらには第三世界の視点を取り入れる必要性を主張する論文も少なくない（Tickner 2003）。アチャリヤは国際関係論を、非欧米を含んだより包括的なものにするために「グローバル国際関係論」が必要である、と主張している

第Ⅱ部　日本からの応答

（Acharya 2014）。

　だが、国際関係論関連ジャーナルへの投稿者に第三世界出身の研究者は増えても、少なくとも中東研究に関していえば「非欧米を包括したがゆえの独自の視座」が提示されているわけではない。コンストラクティヴィズム、ポスト・ポジティヴィズムが強いとされる『ミレニアム（*Millennuim: Journal of International Studies*）』『ヨーロッパ国際関係論ジャーナル（*European Journal of International Relations*）』で、中東を論文タイトルとして挙げた論文数は上述のジャーナルよりも少なく、取り上げられた場合の傾向は、サイードの特集（『ミレニアム』誌 2007 年 12 月号）を除けば、紛争、テロ、安全保障など、上記に挙げた『国際研究季報』や『国際関係論ジャーナル』の傾向と大差はない。ヴァルビヨルンは、2013 年の北米中東学会での国際関係論関連のパネルの少なさ、一方で同じ年の世界政治学会のパネルでは、中東関連だが比較政治学系の報告の多さを指摘している（Valbjorn 2015, p. 73）。

　では、サイードが投げかけた問題を、ポスト・ポジティヴィズム的国際関係論とポスト・オリエンタリズム的地域研究の協働に向けて発展させていくことは可能だろうか。そこで注目できるのが、ミシェル・フーコーがいうところの知の系譜学を参照するティティらの議論である（Teti 2007）。欧米の第三世界に対する知がオリエンタリズム的な関係に規定されていることを前提に考えれば、欧米から中東、あるいはアジア、アフリカ全体に向けられる視座そのものにオリエンタリズム的関係が内在している。スミスは、ベラスケスの絵画を例にとって視点の入れ子関係を説明するが（Smith 2004）、それはいい換えれば、見るものと見られるものの二者関係の間にさまざまな関係性が、明示的な形ではなく、埋め込まれている（embedded）ということである。

　地域研究、とくに非欧米地域に関する地域研究が国際関係論の視座の転換に貢献しうるのは、この点であろう。領域に限定された地域という主体が独自の文化と社会の上に固定化されているかのように見える地域であっても、その生成過程を考えれば、「（欧米によって）作られた地域」として、そもそも成り立ちから西欧との関係が、地域生成の原点に埋め込まれているのであ

る。

　「作られた地域」性という側面に着目すれば、地域研究もまた視座の転換が必要である。地理的に限定された文化的特殊性を研究するものとして始まった地域研究は、冷戦終結後グローバル化の過程で世界が「脱」領域化されることで、その存在意義に疑問が投げかけられてきた（Tessler 1999; Szanton 2004; Mirepassi, Basu and Weaver 2003）。この「地域研究の危機」とは、ミッチェルによれば、「地域」の特殊性をもとにした理論を打ち立てる余地がなくなったこと、社会科学が一般理論化されて領域性を失った＝脱「領域」化されたことによる（Mitchell 2004, pp. 74-118）。しかし、「地域」が領域の固有性を前提にせず、むしろ他者との関係、他者のまなざしによって生成されるものだと考えれば、脱「領域」化こそが地域研究が正面から取り組むべき、「地域生成の根幹にある関係性の変化」の契機ととらえることができるのではないだろうか。

4．「国際社会の動態を反映する地域」という考え方

　地域研究が領域の固有性から自らを解き放ち、他者との関係性のなかで地域を見るという方向で視座を転換し、その関係性の交錯の結果としての「地域」が表象するものを国際関係論がその理論枠組みのなかに組みこむ――。そのことが、地域研究がオリエンタリズムの、国際関係論が西欧中心主義の呪縛から脱却することにほかならない。さらにいえば、「地域」が示すダイナミクス、そこでのさまざまな関係の交錯が、国際社会のダイナミックな動態を反映し表象し呼応するものだと考えれば、地域研究というローカルな研究自体がグローバルな国際関係を読み解くことと同義となる。

　では、閉鎖された領域から解放された地域研究は、どのように国際社会の動態を反映、表象するととらえられるだろうか。それは、次の二つの側面においてであろう。第一は、地域概念そのものが国際政治の大きなうねり、変化によって新たに生み出されたり改変されたりするものだ、という側面である。第二は、その「地域」に対して外部、内部からさまざまなまなざしが交

97

錯して注がれ、その内外の関係性が現地社会のなかに埋め込まれて、地域の独自性と見える社会的亀裂として掘り起こされる、という側面である。

国際政治の結果としての「地域」

　第一の側面については、第一次世界大戦後の戦後処理として英仏という「他者からのまなざし」によって形成された中東という地域概念が代表的な事例だろう。「中東」という用語は、20世紀初め、アメリカの海洋戦略家アルフレッド・マハンがペルシア湾岸地域をイギリスの対アジア戦略上重要な地域であるとして名づけたことから始まる（Adelson 2012, pp. 38-39）。他者による名づけであるがゆえに、その明確な領域的定義はなく、当時の西欧における地理学者や政治家などの間でその範囲は異なっていた（Bonine, Amanat and Gasper 2012）。

　「中東」地域の、国際政治を反映した可変性、伸縮自在性は現代もなお引き継がれている。9.11、アフガニスタン戦争、イラク戦争と21世紀の動乱を経て、米英を中心に「拡大中東構想（Greater Middle East Initiative, GMEI）」が提示されたが[5]、そこでは構想の趣旨を反映してアフガニスタンばかりかパキスタンまでが「中東」に組み込まれた。「中東」地域概念が20世紀のイギリスの利害と戦略行動範囲を反映したことと同じく、21世紀はアメリカの同地域での利害と戦略の範囲を映し出すものとして「中東」地域が再編されたのである。

　だが同時に、アメリカの戦略範囲が「中東」と名づけられることによって、「中東」起源のトランスナショナルな反米組織もまた、それに呼応して領域意識を再編する。2013年にシリアに拠点を築き翌年6月にはイラク北部、西部に勢力を拡大した「イラクと大シリアのイスラーム国（ISIS）」は、2014年6月末、カリフ制に基づくISの再興を宣言した。そのISが、2017年段階でそれが支配地域と自認していた地域は、イラク、シリアに加えてエジプトからリビア、アルジェリアの北アフリカ諸国、サウディアラビアやイエメンといったアラビア半島諸国、そしてロシア（チェチェン）、ナイジェリア（ボコハラム支配地域）である（保坂 2017、169-170頁）。すなわち、ア

メリカの「中東」認識がアメリカの安全保障上の重要性に応じて組み立てられているのに対して、それに対抗する IS は、既存の政府に抵抗、あるいは反旗を翻している地域をまとめて自らの領域と設定しているのである。地理的要因とは別の利害関係に基づいて地域概念が伸縮する点では、どちらも同じである。

　国際政治の変遷によって地域概念が変質を余儀なくされるのは、旧ソ連・東欧地域も同様である。それまで「東側」と括られていた地域は、ソ連解体後にどのように「区分」されるべきなのか。中央アジア、コーカサス地域など、解体された後の地理的近接性に基づく地域概念や、解体前の広域を呼び変える形で「ユーラシア」という地域概念が使われる場合もある（家田 2008、53 頁）。一方で、過去共通に社会主義体制を体験してきた国・地域という意味で「ロシア・東欧地域」を括ることに意味を見出す議論もある（塩川 2004）。

　このように、地域研究は固定化された一定の領域の固有性を研究する学問ではなく、むしろ現実の国際政治の政策、変動の帰結としての地域の生成過程とその背景を研究する学問だと考えれば、それはまさしく国際関係論の一形態にほかならない。

地域に内包された関係性としての「まなざしの記憶」

　第二に、「まなざしの交錯による関係性の埋め込まれた地域」という側面を見ていこう。「埋め込まれた関係」とは、何を意味しているのか。それを説明するために、具体的な例として冒頭でも触れた、2003 年イラク戦争時のイラクを取り上げる。そこでは、イラク戦争という形でイラク国内社会に関与した欧米諸国（政府および軍）と、関与される側のイラクのローカルな社会との間での関係が主軸となって、紛争、衝突が展開するのだが、それは単純に、「欧米の国家主体」と「イラクの非国家主体」との間の二者間関係ではない。そこには、それぞれの主体が内包する、あるいはその二者が表象するさまざまな関係性が、明示的な形ではなく、埋め込まれていると考えられる。

第Ⅱ部　日本からの応答

　そこで「埋め込まれ」ているものは、何か。第一に埋め込まれているのは、社会的、文化的な特殊性に制約された関係性への視座である。関係を取り結ぶ両者の行動様式のなかに社会的、文化的特殊性を表象するシンボル（表現方法、掲げるシンボル）が浮かび上がり、シンボルの背景にあると想像される別の主体、関係性が、実際に向き合っている二者の関係を単純な二者間関係以上のものとしている。

　たとえば、イラク国内で反米活動家に向き合う米軍とその掃討対象となるイラクの地方社会との関係は、軍事行動の過程で米兵士が自らを鼓舞するために使用するロック音楽の西欧性[6]、米軍の攻撃対象となる地元社会の冠婚葬祭の伝統性という対比によって[7]、それらが表象する世俗／宗教間、近代／伝統間の対比が惹起され、単なる占領者と非占領者の関係を越えた関係が浮き上がる。それはしばしば「文明の衝突」や「宗派対立」といった単純化された対立構造の見た目を取る。

　第二の「埋め込まれた」関係は、空間的、歴史的な記憶のなかの関係である。2003 年の米軍とイラク地方社会の対峙関係において、イラク地方社会の間では「アメリカ」の存在が建国時のイギリスによる植民地支配と重なった形での歴史的な記憶が喚起され[8]、一方でブッシュ政権の発言の背景に「十字軍」という自己認識が見え隠れすることで[9]、西欧のイスラームとの交流史の記憶が喚起される。これらによって、単なる占領者と非占領者の関係は、さらに歴史的、空間的な広がりを反映した関係性の網へと誘われる。そして空間的にも、アメリカ対イラク地方社会＝イラク＝アラブと地理的に拡大された対立像が、他のアラブ社会に別の文脈で受容され消費され、より広い範囲でのアメリカ対反米という関係性へと転換されていく。それがアルカーイダや IS へと発展したことはいうまでもない。

　第三の埋め込まれた関係は、他者からのまなざしを自覚する主体の、内的な関係性である。米軍と現地のイラク社会の関係において、イラク社会には1991 年の湾岸戦争時に米軍がそのイラク社会をどのように見ていたかという知識の蓄積がある[10]。つまり、2003 年以降の現地のイラク社会の米軍に対する「まなざし」は、米軍が自分たちをどのように見ているかという他者

100

によるまなざしに対する認識を踏まえたものとなっている。

　よりわかりやすい例が、戦後イラクにおける「宗派、民族に基づいた三分割論」への批判と受容であろう。イラク社会を「クルド民族、シーア派、スンナ派」と、宗派、民族それぞれに分類方法の異なる分け方によって三分し、フセイン政権後の統治をこれらの三社会の代表者によって担わせる、という発想は、イラク戦争前後にアメリカの政策決定者の間で具体的に構築されたことだが[11]、遡れば湾岸戦争後にイギリスに結集した亡命イラク人政治家の間で（英米の支援のもとに）生み出された発想である（酒井 1998、82頁）。それが現地社会の当時の「現実」からは乖離し、欧米型のエスニシティ別の権力分有の思想を反映したものであることは明らかであり、「現地社会の現実」を強調するものたちからは、現在に至るまで、つねに批判の対象となってきた。しかし、実際アメリカおよび亡命イラク政治家主導の戦後イラク政治でそうした分類方法が事実上固定化していく過程で、これらの宗派、民族の混在したアイデンティティ認識が、「現地社会の現実」になっていった。埋め込まれた認識としての欧米型エスニック・アイデンティティ認識が、現実の関係性に大きな影響を与える例である。

不可知の世界が可知の世界を左右する

　ここで指摘しておきたいのは、以上のイラクの例で見られたように、途上国は欧米先進国の対途上国認識を大きく組み込んで欧米先進国に対する視点を打ち出すが、先進国は、途上国と対峙する際に途上国から自国がどう見られているかという視点を組み込む余地は、限りなく少ない、という非対称性である。欧米のリアリストたちの視点によって結ばれる像のなかに、途上国が欧米に対していかなる像を結んでいるかが反映される可能性は、わずかしかない。それこそが、スミスがいうところの「国際関係論の理論自体が世界を9.11という出来事に導いた」（Smith 2004, p.504）、すなわち欧米起源の机上の非対称なまなざしが現実世界の対立関係を生み出すことになるのである。

　文化的独自性、空間的・歴史的記憶、他者のまなざしを先取りした認識が、関係のなかにあらかじめ埋め込まれていることで、関係性は現実世界で表面

第Ⅱ部　日本からの応答

的に把握しうるものだけではなくなっている。そしてその埋め込まれた関係
がしばしば浮き上がり、現実世界に影響を与えるが、その埋め込まれた関係
とそれへの自覚は、途上国と先進国で非対称であることが、浮き上がる現実
の関係を、さらに複雑なものとしている。

　こうした、見えない、埋め込まれた関係性の網は可知化が困難であり、い
かに把握し分析するかが大きな課題だろう。だが、ここで重要なのは、不可
知的、計量不能な関係性が見えない・把握できないからといって、可知的、
計量可能な関係のみを分析することが見えない部分を理解することを代替し
うるものではない、という点である。可知的、計量可能な関係の分析と、不
可知的、計量不能なそれの分析は、交わらない対立する視座のように見えて、
現実の事象においてはさまざまな接点で交錯しており、かつ相互に影響を与
え合っている。

　リアリストが見る現実世界の把握可能な関係によって紡がれる現実世界へ
の行為は、現実世界で衝突する両者の関係のなかに埋め込まれた見えない意
味性を浮上させ、それが再解釈され消費され変質させられて、別の衝突を、
一見まったく無関係な場で生み出す。上述したように、西欧近代のあからさ
まな優位への反発、過去の植民地主義の再現、過去の外交政策での裏切りな
ど、イラク社会内に埋め込まれた対米関係は、「反フセイン勢力の中心であ
るシーア派とクルドがアメリカの介入を支持し、アメリカに反発するものは
旧体制下で優遇されていたスンナ派である」という、目に見える現実世界の
わかりやすい分類枠組みに基づいて行動する米軍のイラクでの軍事行動によ
って掘り起こされ、埋め込まれていた宗派関係や、西欧近代対イスラームの
原点回帰（サラフィー主義 salafism）の対立軸を現実のものとして出現させ
た[12]。IS の出現や「宗派対立」に見える内戦の頻出など、21 世紀は予測不
能なさまざまな武力紛争の突然の発生を目撃しているが、そうした「現代的
なグローバルな危機」は、このような「埋め込まれた関係の掘り起こし」と
いう視点で考えれば、それが不可知なものから可知的なものとなって出現し
たものと理解することができる。

　この点において、中東地域研究を個別の特殊事例研究と考えるのではなく、

102

国際政治の織りなすさまざまな関係性の「澱」の噴出を分析する、象徴としての国際政治分析とみなすことができよう。

＊　　＊　　＊

　長らく地域研究は、ある特定の地域の政治や社会や経済や、その地域独特の情報をいかに詳細に把握するかに力を入れてきた。一方で、国際政治学など国際関係論の主流は、地域研究の知見を利用して、欧米先進国の「常識」で理解できない地域をいかに把握し掌握し支配するかに力点を置いてきた。そして、非欧米の途上国の多くは、自分たちは国際政治を担っている欧米先進国からそのように見られている、ということを自覚的に、そのまなざしを内包しながら、自分たちの「独自性」を作り上げてきた。その意味で、地域の独自性は、国際政治の動態の結果である。

　これまで「民族」や「宗教」、「部族」といった、しばしば「地域の本質的な独自性」として固定的に捉えられてきた要素もまた、現実の国際政治が歴史的に紡いできたさまざまな関与、相互作用の結果として生まれたものと考えれば、地域研究と国際政治学は同じものを見ていることになる。冷戦後、地域研究が「終わった」といわれ、国際政治学も「終わったのか」と問われる今、それらの学問が自明視してきた主体の固有性、領域の閉鎖性、社会的属性の固定性に疑問を投げかけ、主体の存在すらも可変的で関係性の交錯の結果として位置づけなおすことで、その二つの学問は共に協働し、再生されることが可能となろう[13]。そして、地域研究が「欧米中心の視点を超えて、新しい学問大系や理論を構築するという課題を負って」きた日本ならではの地域研究の特質と（田巻 2006、50頁）、地域研究を国際政治学のなかに組み込んできた日本の国際政治学ならではの独自性を活かせば、その協働は決して遠いものではない。

注
（1）　2012年6月23〜24日、日本大学法学部にて開催された2012年度日本比較政治学会年次大会の分科会Ａ「権威主義体制の持続と崩壊——政治学方法論と地域間の対話」は、その分科会開催趣旨で「2011年のチュニジア、エジプト、リビアで生じた体制変動によって、中東はも

第Ⅱ部　日本からの応答

はや「民主化理論の例外地帯」ではなくなった」と高らかに謳っている。http://www.jacp-net.org/03convention/convention2012.html（2018 年 2 月 15 日アクセス）

（2）　2018 年 6 月 27 日、ロンドン大学キングスカレッジで開催されたイギリス中東学会のセッション（plenary session "Knowledge at Risk: Studying the Middle East in a Disordered World"）で、レバノンの宗派研究の第一人者で在米の歴史研究者であるウサーマ・マクディースィーは、「北米中東学会では中東出身の研究者を一次資料としてしか見なしていない」とコメントした。

（3）　本書は「国際政治学は終わったのか」という問いを抱えて編まれたものだが、本章では、国際政治学からさらに広く、国際関係論一般と地域研究について論じる。

（4）　9.11 後、アフガニスタンへの攻撃を準備する際に CIA にダーリ語などアフガニスタン現地諸語を理解する職員がいなかったことから、急遽募集したことが知られている。https://www.telegraph.co.uk/news/worldnews/northamerica/usa/1357952/CIA-tries-to-recruit-native-speakers-by-email.html（2018 年 3 月 20 日アクセス）

（5）　イラク戦争、アフガニスタン戦争後に米主導で進められた GMEI が明示的に示されたのは、2004 年 6 月の G8 サミットにて提示された「拡大中東・北アフリカとの発展と将来のためのパートナーシップ」との概念においてである（Perthes 2004）。批判的論考としては、Ottaway and Carothers（2004）参照。

（6）　2004 年 4 月、反米抵抗運動を激化させたイラク西部のファッルージャ（Falluja）において、米軍が大規模な掃討作戦を実施する際、兵士を鼓舞するために AC/DC などのメタルロックが使用されたことが報じられている。https://www.ultimate-guitar.com/news/general_music_news/us_marines_blaring_acdc_to_agitate_iraqi_insurgents.html（2018 年 4 月 16 日アクセス）　また、ロック音楽を大音量で閉鎖空間のなかで聞かせる拷問方法は、映画 The Road to Guantanamo（2006 年、邦題「グアンタナモ　僕たちが見た真実」）でも紹介されている。こうした米軍の戦地での行動におけるロック音楽の効用については、Pieslak（2009）参照。

（7）　イラク駐留開始以降、米軍がイラク地方社会の民間施設を誤射、誤爆することはしばしば見られたが、なかでも結婚式、葬儀など冠婚葬祭の伝統的儀式では不特定多数が公開の場に集合することから、頻繁に攻撃の対象となった。とくに伝統的な結婚式では祝砲を挙げることが一般的であるため、誤爆を受けることが多かった。2004 年 5 月 20 日のイラク西部のカーイム（al-Qa'im）での結婚式誤爆では 40 人以上が死亡したとされる。https://www.theguardian.com/world/2004/may/20/iraq.rorymccarthy（2018 年 4 月 16 日アクセス）　この事件は米軍の非人道性の象徴としてさまざまな形で語り継がれ、反米トルコ映画 Kurtlar Vadisi Irak（2006 年、邦題「イラク　狼の谷」）は、その代表例である。

（8）　2004 年以来、ファッルージャを中心に反米抵抗運動を展開したスンナ派イスラーム主義武装組織は、自らを「1920 年革命部隊（kata'ib thawra al-'ashrin）」と名乗ったが、1920 年革命とはイギリス委任統治開始の前年、イラク南部を中心に発生した広範な反英暴動の名称である。1920 年部隊を管轄する「ムスリム・ウラマー機構（hai'a al-'ulama al-muslimin）」の指導者ハーリス・ダーリは、1920 年暴動にスンナ派として参加した部族の一つであるズアバ（Zu'ba）部族の長、ダーリ家出身である。

（9）　ブッシュ大統領が 2001 年 9 月 16 日、テロに屈しないアメリカの意気込みを表す表現として、「十字軍」という表現を演説で使ったことはよく知られている。https://georgewbush-whitehouse.archives.gov/news/releases/2001/09/20010916-2.html（2017 年 8 月 7 日アクセス）

（10）　1991 年、湾岸戦争停戦直後にイラク国内で全国的に発生した反政府暴動において、戦争中しきりに米軍がイラク国内に反フセイン蜂起を呼びかけていながら、反政府派の救援の求めに

一切手を貸さなかった、という事実は、その後イラクの反フセイン勢力に、対米不信感を定着させることになった。

(11)　Joseph R. Biden Jr. "A Plan to Hold Iraq Together", *Washington Post*, August 24, 2006. http://www. washingtonpost. com/wp-dyn/content/article/2006/08/23/AR2006082301419. html（2017 年 8 月 7 日アクセス）

(12)　サラフィー主義とは、『岩波イスラーム辞典』によれば、「後代の逸脱（ビドア）を排して、イスラーム初期世代（サラフ）における原則や精神への回帰を目指す思想潮流」（p. 158）で、広義では近代以降のイスラーム復興運動の主流全体をさすが、近年は初期のイスラーム近代主義運動と区別して、1960 年代以降台頭したワッハーブ派など厳格な原典中心主義のイスラーム主義のみをさすことが多い。

(13)　筆者が代表する文部科学省科学研究費助成事業「新学術領域研究」『グローバル秩序の溶解と新しい危機を超えて――関係性中心の融合型人文社会科学の確立』（「グローバル関係学」、課題番号 16H06546）は、まさに国際関係論と地域研究を融合させ、新たにグローバルな危機を分析するための関係学としての「グローバル関係学」を提示している。本章は、そのための試論であり、同事業の研究成果の一部である。http://www.shd.chiba-u.jp/glblcrss/index. html（2018 年 5 月 26 日アクセス）

参照文献

Acharya, Amitav（2014）"Global International Relations（IR）and Regional Worlds A New Agenda for International Studies," *International Studies Quarterly*, 58, pp. 647-659.

Acharya, Amitav and Barry Buzan（2010）*Non-Western International Relations Theory: Perspectives on and Beyond Asia*, Routledge.

Adelson, Roger（2012）"British and U.S. Use and Misuse of the Term 'Middle East'," Michael E. Bonine, Abbas Amanat, and Michael Ezekiel Gasper, eds., *Is There a Middle East?* Stanford University Press, pp. 36-55.

Baer, Robert（2002）*See No Evil: The True Story of a Ground Soldier in the CIA's War on Terrorism*, Crown.

González, Roberto J.（2009）"Going 'Tribal': Notes on Pacification in the 21st Century," *Anthropology Today*, Vol. 25, No. 2. Apr., pp. 15-19.

Khalidi, Rashid（2003）"The Middle East as an Area in an Era of Globalization," Mirsepassi, Ali, Amrita Basu and Frederick Weaver, eds., *Localizing Knowledge in a Globalizing World: Recasting the Area Studies Debates*, Syracuse University Press.

Kilcullen, David（2007）"New Paradigms for 21st Century Conflict," *FOREIGN POLICY AGENDA eJOURNAL USA*（http://www.au.af.mil/au/awc/awcgate/state/kilcullen_21c_conflict_may07.pdf.）

Krohley, Nicholas（2015）*The Death of the Mehdi Army: The Rise, Fall, and Revival of Iraq's Most Powerful Militia*, Oxford University Press.

Laitin, David（1993）"Letter from the Incoming President," *Newsletter of the Comparative Politics Section of the American Political Science Association*, 4, No. 4.

McFate, Montgomery and Janice H. Laurence, eds.（2015）*Social Science Goes to War : The Human Terrain System in Iraq and Afghanistan*, Hurst & Co..

Mirsepassi, Ali, Amrita Basu and Frederick Weaver, eds.（2003）*Localizing Knowledge in a Globalizing World: Recasting the Area Studies Debates*, Syracuse University Press.

第Ⅱ部　日本からの応答

Mitchell, Timothy (2004) "The Middle East in the Past and Future of Social Science," David Szanton ed., *The Politics of Knowledge: Area Studies and the Disciplines*, University of California Press, pp. 74-118.

Ottaway, Marina and Thomas Carothers (2004) "The Greater Middle East Initiative: Off to a False Start." (https://carnegieendowment.org/files/Policybrief29.pdf　March 29.)

Perthes, Völker (2004) "America's "Greater Middle East" and Europe: Key Issues for Dialogue," *Middle East Policy*, Vol. XI, No. 3, Fall. (https://web.archive.org/web/20081115112943/http://www.mepc.org//journal_vol11/0409_perthes.asp.)

Peteet, Julie (2008) "Question: How Useful Has the Concept of Sectarianism Been for Understanding the History, Society, and Politics of the Middle East? Pensée 1: Imagining the 'New Middle East'," *International Journal of Middle East Studies*, 40, pp. 550-552.

Pieslak, Jonathan (2009) *Sound Targets: American Soldiers and Music in the Iraq War*, Indiana University Press.

Ritter, Scott (2005) *Iraq Confidential: The Untold Story of the Intelligence Conspiracy to Undermine the UN and Overthrow Saddam Hussein*, Nation Books.

Smith, Steve (2004) "Singing Our World into Existence: International Relations Theory and September 11," *International Studies Quarterly*, 48, pp. 499-515.

Szanton, David ed. (2004) *The Politics of Knowledge: Area Studies and the Disciplines*, University of California Press.

Tessler, Mark ed. (1999) *Area Studies and Social Science: Strategies for Understanding Middle East Politics*, Indiana University Press.

Teti, Andrea (2007) "Bridging the Gap: IR, Middle East Studies and the Disciplinary Politics of the Area Studies Controversy," *European Journal of International Relations*, vol. 13, 1, pp. 117-145.

Tickner, Arlene (2003) "Seeing IR Differently: Notes from the Third World," *Millennium: Journal of International Studies*, vol. 32, No. 2, pp. 295-324.

Valbjorn, Morten (2004) "Toward a 'Mesopotamian Turn': Disciplinarity and the Study of the International Relations of the Middle East," *Journal of Mediterranean Studies* Vol. 14, No. 1/2, pp. 47-75.

————— (2015) "International Relations Theory and the New Middle East: Three Levels of a Debate," *POMEPS Studies 16*, September 17. (https://pomeps.org/wp-content/uploads/2015/09/POMEPS_Studies_16_IR_Web1.pdf.)

Vasilaki, Rosa (2012) "Provincialising IR? Deadlocks and prospects in Post-Western IR Theory," *Millennium: Journal of International Studies*, 41(1), pp. 3-22.

Wæver, Ole (1998) "The Sociology of a Not So International Discipline: American and European Developments in International Relations," *International Organization*, Vol. 52, No. 4, pp. 687-727.

家田修編 (2008)『講座　スラブ・ユーラシア学1　開かれた地域研究へ──中域圏と地球化』講談社。

大島美穂 (2017)「序章　地域研究と国際政治の間」『国際政治』189号。

酒井啓子 (1998)「イラクにおける反体制活動」酒井編「イラク・フセイン体制の現状──経済制裁部分解除開始から一年」トピックレポート No. 29 (http://www.ide.go.jp/library/Japanese/Publish/Download/Topics/pdf/29_0502syo.pdf.)

————— (2012)『中東政治学』有斐閣。

第 4 章　終わらない国際政治学と下僕ではない地域研究のために

塩川伸明（2004）「〈ユーラシア〉地域研究？（地域よもやま話⑿）」『日本比較政治学会ニューズレター』第 12 号、7-8 頁。
田巻松雄（2006）「文献解題と基本的視座の提起」、北川隆吉監修、山口博一他編『地域研究の課題と方法──アジア・アフリカ社会研究入門　理論編』、文化書房博文社、37-58 頁。
保坂修司（2017）『ジハード主義──アルカイダからイスラーム国へ』岩波書店。

第Ⅱ部　日本からの応答

第5章

統一を欠く分野
—— 国際関係論の政治性

西村邦行

　本書の題名にもあるように、国際関係論は、終わりを迎えているのではないかと問われる状況にある。ただ、「○○は終わった」という表現には、大抵、修辞的な効果が意図されている。国際関係論の場合も、その何が終わろうとしているのかは、明確とは言いがたい。本書でも、権力政治の動揺（第1章）が扱われているかと思えば、研究作法の動向（第2章）も論じられている（追々明らかになるように、両者は絡みあってはいる）。

　そこにきて話を厄介にするのが、この分野を彩るとされてきた特徴である。学問として若い国際関係論は、何を問うべきかと問い続けることを個性としている——初学者などは、こう言われると戸惑ってしまうかもしれない。しかし、これは、研究者たちが決まり文句のように繰り返してきた言葉である（最近では、Booth and Erskine 2016）。

　すると、国際関係論の終わりとは、己が何者か問い続けてきた分野の終わりを意味する。それは結局、どういうことだろう。いよいよ迷いを断ち切るのか。だとすれば、完成とか確立と言うはずだ。だいたい、終わったという評価を下すには、成果を振り返る必要がある。それも自己省察ではないのか。実際、この分野において、（既存理論の）死や（主流学派との）決別といった比喩表現は、幾度となく飛び交ってきた。

　自らのあり方を質し続けてきた分野が、しかしひとまとまりに終わるという。それはひどく混乱を招く物言いである。本章では、国際関係論の終わりという問い（の問い方）を考えるうえで、自問体質をとりあげてみたい。

第5章 統一を欠く分野

1. 自問体質を問いなおす

多様性のある領域

まずは、国際関係論が自らのあり方を問い続けてきたとされる根拠を整理
しておこう。実はこの点からして、自明ではない。とはいえ、しばしば挙げ
られる論点はある。ここでは、そのいくつかを簡単に見ておこう。

一つが、洞察対象のばらつきである。試みに国内の大学へ目を向け、国際
の語を含む科目を見比べてみてもいい。世界各地の情勢から、軍事的・経済
的な紛争、文化の摩擦までが、同じ授業名の下で講じられていることだろう。

このあたりの事情には、国際関係論という日本語も与ってはいる。差しあ
たって、終わりを叫び始めた当の英語圏(これも曖昧な括りだが)に的を絞
るとしよう。その場合は、いま二番目に挙げた政治学系を指すのが一般的で
ある。しかしでは、文化の摩擦などがそこで扱われないかというと、そうい
うことはやはりない。

加えて、研究手法の混在である。アメリカの多くの大学だと、現実主義、
自由主義、構成主義という三つの理論を中心に学ぶ。ときには、それらに批
判的な理論にも触れる。そこでは、戦争の発生原因を統計的に分析したり国
家間交渉のあり方を類型化したりするやり方と、諸主体の考えや行動の意味
を読み解く方法とが同居している。対象の多様さと絡むものの、この分裂も
また、国際関係論がまとまりを欠く証拠とされる。

ただ、分野の内に異なる視座が併存しているのは、国際関係論に限った話
だろうか。実際のところ、似た状況はいくらでもある。むしろ、どの分野も
同じとすら言いうる。

先ほど、国際関係論は政治学系と言った。その政治学を例にとろう。政治
過程の分析に使う理論として、経済学的制度論や社会学的制度論がある。こ
れらもそれぞれ、上の数理的な手法と解釈的な手法とにおおむね対応してい
る。また、経済学が統計と数式だけで成り立っているわけではないし、社会
学も文化の解釈ばかり手掛けているわけではない。厚生の概念理解に注力す

109

第Ⅱ部　日本からの応答

る経済学もあれば、都市住民の結びつきを数理的に捉える社会学もある。諸学の現況はこういったものである。分裂しているという国際関係論にしても、ともあれ一つの学問と認識されているわけである。

若い学問

　続いて、統一性を欠くその原因も見ておこう。よく挙げられるのは若さである。ただ、若いとはどういうことか。何を基準に測られるものなのだろうか。時間の経過か。だとすれば、どのくらいの年月で学問は熟すのか。

　体系化の度合いから言うと、社会科学の筆頭は経済学である。ミクロ経済学やマクロ経済学の授業は、どの大学で受講しても、学習項目の立て方にそこまで大きな違いはないだろう。では、この経済学は、どれくらい長い歴史を持つだろうか。経済学史の入門書を見ると、その多くはアダム・スミスやデイヴィッド・リカードといった人物から始まっている。現代の経済学は、おおむね 18 世紀後半から 200 年ほどのあいだに発展してきた学問だと（普通は考えられていると）推測される。

　しかし、国際関係論についても、同じ時期を始点に歴史を語ることはできる（Ashworth 2014）。多くの教科書において、国際関係思想の伝統は、トゥキュディデスの古代ギリシアにまで遡る。経済学だと、社会思想史の叙述も、初期近代くらいから開始されるのが一般的だろう。学問の起源などというのは、いくらか恣意的に決められる。

2．学説史を問いなおす

歴史認識問題としての自問体質

　国際関係論は、多様性を帯びた学問である。ただ、それは他の分野にも言える。そもそも、土台を問いなおすことのない学問などない。国際関係論では、対立が苛烈で、反省も頻繁だったのかもしれない（他の分野を調べてみないと、実際のところはわからないけれど）。しかし、仮にそうだとして、その理由も時間だけではないだろう。

第5章　統一を欠く分野

国際関係論が若いという話の方は、別の意味で捉える余地もある。たとえば、年齢ではなく成熟度の問題かもしれない。しかし、だとしてもなぜ、同じくらいの（あるいはより長い）年月を経ながら、国際関係論の体系は経済学ほどかっちりと固められてはこなかったのか。結局、重要なのは、若さそれ自体でなく、若さをもたらしている原因ということになるだろう（経済学の方に特殊な成長因があったのでなければ）。

国際関係論には、まとまりを阻む例外的な因子があるのだろうか。ここまでは、国際関係論にはなぜ・どのような意味で統一性がない（から自問を続けてきた）のかを考えてきた。ただ、問題は、自省を繰り返してきたことだった。そこには時間の流れがある。そして、以上で見てきたところからすると、自問体質の現れとされる特徴は、国際関係論に固有というのでもなさそうだった。そうすると、自問体質とは、この分野が経てきた歴史を短い言葉で表現したものと考えるべきだろう。ここから先は、学説史を研究者がどう捉えてきたか（を問いなおす作業）へ話を移したい。

ルーティンか例外か

その学説史だが、国際関係論はしばしば、三つの大きな論争を経てきたとされる。初手を飾るのが、大戦間期から戦後に見られた理想主義と現実主義の対決である。統治機構を整備し、国家間のルールを確たるものとしていけば、軍事的な衝突は防ぎうる――当初広く持たれていたのは、こうした発想だった。対して、国際政治の現実は権力の衝突だという見方が、それを押し退けていく。ここに現代国際関係論の礎が築かれた――和洋を問わず、多くの学部生向け教科書に示されている記述である。

ただ、この歴史理解も、最近は修正を施されている。専門的な議論は、ひとまず措いておこう。代わりにいまは、主だった論点の一つを確認するにとどめたい。それは、現実主義者たちにおける政治の捉え方である。

今日、政治とは何かという話になると、20世紀の憲法学者カール・シュミットの名がよく挙がる。手続きに則って議会を執り行うなどというのは、ただのルーティンにすぎない。そうした慣行が立ち行かない場面にこそ、政

治は現れる。根拠となる土台はないが行動は要する、その決断にこそ政治がある。紛らわしさを避けるためにも、この意味の政治は、政治的なるものと呼ばれる。大雑把な要約はこういったところだろう。

　このシュミットが、国際関係論の学説史でも注目されている。理想主義者たちは、制度の拡充による安定を求めた。他方、現実主義者たちは、そこに回収されえない政治的なるものに目を向けた。そのとき、現実主義者たちは、単に世の中は暴力的だと言っていたのではない。そうではなく、政治の所在を問いなおしていたのではないか、というわけである。実際、戦後アメリカの代表的な現実主義者とされるハンス・J.モーゲンソーなどは、もともとドイツにいたユダヤ人であり、ワイマール期のシュミットとも面識があった（邦語では、宮下 2012、とくに第 1 章）。

　この知見に照らすと、国際関係学史上最初の対立は、政治が何なのかをめぐるものだったということになる。ちなみに、理想主義者についての研究では、彼らも政治に権力が避けられない様を直視していた、第一の論争など実はなかったのだと言われる（その嚆矢として、Long and Wilson 1995）。このあたりも踏まえると、当時の知識人たちはこぞって、政治がどういう営みか問いなおしていたとも解しうるかもしれない。提示した答えやそこに至る筋道の違いから、一方は理想主義で他方は現実主義と呼ばれたわけである。

　では、このことが目下の考察において持つ意味とは何だろうか。結論から言うと、これこそが自問体質の核なのである。つまり、筆者の見立てはこうである——国際関係論がまとまりを欠くのは、政治とは何かという問いが論争を引き起こすからにほかならない。第二・第三の論争もまた、政治の捉え方をめぐる対立から生まれてくる。引き続き歴史を辿っていくとしよう。

科学に収まる政治か古典で馴染む政治的なるものか

　1950 年代から 60 年代の論争は、通常、科学主義対古典派の構図で描かれる。第一の論争を経た国際関係論は、屋台骨となる現実主義を獲得した。ただ、この視座は、大きな世界観とでも言うべき色彩が強い。具体的な出来事を分析する段になると、研究者たちは、自らの技や芸に頼る。一方で当時、

心理学などでは、分析手続きの定式化が目指されていた。自然界同様、人間や社会のあり方も仮説の検証を通じて解き明かせるのではないか。目に見えない内面などでなく、具体的な行動を観察しよう。そうすれば、社会諸科学は、客観的分析を旨とする学知として統合されていくだろう。こう唱える行動（科学）主義者に対し、歴史や思想（古典）に重きを置く人々が反発するわけである。

先ほど、政治とは何かという問いこそが国際関係論の対立軸だと述べた。いま記した第二の論争の要約からは、さっそくこの主張に疑問が湧くかもしれない。この論争の焦点は科学哲学だろう。第一の論争とは毛色が異なるのではないか。第一の論争が世界観をめぐるものだったとすれば、第二の論争の中核は方法の問題ではないのか、と。

実際、研究者たちも、しばしばそう理解してきた。ただ、方法の選択は、政治の捉え方とつながっている（本章冒頭でも、権力政治の問題と研究作法の問題は関連していると予告しておいた）。というのも、こういう場合はこうなるものだという理論を基に、仮説を立て検証していくことで世の中が理解できるという発想は、それ自体が一つの世界観に根差しているからである。

合理的選択論を例にとろう。当時経済学で台頭したこの理論は、社会科学のなかで今日まで権勢を誇っている。その骨子は、個人も集団も目的に沿って行動するものだという考え方である。この見方に従うと、たとえば、私企業の寄付行為といった一見利他的な振る舞いも、実は利益追求の意図に適うのだと捉えられる。そこから、節税になる、イメージ・アップに貢献する、といった仮説が立てられ、個々に検証されていく。

さて、この合理的選択論は特定の世界観に立脚している。言うなれば、人はそこで、何を為すべきかと惑わない。

こう述べると、理論の支持者たちからは反論がくる。人間の認識能力が限られている点は加味している。他人（他集団）の出方に応じて行動が揺れ動く様も注意している。などなど。

しかし、これらは、あるベクトルに作用する別のベクトルも見ているというのにすぎない。制約や干渉はあるだろう。しかし、結局のところ人は、力

第Ⅱ部　日本からの応答

を加えられた無機物のごとく、先へ先へと突き動かされていく。個々の主体は目的なるものを持ち、彼（女）が選びとる行動はそれと対応している。そういう意味において、人間には迷いがない。

　神ならざる人間は、じりじりとした歩みのなかでしか目標を見いだせないかもしれない。しかし、さまざまな苦難がかえって結末を引き立てる通俗小説のように、最後にはめでたく行き先を探りあてるだろう。主体の行動を場合分けする際には、統計学の定理が持ちだされる。そこにおいてこの世の偶然性は、一般にこの条件ではこうなるという式へ還元されている（統計学というのは、忌々しい不規則さを論理の枠で「飼いならす」（Hacking 1990）べく編みだされた術にほかならない）。

　合理的選択論の世界は、法則が支配する世界である。当然だろう。主体の動きは一般化しうるとの仮定から、その法則性を暴きだしていくことが目標なのだから。教科書でもよく、理論の意義は複雑な世界を単純化して真理の一面を照らしだすことだとある。現代の哲学者に言わせると、人というのは、概して能動的でも受動的でもないようだが（國分 2017 など）、そんな生き物は端から想定しえない。彼らは主体でなければならない。

　勘の良い読者は気づいているだろう。この世界は、シュミットが標的にした世界と似ている。実際、彼が退けた政治とは、目的合理的な個人が集まって作る近代自由主義国家の政治だった。批判を覚悟で単純化すると、彼が否定したのは、合理的選択で動く（ことを目指す）社会だったのである。先ほども言及したモーゲンソーなどは、その名も『科学的人間 vs 権力政治』という作品を記している（Morgenthau 1946）。科学主義が国際関係論に定着した 1970 年代には、その論旨を説きなおした本も書いている（Morgenthau 1972）。このモーゲンソーは、通常、古典派の人とされる。

　このように見てくると、第二の論争とは、第一の論争の変奏だったと思われてくる。ただ、その帰結は対照的である。シュミットに言わせると、土台なき決断にこそ政治は現れるのだった。第一の論争で勢いづいたのもこの発想である。ところが、第二の論争を経るなかで、こうした決断（decision）の思想は、法則的に為される選択（choice）の理論にすげ替えられていった

（Guilhot 2017）。少し前に追いやられていた側が、相手の身を乗っ取って復活したわけである。実際、この後の国際関係論には、現実主義の装いをまとう一般理論が君臨する。時間を先へ進めよう。

科学と政治再び

1970年代からの論争では、その科学的な現実主義が槍玉に上げられる。通常、ケネス・ウォルツの理論が、この立場の代表とされる（Waltz 1979）。古典派の現実主義者たちによれば、国際政治の本質は権力闘争であった。しかし、なぜそうなのか。彼らは、人間の本性に根拠を求めた。しかし、それだと、科学的な検証には耐えられない。そこでウォルツは、国際社会の無政府性こそが理由だと言う。法的に対等な主権国家が並び立つ場では、その法に反した振る舞いをしても、有効に罰しうる上位権力がない。そうして互いに意図を疑いあう関係だと、最後は武力が物を言うのだと。

今日では、この理論についても、はたして行動主義と同じかと、再考が重ねられている（Booth 2011）。しかし、ともあれ1970年代から1990年代に及ぶ時期、彼の理論は行動主義を経（て進化し）た現実主義と目されていた。結果、当時の論争は、彼に対する多方面からの批判を軸に展開された。

一方では、権力政治的な世界像が攻撃を受けた。国際社会には確かに、国内政府に類する統治機構がない。ただ、だからといって、国家間関係がつねに軍事的な緊張に包まれているわけでもない。交易関係が密になっている今日、武力による解決は割に合わなくなっている。双方に利得がある国家は協力しあえる。自由主義の論者たちは、ウォルツの科学志向を受け容れつつ、推論の帰結にこう異を唱えた。

他方で、自由主義までも批判する集団がいた。思想的な基盤はさまざまだった。ただ、科学主義に沿った研究を広く実証主義と名指して退けようとする点で共通していた。彼らは揃って、ポスト実証主義者と呼ばれた。

第二の論争をめぐる議論を踏まえれば、もはや多言は不要だろう。この論争もまた、政治の捉え方に関わっている。

実際、この時期には、国際社会の摩擦が何をめぐるものなのかが問題とな

115

った。現実主義者は、軍事が重要だと言う。自由主義者は、経済にも目を向けた。対するポスト実証主義者たちは、文化やアイデンティティー、またそれらを形作る言説に着目する。軍事同盟を作るにせよ経済協定を結ぶにせよ、自分たちから見て危険な国がその相手になりうるだろうか。このように問う彼らは、国家A・国家Bとして一般化されうる主体間のやりとりに政治を見ない。代わりに、AとBが何者かを規定する意味秩序にこそ政治があると言う。だから、為政者の言葉遣いや立ち居振る舞いが分析対象になる。ときには、風刺画やフィクションも俎上に載る。すると、実証主義者たちは、はたしてこれが政治学かと訝しむ。ポスト実証主義者に言わせれば、話は逆である。手続きに則った虚礼のごとき交渉よりも、そこで用いられる表現、前提を成す認識にこそ、政治はより色濃く見られるのではないか。彼らはそう考えるわけである。

3．国際関係（論）の特殊性

政治的なるものの潜在

こうして歴史を辿り終えてみると、三つの論争ではいずれも、政治とは何かが軸を成している。それらは結局、同じ対立が見せ方を変えて現れたものなのである。モーゲンソーとポスト実証主義者たちが同じだとは言いがたい（そう説く研究者もいるが）。たとえば、前者には、大規模な物理的暴力への差し迫った危機感があったとして、後者が文化や象徴に目を向けるのは、そうした感覚がいくらか薄れた時代だからかもしれない（ポスト実証主義者も軍事に無関心ではないし、今日はテロリズムの時代でもあるにせよ）。ただ、問題の型は似ている。日常的な意味の政治に対し、それは政治かと異論が来る──これがいつもの構図なのである。

国際関係論では、不断に論争が行われてきた。理想主義と現実主義の対立が終わったかと思えば、行動主義が起こり、まもなく実証主義への挑戦がでた。国際関係論が自問体質を持つというのは、この歴史認識に照らして誤ってはいない。

第5章 統一を欠く分野

　ただ、各論争の実態は、先行する論争の模様替えだった。教科書の類では、この学問が三つの論争を経てきたと記される。しかし、各論争がいつ何をもって終わったかは、通常、示されることがない。

　国際関係論において、論争は繰り返されてきた。しかし、研究者たちは、何を見るべきかをめぐって意見を違えてきたのではない。それが政治だという点は、むしろ揺らいでこなかった。問題は、その政治の正体だった。

　そもそも政治は、何だと規定しがたいところに特徴があると言われる（というのも政治だけかと疑うことはできるが、もうやめておこう）。シュミットの思想が現代の政治理論で触れられることは指摘した。正義などの諸概念はその本質からして論争を招くという、政治哲学者 W. B. ガリイの議論（Gallie 1955）なども、同様に広く知られている。

　ただ、原理的な思索を旨とする政治理論であれば、政治とは何かが問われるのも当然と言える。なぜ国際関係論において、この問いが浮き沈みを繰り返してきたのか。政治を見るうえで、国際関係（論）はどう特殊（と考えられてきた）だろうか。

自然状態としての国際関係

　この点についても、研究者たちの認識を検討する必要があるだろう。すると、重要なのは、国際社会が無政府的だという発想である。これはウォルツが特筆大書した点だった。ただ、先立つ古典派や、ウォルツの批判者たちもまた、同様に注目していた。結局のところ、国際社会にも政府機構が整っていれば、政治過程論や行政学でいいかもしれないのである。理想主義者たちはしばしば国際行政について語ったし、日本の国際政治学の草分けとされる蝋山政道は行政学者でもあった。

　問題は、この無政府性の意味である。ウォルツに言わせると、それは、国際関係論が科学的な分析の学たりうる根拠だった。しかし、逆に、国際政治が思想的な考察から離れえない理由と解することもできる。この点については、政治思想史研究者の脇圭平が、過去に興味深いことを述べている。以下は、戦後のある座談会での発言である。

117

第Ⅱ部　日本からの応答

　国際政治は構造的にいって国内政治と比べると格段に組織化されていない、その意味では「政治の自然状態」に近いわけで、従って「政治的なるもの」をその固有の性格において全体的にキャッチしようとするばあい、一番有利な地位におかれているといえるし、その上、国際政治学には、たとえ、今後専門化が進んでも、文明史的視野とか政治哲学的考察とか、そういうものを完全に捨てきれない宿命みたいなものがあるのじゃないか。私の漠然とした感じですが、こういう二つの理由で、今後も、本来の意味での「ポリティカル・セオリー」の正統に一番近い学問分野として、ありつづけるのは国際政治じゃあるまいか、こんな気がするのですが。（潮田ほか 1962、120頁）

　ウォルツの理解をなぞると、だから権力がぶつかるという例の見方かと映るかもしれない。自然状態という語も、万人の万人に対する闘争というホッブズの標語に結びつけられそうである。しかし、そう捉えると、脇の「政治的なるもの」という言い方はよくわからなくなる。文明史的視野の方は、なおさらである。しかもそれは、専門化が進んでも残ると予想されている。国際政治は、手続き的なやりとりに回収しえない。そこでは、偶然性や曖昧さがどうしてもつきまとう。だから歴史や思想を通して眼を養い耐性をつけるほかない。こう読む方が、よっぽど滑らかに意味が通るのではないだろうか。

　ちなみに、先ほどのガリイは、研究人生の後半にかけて、戦争と平和の哲学へ軸足を移していった。あるいは、彼の論文と並ぶ有名な研究として、「政治理論を作りあげる際の言語の使用と濫用についての探求」を副題に持つ T. D. ウェルドンの著書があるが、これも日本だと、国際政治学者に分類されがちな永井陽之助が翻訳を手掛けている（Weldon 1953）。このあたりの理由も、個人的な理念や関心にばかり帰しえないかもしれない（最近だと、中村 2017 なども示唆に富む）。

埋め込まれてきた自然状態観

　国際社会が自然状態に近いとの見方には、多くの異議も申し立てられてき

た。国家の殻が溶けて曖昧になり始めているというのは、ちょうど脇の発言と前後して1970年代までに、先ほどの自由主義者たちも説いていたところである。1990年代以降は、国家の退場といったことも言われるようになるだろう。その背後では、グローバル化の進展が言われ、国家間の結びつきが深化していた。

　ただ、国家の境界が揺らぐことは、国家すらも自然状態に逆戻りしていくということでもありうる。現在に至るまで、人類全体で自然状態を解消する社会契約が結ばれたなどということもない。そうした契約が過去に結ばれたかもしれないと仮説的に想定しうる統治体も（せいぜい国連を除いて）ない。世界政府の現実性を主張する研究者や、世界市民主義の妥当性を訴える研究者は、今日少なからずいる。そうした仕組みなり規範がいまだ確立されていない（と多くの研究者が捉えている）ためだろう。

　主権国家体制の起源はウェストファリア条約にある、という理解も問いなおされてきた。国際社会の無政府性は、数百年も変わらず続いてきたものではないというわけである。しかし、そうした歴史の見なおしがあるからといって、論争を繰り返してきた人々が国際社会を無政府的と見ていなかったことにはならない。自問体質を形作ってきた研究者たちにとって、無政府性の認識が盤石だったからこそ、いまになって修正が図られているということだろう。

学説史との対応

　三つの論争も解釈の産物である。だとすれば、以上のような国際社会＝無政府という見方がそこに反映されていても、不思議ではない。現実政治の文脈から理論の変遷を理解するというのは、研究者のあいだで実際によく行われてきたことである。

　そう考えると、各論争の時代背景は、国際社会の不安定さがそのときどきでどのくらい明るみにでていたかという点から捉えることもできる。第一次世界大戦からの動乱期には、既存の政治概念を疑う現実主義が台頭した。他方、冷戦も安定期に入ると、政治は再び慣行に戻る。しかし、その構造が揺

第Ⅱ部　日本からの応答

らいでついに瓦解すると、また政治の所在が問われるに至ったのだ、という
ように。

この理解の仕方は、実は、日本の政治学史に関する分析から借りてきたも
のである。1970 年代以後に実証主義が勢いを増した文脈として、産業化と
大衆化の定着から、社会の全体像が不断に問いなおされるものではなくなっ
ていたと指摘されるわけである（川崎 2010、第 4 章）。敷衍すると、今日、
国内政治の分析でも解釈的な手法が隆盛にあるのは、グローバル化の進展を
受けながら進む福祉国家体制や民主主義の揺らぎを反映しているのかもしれ
ない。

こう述べると、国際関係論の特殊性を見てきたはずなのにおかしいではな
いか、と思う読者もいるだろう。しかし、そうではない。国内社会にも政治
はあるのだから、そこで政治と政治的なものの対立が生じないとすれば、
その方がおかしい。国際関係論における論争が政治と政治的なものとの緊張
関係をめぐるものだったからこそ、同じ発想で（国内）政治学の変遷も理解
しうるのである。ひるがえって、ここからは、国際関係論の対立軸が政治と
政治的なるものとの緊張関係にあったことが、改めて確認できるだろう。

4．終わりを叫びたがる心性

本章では、自問体質を焦点に、国際関係論がどういう学問（と考えられて
きた）かを検討してきた。では、ここから、国際関係論の終わりという問い
（の問い方）について何が言えるだろうか。以下のようにまとめられる。

国際関係論は、政治について考察してきた。その政治は、自然状態に近い
ところで展開されるものであった（と考えられてきた）。結果、国際関係論
では、何が政治かという問いが時代状況に応じて先鋭化する素地を持ち続け
てきた。この分野が論争を繰り返してきたのは、そのためである。

だとすれば、国際関係論の終わりとは、慣行的な政治の不安定性が取り払
われ、政治的なるものが問われなくなることを意味する。国際関係論の終わ
りというとき、その意味するところの一つは、権力政治観の動揺だった。以

第 5 章　統一を欠く分野

上の検討に照らしても、この主張は意味が通りうる。ただ、少なくとも現時点において、そうした意味で国際関係論が終わろうとしているとは言いがたい。研究作法の変化に着目すれば、科学主義の後退が国際関係論の終わりを意味するという。しかし、本章の議論からすると、科学主義が疑いを持たれなくなったときにこそ国際関係論は終わるだろう。それはすなわち、内省が不要なユートピア（あるいはディストピア）の到来である。

　国際関係論の終わり、正確には終わりつつある国際関係論とは何かをめぐる議論において、混乱が認められるのはここである。理解が一致しているがために誤りが気づかれていないと言うべきだろうか。ある論者は、新たな一般理論を引きだして終わりを食い止めねばならないと説く。別の論者は、一般理論にこだわるのはやめて実証を重ねよと言う。また別の論者は、同じく一般理論は捨てよと言うが政治よりも政治的なるものに目を向けている。終わろうとしているのが一般理論だという点は、各派一致しているわけである。

　ここには、終わりを叫ぶ人々の思惟様式が浮かびあがっている。三つの論争などという学説史観を説くものの、彼らのほとんどは歴史になど興味がない。重要なのは、一般理論としての現実主義があり、その対抗者が現れたという直近の過去だけである。そうして、当初あった現実主義と一般理論との相容れなさを忘れることで、一方は現実主義から一般理論への流れを進化として支持し、他方は一般理論と権力政治的な世界像とを二つながらに批判することができるようになる。

　国際関係論もまた、政治と政治的なるものの緊張が現れてくる一つの場にすぎないということだった。だとすれば、今日、こうした症状は、分野の外に目を向けても見てとることができるだろう。ときどき推し進められる理論と歴史の架橋なる企画は、しばしば前者が後者を取り込む結果に終わっていないか。実証研究者が思想との対話だと選ぶ相手は、なぜいつも規範理論なのか。そういった点は、もっとよく考えられてしかるべきである（後者については、森川 2017 も参照）。

　終わりを嘆く人々は、過去に関心のない進歩主義者である。その裏にいて、ようやく終わるのだと喜ぶ人々もまた、来るべき何かに同じくらい期待して

第Ⅱ部　日本からの応答

いる。けれども、たとえば今日の研究者の方が半世紀前の研究者より深い学識を有しているなどと、どうして言うことができるだろう。過去の学知というのは、十分に咀嚼されたうえで堅固な基礎として据えられているものとは限らない。むしろ大抵は、繊細な意匠をそぎ落とし粗末な型に鋳なおされて出回っている。ある時期になぜか流行った説が、やはり理由もよくわからないまま検討されなくなることも稀ではない。まさにその様子を、終わりを言う人々が今日体現しているわけである。

　新しいものに対する強迫的なまでの欲求。終わりという言葉で何かが語られているという気分になる感性。まずはそこから抜けださなければならないのかもしれない。終わりに期待する人々は、歴史を軽視する姿勢をアメリカ的だとか言って批判することも多い。しかし、彼らもまた、終わりという語の使用に躊躇がない。そうした歴史感覚のなさこそ、どうしようもなく（彼らが言う意味で）アメリカ的ではないのか。そのことが自問される様子のない点についてだけは、国際関係論の終わりという言葉にも真実が含まれていそうである。

＊本章は科学研究費補助金（16K17066）に基づく研究の成果である。

参考文献

Ashworth, L. M.（2014）*A History of International Thought: From the Origins of the Modern State to Academic International Relations*, Routledge.

Booth, K. ed.（2011）*Realism and World Politics*, Routledge.

Booth, K, and Erskine, T. eds.（2016）*International Relations Theory Today, 2nd ed.*, Polity Press.

Gallie, W. B.（1955）"Essentially Contested Concepts," *Proceedings of the Aristotelian Society*, 56, pp. 167-198.

Guilhot, N.（2017）*After the Enlightenment: Political Realism and International Relations in the Mid-Twentieth Century*, Cambridge University Press.

Hacking, I.（1990）*The Taming of Chance*, Cambridge University Press.（石原英樹・重田園江訳『偶然を飼いならす——統計学と第二次科学革命』木鐸社、1999 年）

Long, D. E., and Wilson, P. eds.（1995）*Thinkers of the Twenty Years' Crisis: Inter-war Idealism Reassessed*, Clarendon Press.（宮本盛太郎・関静雄監訳『危機の 20 年と思想家たち——戦間期理想主義の再評価』ミネルヴァ書房、2002 年）

Morgenthau, H. J.（1946）*Scientific Man vs. Power Politics*, University of Chicago Press.（星野昭吉・高木有訳『科学的人間と権力政治』作品社、2018 年）

122

────── (1972) *Science: Servant or Master?* World Publishing.（神谷不二訳『人間にとって科学とは何か』講談社、1975 年）

Waltz, K. N. (1979) *Theory of International Politics*, McGraw-Hill.（河野勝・岡垣知子訳『国際政治の理論』勁草書房、2010 年）

Weldon, T. D. (1953) *The Vocabulary of Politics: An Enquiry into the Use and Abuse of Language in the Making of Political Theories*, Penguin.（永井陽之助訳『政治の論理』紀伊國屋書店、1957 年）

潮田江次ほか（1962）「日本における政治学研究の現況」『年報政治学』第 13 号、111-148 頁。

川崎修（2010）『「政治的なるもの」の行方』岩波書店。

國分功一郎（2017）『中動態の世界──意志と責任の考古学』医学書院。

中村研一（2017）『ことばと暴力──政治的なものとは何か』北海道大学出版会。

宮下豊（2012）『ハンス・J・モーゲンソーの政治思想』大学教育出版。

森川輝一（2017）「引かれ者の小唄──「大陸系」政治哲学が語ろうとすること、「分析系」政治哲学が語らないこと」『Nὺξ』第 4 号、262-275 頁。

第Ⅲ部
外部の視点から見た「「国際政治」の終わり？」論

第6章

国際関係理論は終わったのか
—— グローバル国際関係学にみる自己省察の行方

安高啓朗

　「国際関係理論の終わり？」と題された特集が *European Journal of International Relations* 誌で組まれてから、学問分野としての国際関係学[1]をめぐる考察が改めて活発になっている。同特集の編者たちによれば、近年国際関係学を主導してきた理論の行き詰まりが見られるという（Dunne, Hansen and Wight 2013）。もともと国際関係を初学者に教える際に、理想主義と現実主義（リアリズム）からなる第一の論争、伝統主義と行動主義が対立した第二の論争、リアリズム、リベラリズムとマルクス主義が並立した第三の論争、さらに実証主義とポスト実証主義からなる第四の論争のいわゆる大論争を通じて学知の発展を概観するというように、国際関係とは何か、国際関係をどう理解すべきか、ということを考える上で、理論はつねにわれわれの道筋を照らす役割を果たしてきた。しかしながら、こうした学問の発展を推進してきた理論の開発や論争が影を潜め（「パラダイム戦争」の終結）、代わりに多様な理論を許容する多元主義（あるいは分析的折衷主義）の容認とその検証が主流になりつつあるという（cf. Sil and Katzenstein 2010）。

　もっとも、理論をめぐる喧騒が一段落しているという見立ての直接的な要因は、理論的パラダイムが少なくなっているからではない。むしろその逆で、第四の論争を経て、百花繚乱の様相を呈しているといえるだろう。国際関係学の伝統的な核である戦争と平和をめぐる国家間関係に目を向けるリアリズムやリベラリズムだけでなく、コンストラクティヴィズムやフェミニズム、批判理論やポスト構造主義、さらにはポストコロニアリズムやグリーンセオリーなど、その理論的な裾野は大きく広がっている（cf. Dunne, Kurki and Smith 2016）。ただ、理論間の違いが存在論や認識論、方法論などのメタ理

第Ⅲ部　外部の視点から見た「「国際政治」の終わり？」論

論を含めた相違であるがゆえに、いわば位相を超えた対立軸が入り込み、結果的に学問分野として分断された状況となっているのである。理論が果たすべき役割についての共通認識が失われたことによって、国際関係学が対象とすべき「国際的なるもの（the international）」とは何かについても意見の不一致が生まれている。「理論の終わり？」という問いかけが学問分野としてのアイデンティティにもつながっていくのは、そうした理由からである。

　このような問題意識の背景には、学問を取り巻く環境の変化も大きい。一つはグローバル化である。グローバリゼーションの進展によって国際と国内の垣根が低下したことは、新しい事象や問題を生み出した。そのことによって、国際関係学が対象とすべき領域も拡大したわけだが、同じように従来は国内の社会領域を主たる対象としてきた他学問分野の国際的なるものへの進出をも招くことになったのである。改めて国際的なるものとは何か、国際関係学とは何かという内省の契機がこれである。もう一つの変化は、中国の台頭に伴う西から東への世界政治の重心の移動、さらにはアメリカが主導してきた戦後リベラル秩序の終わり、というパワーシフトである。もともと国際関係学はヨーロッパで生まれ、世界大に拡大した近代国家体系を前提に、戦後秩序の体験をいわば所与として発展してきた。このような学知に深く刻まれた歴史観（近代国家の登場をウェストファリアの講和におくという意味でウェストファリア史観とも呼ばれる）が揺らいでいることも、学問の危機が叫ばれる理由の一つであろう（山下・安高・芝崎 2016）。こうした学問を取り巻く環境の変化が自己像の揺れにつながり、ひいては自己省察的研究の興隆を促しているのである。

　この問いかけに答えるには、理論とは何かを考える必要がある。その手がかりとなるのは、ジェイムズ・ロズノーのいう抽象化（abstraction）としての理論だろう（Rosenau and Durfee 2000）。ロズノーによれば、複雑な世界の全体像を把握するためには異なるレベルのディテールを区別して考える必要がある。抽象化の梯子の最初の段からは果てしないディテールが広がって見える。しかしながら、これではあまりに複雑すぎて何らかのまとまりを見出すことは困難である。そこで、われわれはこの梯子を登っていく必要に

迫られる。途中にはジャーナリストが得意とする領域がある。特定の事象について、たとえばある外交政策の決定過程において、誰がどのような役割を果たしたのかを詳述するといったディテールのレベルである。だが、こうした固有の文脈に依存したディテールでは木は見えても森は見えてこない。地理的・歴史的な文脈を超えて国や地域を比較し、国際関係全体の特徴を掴むためには、さらに梯子を登る必要がある。国際的なるもの、すなわち森を見るには高いレベルの抽象化を可能とする理論の存在が不可欠なのである。この考え方に立つと、国際関係学において引き続き理論が重要なこと、さらにはそれが提供する世界の見方がいまなお有用であることが分かるだろう。なぜなら、われわれが住んでいる世界はグローバル化によってますます複雑さを増しており、そうした入り組んだ世界の動態を理解するには、重要な事柄を単純化し大掴みに捉える装置、すなわち国際関係の理論が必要だからである。これが、「理論の終わり？」という問いに対する端的な答えになるだろうか。

　もっとも、これだけでは日本からの応答という本書の問題提起には届かないかもしれない。そこで、本章では自己省察の積み重ねの一つの成果であり、冒頭の問いかけに対する回答でもあるグローバル国際関係学（Global IR）を俎上にのせ、グローバル国際関係学の批判の対象、何を乗り越えようとしているのか、どの程度成功しているのか、課題は何かを検証することを通じて、自己省察の行方について考えてみたい。

1．自己省察的研究小史

　国際関係学は他の学問分野と比較して自己省察に関する研究が多い。最近のものだけでも、大論争を中心とした学問史の再検討に関するもの（Schmidt 2012）や、政治学との関係を問い直すもの（Rosenberg 2016）など、枚挙にいとまがない。

　また、そもそも何を「国際的なるもの」と認識して対象範囲とするかをめぐっても見解の相違があり、これが学問自体の名称の混乱にもつながってい

る。たとえば、国際関係を扱う分野の名称だけでも主に国家間の政治関係を主眼に置く International Politics（国際政治学）、より幅広く国際関係の多面的な側面を対象とする International Relations（国際関係論／国際関係学）、さらに幅広く他分野やメタ理論のレベルの多様性を含める International Studies（国際関係学／国際学）などがある（山影 1996）。近年はこれに加えて、国家を超えたあり方を強調する Global Studies（グローバル・スタディーズ）や Global Relations（グローバル関係）といった名称も登場しており、細分化に拍車がかかっているといえよう（芝崎 2015）。本章では大きく、国際関係学の方法と対象をめぐる自己省察的な研究に焦点を絞り、そのトレンドを概観する。

自己省察とは何か

ここでは、ひとまず自己省察を「自分自身の学問的な立ち位置や視座を省みて自覚する取り組み」と定義づけておこう。1988 年にロバート・コヘインが International Studies Association（ISA）の会長講演で、国際関係学における理論を合理主義（rationalism）と省察主義（reflexivism）に区別して以降、この対立軸は実証主義とポスト実証主義の論争とほぼ同義に使われてきた（Keohane 1988）。イアンナ・ハマティ＝アタヤは、国際関係学における省察的転回（reflexive turn）を「知識の歴史性、国際関係学の理論的前提が本来的にもつ規範性ないしイデオロギー性、理論化の様式や学問的エートスに対する国際関係学の自覚を表すものであった」と整理した上で、それが不完全なままであることを鋭く指摘する（Hamati-Ataya 2013, p. 671）。なぜなら、メタ理論的な批判に終始したままで、経験的研究を導くような方法論的オルタナティヴとしてはいまだ発達途上にあるからである。実証主義に対するオルタナティヴとしての省察主義については本書第 2 章をご覧いただくとして、ここでは国際関係学の方法と対象を振り返る研究を取り上げたい。

この自覚としての自己省察について、本章では批判的国際関係学の立場から、自己省察的研究の展開と、その今日における到達点の一つであるグローバル国際関係学の現状と課題を検証する。批判的アプローチを参照点とする

のは、伝統的な理論では何を対象とするか、どのように理解するか、ならびにどのような手法を用いるのが好ましいかについて一定の共通理解が存在しているため、そもそも自己省察の契機に乏しいからである。国際関係は国家によるあくなき権力闘争であると信じるのであれば、国家間の競争と対立を客観的に（実証主義的に）分析する（ネオ）リアリズムが唯一「正しい」理論的視座ということになるし、メタ理論などといった本筋とは関係ない事柄に拘泥する必要はないと考えるであろう。事実、リアリストの多くは理論の多様性（拡散）を否定的に捉えている（Schmidt 2008）。本筋（国家と権力政治）を忘れるなというわけである。しかしながら、リアリズムが発展した冷戦期と比べて今日の世界が大きく変わってきていることもまた確かである。それゆえ何を（存在論）、どのように（認識論・方法論）分析すべきかを自問自答することは、有益な取り組みといえる。

方法をめぐる自己省察

　方法をめぐる自己省察は、第一に「アメリカの社会科学」としての国際関係学（あるいは政治学の下位分野として考えられているため国際関係「論」）批判として登場した。その嚆矢となったのはスタンレー・ホフマンの問題提起である（Hoffmann 1977）。ホフマンは歴史や政治哲学と分離した「社会科学」としての国際関係論がアメリカで初めて成立した理由として、科学による問題解決に注力する知的風土、科学的手法の洗練、海外から移住してきた学者の存在などの知的要因、アメリカの台頭に伴う研究者の関心と世界政治に関心をもつ政界との相互補完的関係からなる政治状況、そして学界と政界の密接なつながり、財団の役割、大学自体の柔軟性といった制度的機会を指摘する[2]。国際関係学は冷戦期のアメリカで大きく発展した結果、「アメリカの社会科学」がそのあり方にも深く刻印されているのである。この状況はいまもさほど変わっていない。たとえば、オーレ・ヴェーヴァは国際関係学を一つの社会構造として見た場合、「アメリカの社会科学」としてのグローバルなシステムと、独立の度合いが異なる各国／地域のシステムからなる階層的な構造であると述べている（Wæver 2016）。学問分野の発展を主導する

理論や学術ジャーナルが「アメリカの社会科学」（ならびに記述する言語としての英語）によって支えられ、その研究者の多くがアメリカの高等教育機関に在籍するか、トレーニングを受けている現状が続く限り、アメリカの主導的な立ち位置が近い将来揺らぐことはなさそうである[3]。

　しかしながら、問題はアメリカ流国際関係論の支配的地位それ自体よりも、実証主義や合理的選択理論にもとづく研究方法のみが正しい科学的な国際関係研究のあり方だと喧伝された点であろう。こうした方法をめぐる対立はイギリス流国際関係学との対比において、とくに顕著となった。歴史や法学、哲学をはじめとする伝統的な研究方法の有用性を説く伝統主義と「アメリカの社会科学」を推し進める行動主義からなる第二の論争は、前者を重んじるイギリスの研究者と後者を重視するアメリカの学者の争いでもあった（同様の対立軸が第四の論争以降についてもあてはまる。たとえば、Wæver 1998 を参照）。スティーブ・スミスは、イギリスにおける学術コミュニティの方が実証主義に対する異論と方法論的・認識論的な開放性が高く、グローバル化した世界ではより妥当性が高い理論の開発ができる環境が整っているものの、アジェンダの設定や理論構築、また研究者コミュニティの規模において引き続きアメリカの社会科学が支配的であると論じている（Smith 2000）。

　もっとも、アメリカの中でも科学をめぐって必ずしも一枚岩ではないことには留意すべきであろう。たとえば、ニコラス・ギルホットの学問史に関する研究は、初期リアリズムが科学的合理主義に極めて懐疑的だったことを示している（Gilhot 2011; Morgenthau 1946）。また、最近では書誌情報を分析するビブリオメトリックスを駆使しながら世界各地で実践されている国際関係学のあり方について展望する研究も増えているが、その中でもピーター・クリステンセンは一般的に「アメリカの国際関係論」とされるものが実際には東海岸のエリート校に属する研究者によるものであり、アメリカの学界の中にも階層性が存在することを明らかにしている（Kristensen 2015）。

　ともあれ、アメリカ流の国際関係論とその他の国際関係学として展開した方法をめぐる自己省察的研究からは、以下の論点が導き出される。第一に、実証主義は科学的な方法の一つであるという点である。方法論に関する研究

第6章　国際関係理論は終わったのか

の蓄積に見られるように、実証主義のみが科学であるという考え方はおおむね否定されている（Jackson 2016）。第二に、（科学的な）進歩は理論的あるいは方法論的な収斂によってもたらされるわけではないということである。「理論の終わり？」という問題意識の背後にはこうした考え方があるのは事実だが、方法（ないし手法）が科学を主導するわけではない（Shapiro, Smith and Masoud 2004）。そして第三に、現在の国際関係学は（それを肯定的に捉えるかどうかは別として）学際的な学問分野に成長しているという点である。国際関係学は隣接分野の「輸入」ばかりで他の学問分野に影響を与えるような「輸出」ができていない（いわゆる輸入／輸出問題）という指摘はあるものの、「国際的なるもの」の新しい断面を切り取る上でさまざまな領域の知見を貪欲に吸収しているのは紛れもない事実である。社会科学としての国際関係学については、そもそも何をもって科学的なのかをめぐっていまも論争が続いている（Neumann 2014; Jackson 2015）。とはいえ、ひとまずここでは方法に関する自己省察が、次にみる対象をめぐる自己省察につながっていくことを確認したい。

対象をめぐる自己省察

　対象をめぐる自己省察というと真っ先に思いつくのは「国際的なるもの」を考える上で中心的な主体である近代国家に関する考察である。国家に関する原理的批判はポスト構造主義によってもたらされた。たとえば、R. B. J. ウォーカーは国家が時間と空間を超えて同じ本質をもつ「ユニット」などではなく、政治的共同体を編成する特定の仕方にすぎないと喝破する（Walker 1993）。ウォーカーによれば、国家主権は世界を秩序が成立する「国家の内側＝国内」とアナーキーが支配する「国家の外側＝国際」に区別する客観的な指標などではなく、むしろこうした二元的な世界を維持する役割を担っているのである[4]。

　国家を所与のものとして考えない、こうした問題意識はポストコロニアリズムなどに引き継がれ、国際関係学に刻印されているヨーロッパ中心主義の批判に結実する。そのもっとも体系だった批判の一つはジョン・ホブソンの

133

第Ⅲ部　外部の視点から見た「「国際政治」の終わり？」論

研究だろう（Hobson 2012）。ホブソンは国際関係学におけるヨーロッパ中心主義の現れ方として、帝国主義を意図的に省いて第一次大戦から紡がれる学問の成り立ちに関する語り、そうした語りを価値中立的であるとして補強する実証主義、「大論争」といいつつもおおむねヨーロッパ中心主義的なテーマ設定、「文明の基準」を不可視化するアナーキーという前提、グローバリゼーション論争の歴史性、そして理論の没歴史性の六点をあげた上で、国際関係学（さらには国際関係に関わる思索全般）が西洋文明を世界政治における理想的な主体／対象として称揚、擁護してしまっていると述べる。このような批判は、ヨーロッパ中心主義が単に学問上の「バイアス」に留まらず、それがつねに実際の国際関係にもフィードバックしているというポスト実証主義の問題意識と重なりあっている。ヘドリー・ブルとアダム・ワトソンの古典的研究『国際社会の拡大』に対する同種の批判の背景には、こうした対象をめぐる自己省察の高まりがある（Bull and Watson 1984）。

　西洋以外の歴史や思想、文脈や経験を取り込む動きは非西洋型国際関係学というかたちで表面化する。その流れを加速させたのが、2007 年に *International Relations of the Asia-Pacific* 誌に掲載された特集「なぜ非西洋型国際関係理論は存在しないのか？」であろう。編者のアミタフ・アチャリアとバリー・ブザンはその理由として、国際関係の理論開発を阻むローカルな制度的要因、西洋型国際関係理論の先行者利益、およびその支配的地位をあげた上で、「われわれはアジア型〔あるいは非西洋型〕アプローチが台頭しつつあるという大きな期待をもつべきではない」と結論づける（Acharya and Buzan 2007, p. 432）。このやや悲観的な見通しはさておき、同特集に触発されるかたちで、世界各地で実際に「行われている」国際関係学の研究と教育のあり方を展望しようという動きが活発化している。教育研究国際政策（TRIP）各国研究者調査の拡大や、各国で国際関係学がどのように発展し行われているかを調査した研究（Tickner and Wæver 2009）など、学知がどのように生み出され、また教えられているかに関する調査・研究は、国際関係学の社会学という一つの研究領域として認められつつある。

　「非西洋」という問題意識は、また国レベルにおける国際関係学を再発見

していく流れにもつながる。西洋の経験に立脚した国際関係学のあり方に対して、オルタナティヴを打ち出しているもっとも明示的な例は、中国の歴史や思想を源泉に国際関係学の再構築を目指すいわゆる「中国学派」であろう（Zhang and Chang 2016; 川島 2014）。英国学派を一つのロールモデルに、*Chinese Journal of International Politics* 誌などをプラットフォームとして自覚的に取り組む中国学派の特徴は、西側の理論に中国の古典を融合したり、天下論や朝貢論など伝統的な思想や歴史を一般化したりすることを通じて、「中国的な特色」をもった普遍理論を生み出そうという点にある（Qin 2007; Yan 2011）。その背景にはパワーシフトに伴う空間的表象と歴史物語の書き換えというメタヒストリー次元の変化を指摘することができるかもしれない（土佐 2016、第3章）。

　しかしながら、こうした一国中心主義的な自己省察には問題もある。第一に、「西洋」と「非西洋」との差異を過度に強調することにより、国際的なるものを生み出してきた西洋と非西洋の歴史的な相互作用を見失ってしまう危険性である。中国学派に典型的なように、二元論にもとづくナショナル・スクールの形成は知的な覇権闘争に陥りかねず、本来の目的である国際関係学の「民主化」は遠のいてしまう（Chen 2011）。第二に、「土着の（indigenous）」理論が強調されるあまり相対主義の罠に陥ってしまう可能性である。ここでは、ヨーロッパ中心主義の問題を指摘しながら、複数の近代という比較社会学の構築にあたって西洋が参照されてしまう「複数の近代」論が陥った隘路との共通点を指摘できるだろう（Bhambra 2007）。そして第三の問題点は、ウェストファリア史観をヨーロッパ中心主義的であると批判しつつも、西洋との邂逅以前の「文明史」を再発見することに力点をおいたことである（Acharya and Buzan 2010, p. 228）。これでは、既存の理論に内在する国家中心的なものの見方と、国家を優先する実践との相互関係を批判的に考察する視点が出てこない。「西洋」と「非西洋」との対話が模索されるようになった所以である（Hutchings 2011）。

　非西洋型国際関係学がこれまで見過ごされてきた非西洋の経験を体系化することを中心に据えているのに対し、西洋による支配の影響を批判的に分析

第Ⅲ部　外部の視点から見た「「国際政治」の終わり？」論

するのがポスト西洋型国際関係学である。このアプローチは西洋の経験にも
とづく近代国家を軸とした世界観自体を批判的に捉え、西洋型国際関係学を
明示的に乗り越えようとする（Shani 2008; Shimizu 2015）。国際関係学を
「脱植民地化する（decolonize）」、「脱中心化する（decentre）」または「地
方化する（provincilalise）」といった研究もこのカテゴリーに含めることが
できるだろう（Jones 2006; Nayak and Selbin 2010; Vasilaki 2012）。こうした
「ポスト西洋」という問題関心には、国際関係の理論が歴史的に形作られて
きたヨーロッパ中心主義を反映しているだけでなく、現在もその再生産に
（意図的にではないにせよ）加担し続けているのではないかという疑念があ
る。

2．グローバル国際関係学の現在地

　ここまで、国際関係学における自己省察の歴史を方法と対象の両面から概
観した。こうしてメタ理論にまで踏み込んで何を、どのように研究すべきか
に関する「そもそも論」を繰り広げた結果たどり着いたのが冒頭の問いかけ、
すなわち「国際関係理論の終わり？」という問題意識である。もしも、実証
主義にもとづく経験的研究（と、そうした知見に立脚した問題解決＝政策提
言）、あるいは主権国家間の競争と協調が共通の土台とならないのであれば、
何が学術コミュニティとしての国際関係学をつなぎとめるのであろうか。こ
の、いわば根源的な疑問に対する一つの答えがグローバル国際関係学である。

グローバル国際関係学という提案

　グローバル国際関係学は新たな理論的パラダイムというよりは、包摂と多
様性を目指して学問体系の刷新を試みる運動である。その特徴を唱導者であ
るアチャリアの仕事から展望してみよう。グローバル国際関係学が最初に提
起されたのは非西洋圏から初の ISA 会長となったアチャリアの会長講演に
おいてである（Acharya 2014）。

　アチャリアによれば、グローバル国際関係学には六つの特徴がある。第一

136

に、異なる見方や多様性を認め、共通点を探る多元的普遍主義の精神である。これは、すべてに等しく適用される一元論的普遍主義と対置される。第二に、世界史に根ざした国際関係の探究である。ロズノーのメタファーに戻ると、これまでは西洋の歴史から一般化したものを普遍的に適用可能として考えてきたが、これを改めて世界の歴史に根ざして単純化するということになるだろうか。第三に、既存の学知を置き換えるのではなく組み込むという姿勢である。もっとも、主流派の理論をそのままのかたちで残すというわけではなく、その前提や範囲の再考を促す。第四に、地域研究との連携強化である。後述するように日本においては目新しいものではないが、とくに理論の次元で地域と国際の関係性を問い直すということである。第五に、文化的例外主義を避ける点である。アチャリアはこれを自身が所属している集団（社会、国家または文明）の特徴を均質で、類がなく、他者より優れていると考える傾向と定義づける。前述のナショナル・スクールの形成に向けた動きはともすればこうした色彩を帯びてしまうだろう。第六に、エージェンシー（行為主体性）概念の拡張である。コンストラクティヴィズムを援用するかたちで、アチャリアは物理的要因のみならず観念的要因を重視し、それが西洋／非西洋主体をどのように方向づけ、また逆にそうした主体によってどのように活用されるのかという相互作用に着目する。このような特徴をもつグローバル国際関係学は、これまでの方法と対象をめぐる自己省察を踏まえた上で、主流派の理論と批判的な理論の双方を結びつける一つの包括的な枠組みを提供している点が重要であろう。

　以上の特徴から導き出される研究課題にはどのようなものがあるだろうか。ここでは、アチャリア論文とグローバル国際関係学が一つの軸となった、2015 年 ISA 大会の報告から編成された特集を参考に、いくつかの方向性を抽出してみよう。第一に、世界史に根ざした新しいパターン、理論や手法の発見である。これには、国際システムの比較史（Phillips 2016）や、中国の思想を一般化した関係性理論（Qin 2016）などが入るだろう[5]。第二に、西洋の支配が世界秩序に与えた影響とその後の変化に関する研究である。前述のブルとワトソンの古典的研究をアップデートした国際社会のグローバリゼ

ーションをめぐる研究（Dunne and Reus-Smit 2017）があてはまる。第三に、地域や地域研究の統合である。国際関係論と地域研究という切り分けは極めてアメリカ的であり、国際関係の側から地域研究にアプローチするものと、地域研究の側から国際関係にアプローチする二通りが示される。第四に、理念や規範がグローバルおよびローカルな領域で循環する研究や、文明の邂逅に関する研究である。これ以外にも、どのようにグローバル国際関係学を研究していくのかについて先鞭をつけた研究などもある（Bilgin 2016a）。このように、グローバル国際関係学はまだ始まったばかりであり、今後の発展が期待される。

非西洋型／ポスト西洋型との違い

　ここで、グローバル国際関係学の構想と非西洋型国際関係学、ならびにポスト西洋型国際関係学との違いについても整理しておこう。まず、グローバル国際関係学はこれまで見過ごされてきた非西洋の声や考え方を明示的に組み込むことを掲げていることから、非西洋型国際関係学との共通点が多い。非西洋型国際関係学を主導したアチャリアとブザン自身が、グローバル国際関係学をその論理的発展形として捉えている（Acharya and Buzan 2017）。「非西洋」を「グローバル」と読み替えたのには、「西洋」と「非西洋」を対置したことで二項対立的に理解されてしまったのを回避する狙いがある。アチャリアによれば、便宜上「非西洋」という言葉を使っただけであって、特定の「イデオロギー」を反映したものではないのである（Acharya 2011, p. 621）。「グローバル」とすることで、これまでの国際関係学の蓄積を否定することなく、新しい知見を加えるとともに、非西洋の経験を触媒にしていま ある理論を再構築していこうというわけだ。

　逆に、ポスト西洋型国際関係学は明示的に否定されている。それは「ポスト西洋」が、客観的事実ないしは規範的目標として西洋による支配の終焉を前提としているためで、国際関係の理論をより包摂性の高いものにしていくという目的にそぐわないと説明される（Acharya 2011, fn. 10）。西洋と非西洋の双方向の対話を促進するためには、学知の置き換えを意図するラディカル

な志向性をもつポスト西洋型国際関係学では問題が多いようだ。

「理論の終わり？」とグローバル国際関係学

　それでは、グローバル国際関係学は冒頭の問いかけに対してどのような回答になっているのかを改めて考えてみよう。まず、「国際的なるもの」についてはどうだろうか。そもそも学問の危機が叫ばれるようになった背景には、メタ理論の次元で共通認識が失われたことによって、国際関係学が対象とすべき国際的なものにもズレが生じていることがあった。そこにいくと、グローバル国際関係学における存在論の考え方は非国家主体、非西洋主体、ハイブリッド主体など多様な主体を認め、さらには物理的、観念的要素の双方にエージェンシーを付与するという意味で、もっとも幅広く範囲を拡張している。同様に、認識論についても実証主義とポスト実証主義の両者に一定の役割を認めているという意味で包括的な回答となっている。これは学問分野の「分断化」を生じさせていた認識論について対話を促す効果がある反面、後述するように知／権力という観点からは一定の留保がある。また、特定の研究手法を排除しないということでは方法論についても同じことがいえる。つまり、グローバル国際関係学はもっとも幅広く国際的なものを捉えているのである。

　では、分断された現状に対する対応としての理論的多元性の承認についてはどうか。主流派理論に埋め込まれているヨーロッパ中心主義の限界を直視し、非西洋の経験にもとづくオルタナティヴな理論の開発を奨励する多元的普遍主義という立場を鮮明にしていることからも明らかなように、グローバル国際関係学は理論の多様性を学問分野の発展に欠かせないという見方を採用する。とはいえ、後述するようにそうした多元主義が既存の学知に非西洋的なものを付け加えるだけに留まるのであれば周縁化され、学問分野の核には届かないかもしれない。

　このように、既存の学問体系（とその制度）を維持しつつ、そのヨーロッパ中心主義的な限界を意識して非西洋の経験に根ざした知見を加えていくという提案は、多くの賛同を得られるであろう。何といっても、いままで積み

第Ⅲ部 外部の視点から見た「「国際政治」の終わり？」論

重ねてきたことを学び捨てて、一から作り直すのには大きなリスクが伴うからである。主流派と批判的双方のアプローチに学問の対象としての国際的なるものとは何かを考えるきっかけを与え、対話のチャンネルを生み出したという意味において、グローバル国際関係学は一定の成功を収めたといえるかもしれない。他方で、理論的前提や方法の統一に学問体系の一体性を見出す立場や、逆に西洋型国際関係学や実証主義の覇権的立ち位置がわれわれの国際関係についての理解を狭めているという立場からは、ともに不満が残る内容でもある。世界全体を対象にするいわば「全部のせ」という回答は、政治的には正しいかもしれないが、学問分野の未来を拓くかどうかはまだ見えてこない。

3．グローバル国際関係学にみる自己省察の行方

グローバル国際関係学は世界各地で実際に行われている国際関係研究を刺激したという点において、一定の成功を収めたといえるだろう。しかしながら、グローバル国際関係学はその本来の目標に照らして、批判的な自己省察たりえているのであろうか[6]。最後に、グローバル国際関係学の課題を批判的国際関係学の立場から検証することを通じて、国際関係学における自己省察の行方と、「理論の終わり」の先にあるものについて若干の考察を加えたい。

国際的なるもの再考

本章では自己省察に関する取り組みを方法と対象の二つに大別して概説したが、批判的国際関係学の観点からはコインの両面であるともいえる。なぜなら、国際関係学という学問装置もまた国際関係という現象の一部なのであり、現実によって構築され、また現実を構築する意味で共犯関係にあるためである（山下・安高・芝崎 2016、233 頁）。近代主権国家を中心的な主体として措定し、それを「科学的に（実証主義的に）」分析する立場はしたがってそうした現実を承認し、強化する。逆に、これまで沈黙させられ、不可視化

されてきた非西洋の体験を取り上げるのは、現実とされるものの異なる側面に光をあて、そうした生のあり方の承認を求める運動となる。それゆえ、ロバート・コックスの――いまある秩序を追認する「問題解決型」とその変革を求める「批判型」理論という――区別を持ち出すまでもなく、自己省察とは現状をどう考えるかについての問い返しであり、それ自体が政治的な企てなのである（Cox 1981）。その意味で、グローバル国際関係学が西洋による物理的・言説的抑圧からの解放を目指すのであれば、ポスト西洋型国際関係学を明示的に否定することは自己否定にもつながりかねない。なぜなら、そうした現実の一部として学知を省みない限り、現状の再生産に加担してしまうことになるためである。

　抽象化としての理論ということは何かを選びとることであり、逆に何かを選ばないことでもある。理論とは政治的かつ倫理的な営みなのである。その意味で国際関係の研究・教育にはつねに責任がつきまとう（Erskine and Booth 2016）。「他者」としての非西洋を考えていくにあたって参考になるのは、テッサ・モーリス＝スズキの「特定のイデオロギーに対抗する、説得的オルタナティヴを想像し、かつ伝達するという能力」としての批判的想像力であろう（モーリス＝スズキ 2013、46 頁）。そのモーリス＝スズキは、日本における戦争責任やオーストラリアの先住民族問題に関して「連累（implication）」という概念を提起している。それは、自分自身は直接的に加担していなくとも、現在も生き続ける過去の不正義によって利益を得た社会に住むわれわれは、その過去と関係があるということである（モーリス＝スズキ 2013、65 頁）。ポストコロニアリズムが示唆するように、植民地主義の遺産がいまなお現在の不正義を形作っているとすれば、われわれにはそれを是正する道義的責任があるのである[7]。

　このような観点から国際的なるものを考え直すとどうなるか。それは、われわれが住む「世界」は単一ではないことを認めることから始まる。たとえば、「国際」と「グローバル」の間にあるものを考えてみる。すると、国家からなる「世界」（国際）がいまだ支配的ではあるものの、そこからはみ出る多様な「世界」（グローバル）が浮かび上がってくることに気がつくだろ

第Ⅲ部　外部の視点から見た「「国際政治」の終わり？」論

う。そうした複数の世界が存在していることを前提に、異なる世界同士の関係性とそこで駆動する権力関係を明らかにしていくこと、国際的なるものを閉じていく動きに抗して世界を作り出していく（worlding）動きの中に身を置いていることを自覚することが必要なのである（Tickner and Blaney 2013, p. x; Bilgin 2016b）[8]。

多元主義について

　理論を政治的かつ倫理的な営みとして考えるということは、すなわち承認を求める多様な生のあり方をめぐる運動に加担するということでもある。そうすると、多元主義を肯定的に捉えるか否定的に捉えるかという現在の論争は、いささかピントがずれた争いであるといえる。この問題を解きほぐすにはウィリアム・コノリーの多元主義の議論が役に立つ（Connolly 2005）。コノリーは、共通性の中にすべての差異を溶解してしまう権威的な議論は現代世界にはそぐわないという。コノリーはそれに生成の政治（多元化の政治）を対置する。生成の政治とは、すでに確立された多様性の政治によって正統化された多様性の登記簿上に、これまで排除されていた差異にもとづく新たなアイデンティティ、権利、善、あるいは信仰を記そうとする集団間の政治的相互作用を表している。多元主義的な社会にとって、このすでに確立された多様性の政治と、従来は見えていなかったものが正統性を求めて浮上するプロセスとの間の緊張関係は重要である。こうした生成の政治を支える市民的徳として、コノリーはアゴーン的な敬意（異なる究極的信仰を抱く集団が、お互い自らにとってなじみのない源泉から敬意を引き出すこと）と批判的な応答性（自らの判断基準を再構成すること）を掲げる（Connolly 2005, pp. 121-127 邦訳201-211頁）。コノリーの多元主義の考え方を国際関係学にあてはめてみると、どのように見えるだろうか。実際の国際関係ならびに国際関係学では、一定の多様性の政治は存在する（たとえば、ジェンダーにまつわる政治とフェミニズムの発展）。これに対し、（実践的かつ学問的に）ポストコロニアリズムやグリーンセオリーが正統性を求めて浮上しつつある。とはいえ、国際関係を学ぶ者にコノリーのいうようなアゴーン的な敬意や批判的

応答性は、自己省察の歴史を見る限り、あまり見えてこない。いま求められるのは、粘り強く共通の土台を引き出していくような、コノリーのいう多元主義を涵養するしなやかな知性なのではないだろうか。

　グローバル国際関係学は多元的普遍主義を掲げており、その意味では一歩前進している。しかしながら、深い多元主義に向けた具体的なエートスの涵養に進まなければ、西洋と非西洋との融合はかけ声倒れに終わってしまうであろう（芝崎 2015、142 頁）。理論が多様化しているということは、これまで国家安全保障の名の下に切り捨てられてきた「瑣末なこと」や、客観性というかけ声のために不可視化されてきた不正義を能動的に選びとってきた結果なのである。国際関係学にとって何が大事かは世界の変化に合わせて変わっていくのであり、実際の世界における価値をめぐる言説を横目で見ながら問いを鍛え続け、それに答えるための手法を磨き続けるしかない。こうしたエートスを体現するような、実証主義とポスト実証主義を架橋する試みもあるが（Barkin and Sjoberg 2017）、そうした試みが広がっていくかどうかが、グローバル国際関係学ならびに自己省察全般の行方を占う上で重要となっていくだろう。

日本というポジショナリティ

　最後に、西洋と非西洋の間で漂い続ける日本という立ち位置と、日本における国際関係学の自己省察について簡単に触れておきたい。中国学派ほど政治的・戦略的ではないにせよ、日本においても自己省察の機運は高まっている（初瀬ほか 2017）。もともと日本における国際関係学は歴史や地域研究との親和性が高く、とくに理論面で「アメリカの社会科学」としての国際関係論の影響を強く受けつつも、独自の発展を遂げてきた（石田 2010）。その特徴は歴史研究、地域研究の相対的優位と独自の理論開発が進まなかったという点に求められる（大矢根 2016）。この背景には学会の制度的構成と「棲み分け」を指摘することもできるだろう（田中 2009）。潜在的な論争はあれど、歴史、地域と理論の間には限定的な対話しか生じず、理論も国家中心的なものが多勢を占めたために、たとえば批判的国際関係学には目が向かなかった

第Ⅲ部　外部の視点から見た「「国際政治」の終わり？」論

のである。他方で、こうした日本における国際関係学のあり方はグローバル
国際関係学との親和性が高いように思われる[9]。歴史や地域に根ざした知見
を武器に、多元主義のエートスをもって「アメリカの社会科学」に働きかけ
ることができれば有益な関係となるであろう（葛谷・小川・西村 2017）。

　国際関係学の理論的多元主義については懐疑的な見方もあるが、本章で論
じたように理論は政治的かつ倫理的な営みなのであり、視座が多様化してい
るのは基本的に歓迎すべきだけでなく、必要でもある。そこで求められるの
は、党派主義に堕ちることなく自己と（複数の）世界にともに向き合ってい
く深い多元主義のエートスとしなやかな知性である。ジョン・ドライゼック
が説くように、方法論的多元主義は（理論的多元主義と相まって）、歴史的
に立ち現れてくるさまざまな新しい問題を理解する際に依拠できる研究の伝
統を増やす「水平的進歩」に寄与するのである（Dryzek 1986）[10]。国家の再
浮上、再領土化の流れの中で批判的自己省察はますます重要になっている。
理論の再帰性に留意しながら、たとえば俗説的な「地政学的常識」といった
言説に対し、オルタナティヴを提示していくことが国際関係学には求められ
ているのである。

注
（1）　本章では国際政治を主たる対象とする「国際政治学」よりも幅広い概念として「国際関係
　　　学」を採用する。
（2）　ホフマン自身はこうした傾向に対し、「アメリカで生まれ育ったため、国際関係論という学
　　　問は、いわば火に近づきすぎている」として警鐘を鳴らしている（Hoffmann 1977, p.59 邦訳
　　　123頁）。
（3）　学術的なコミュニケーションがもっぱら英語で行われることも、国際関係学においてアメリ
　　　カ（英語圏）がいまなお主導的な立場にあり続けている要因の一つではあろう。英語以外のア
　　　ブストラクトを載せるようになった *Millennium* 誌の取り組みは興味深いが、こうした構造が
　　　転換することは当面なさそうである（Bertrand, Goettlich and Murray 2018）。
（4）　こうした二元的な世界は批判的境界研究などが指摘するように、国境線というかたちで繰り
　　　返し（再）生産されることで安定しているにすぎないのである（Vaughn-Williams 2009）。
（5）　もっとも、こうした取り組みに対し、特定の文脈を超えて一般化しうる可能性をもった、国
　　　家や地域の文脈に根ざした概念や理論の構築という注釈はある（Acharya 2016, p.6）。
（6）　ここでは自己省察を評価する基準として、土佐弘之が批判的の意味として論じる「客観的知
　　　識というものに疑問を投げかけるポスト実証主義的な認識論的立場そして抑圧関係を孕む支配

的構造・認識枠組みを問い糾す反覇権主義的な存在論的立場」について見ていきたい（土佐 2016、139 頁）。
（7）　こうした批判的想像力は何も過去の歴史のみを対象としているのではない。他者の範囲を拡張すると、ポスト・ヒューマンや惑星政治（planet politics）という問題系につながっていくのである（Cudworth and Hobden 2011; 前田 2018）。
（8）　こうした複数の世界を一元的な宇宙（universe）に回収しようとするグローバル国際関係学に対して、その存在論的暴力を批判し、多元的宇宙（pluriverse）を提唱する動きもある（Blaney and Tickner 2017）。
（9）　地域に軸足をおいたグローバル国際関係学の取り組みも進められている。たとえば、千葉大学のグローバル関係学の取り組みを参照（http://www.shd.chiba-u.jp/glblcrss/index.html 最終アクセス：2018 年 5 月 2 日）。
（10）　社会科学の「水平的進歩」とは、科学的検証によって合理的にパラダイムが乗り越えられていくような自然科学における「垂直的進歩」とは対照的に、歴史的な偶発性によって浮かび上がってくるリサーチ・クエスチョンに答えられるように研究の伝統を増やしていくことを意味する。

参考文献

Acharya, A.（2011）"Dialogue and Discovery: In Search of International Relations Theories Beyond the West," *Millennium* 39, pp. 619-637.
――――（2014）"Global International Relations（IR）and Regional Worlds," *International Studies Quarterly* 58, pp. 647-659.
――――（2016）"Advancing Global IR: Challenges, Contentions, and Contributions," *International Studies Review* 18, pp. 4-15.
Acharya, A., & Buzan, B.（2007）"Conclusion: On the possibility of a non-Western IR theory in Asia," *International Relations of the Asia-Pacific* 7, pp. 427-438.
――――（2017）"Why is There No Non-Western International Relations Theory? Ten Years On," *International Relations of the Asia-Pacific* 17, pp. 341-370.
Acharya, A., & Buzan, B. eds.（2010）*Non-Western International Relations Theory: Perspectives on and Beyond Asia*, Routledge.
Barkin, J. S., & Sjoberg, L. eds.（2017）*Interpretive Quantification: Methodological Explorations for Critical and Constructivist IR*, University of Michigan Press.
Bertrand, S., Goettlich, K., & Murray, C.（2018）"Translating International Relations: On the Practical Difficulties of Diversifying the Discipline," *Millennium* 46, pp. 93-95.
Bhambra, G. K.（2007）*Rethinking Modernity: Postcolonialism and the Sociological Imagination*, Palgrave Macmillan.（金友子訳『社会学的想像力の再検討――連なりあう歴史記述のために』岩波書店、2013 年）
Bilgin, P.（2016a）"'Contrapuntal Reading' as a Method, an Ethos, and a Metaphor for Global IR," *International Studies Review* 18, pp. 134-146.
――――（2016b）"Do IR Scholars Engage with the Same World?" In K. Booth & T. Erskine（Eds.）, *International Relations Theory Today*, Polity, pp. 97-108.
Blaney, D. L., & Tickner, A. B.（2017）"Worlding, Ontological Politics and the Possibility of a Decolonial IR," *Millennium* 45, pp. 293-311.
Bull, H., & Watson, A. eds.（1984）*The Expansion of International Society*, Oxford University Press.

第Ⅲ部　外部の視点から見た「「国際政治」の終わり？」論

Chen, C.-C. (2011) "The Absence of Non-Western IR Theory in Asia Reconsidered," *International Relations of the Asia-Pacific* 11, pp. 1-23.

Connolly, W. E. (2005) *Pluralism*, Duke University Press.（杉田敦・鵜飼健史・乙部延剛・五野井郁夫訳『プルーラリズム』岩波書店、2008 年）

Cox, R. W. (1981) "Social Forces, States and World Orders: Beyond International Relations Theory," *Millennium* 10, pp. 126-155.

Cudworth, E., & Hobden, S. (2011) *Posthuman International Relations: Complexity, Ecologism and Global Politics*, Zed Books.

Dryzek, J. S. (1986) "The Progress of Political Science," *The Journal of Politics* 48, pp. 301-320.

Dunne, T., Hansen, L., & Wight, C. (2013) "The End of International Relations Theory?" *European Journal of International Relations* 19, pp. 405-425.

Dunne, T., Kurki, M., & Smith, S. eds. (2016) *International Relations Theories: Discipline and Diversity* (4th ed.), Oxford University Press.

Dunne, T., & Reus-Smit, C. eds. (2017) *The Globalization of International Society*, Oxford University Press.

Erskine, T., & Booth, K. (2016) "Responsibility, Risk and IR Theory," In K. Booth & T. Erskine (Eds.), *International Relations Theory Today*, Polity, pp. 279-295.

Guilhot, N. ed. (2011) *The Invention of International Relations Theory: Realism, the Rockfeller Foundation, and the 1954 Conference on Theory*, Columbia University Press.

Hamati-Ataya, I. (2013) "Reflectivity, Reflexivity, Reflexivism: IR's 'Reflexive Turn' — and Beyond," *European Journal of International Relations* 19, pp. 669-694.

Hobson, J. M. (2012) *The Eurocentric Conceptions of World Politics: Western International Theory, 1760-2010*, Cambridge University Press.

Hoffmann, S. (1977) "An American Social Science: International Relations," *Daedalus* 106, pp. 41-60.（「アメリカン・ソーシャル・サイエンス——国際関係論」中本義彦編訳『スタンレー・ホフマン国際政治論集』勁草書房、2011 年）

Hutchings, K. (2011) "Dialogue Between Whom?: The Role of the West/Non-West Distinction in Promoting Dialogue in IR," *Millennium* 39, pp. 639-647.

Jackson, P. T. (2015) "Must International Studies Be a Science?" *Millennium* 43, pp. 942-965.

——— (2016) *The Conduct of Inquiry in International Relations: Philosophy of Science and Its Implications for the Study of World Politics* (2nd ed.), Routledge.

Jones, B. G. ed. (2006) *Decolonizing International Relations*, Rowman & Littlefield.

Keohane, R. O. (1988) "International Institutions: Two Approaches," *International Studies Quarterly* 32, pp. 379-396.

Kristensen, P. M. (2015) "Revisiting the "American Social Science" — Mapping the Geography of International Relations," *International Studies Perspectives* 16, pp. 246-269.

Morgenthau, H. J. (1946) *Scientific Man vs. Power Politics*, University of Chicago Press.（星野昭吉・髙木有訳『科学的人間と権力政治』作品社、2018 年）

Nayak, M., & Selbin, E. (2010) *Decentering International Relations*, Zed Books.

Neumann, I. B. (2014) "International Relations as a Social Science," *Millennium* 43, pp. 330-350.

Phillips, A. (2016) "Global IR Meets Global History: Sovereignty, Modernity, and the International System's Expansion in the Indian Ocean Region," *International Studies Review* 18, pp. 62-77.

Qin, Y. (2007) "Why is there No Chinese International Relations Theory？" *International Relations of the Asia-Pacific* 7, pp. 313-340.

――― (2016) "A Relational Theory of World Politics," *International Studies Review* 18, pp. 33-47.

Rosenau, J. N., & Durfee, M. (2000) *Thinking Theory Thoroughly: Coherent Approaches to an Incoherent World* (2nd ed.), Westview Press.

Rosenberg, J. (2016) "International Relations in the prison of Political Science," *International Relations* 30, pp. 127-153.

Shapiro, I., Smith, R. M., & Masoud, T. E. eds. (2004) *Problems and Methods in the Study of Politics*, Cambridge University Press.

Schmidt, B. (2008) "International Relations Theory: Hegemony or Pluralism?" *Millennium* 36, pp. 295-304.

――― ed. (2012) *International Relations and the First Great Debate*, Routledge.

Shani, G. (2008) "Toward a Post-Western IR: The *Umma, Khalsa Panth*, and Critical International Relations Theory," *International Studies Review* 10, pp. 722-734.

Shimizu, K. (2015) "Materializing the 'Non-Western': Two Stories of Japanese Philosophers on Culture and Politics in the Inter-War Period," *Cambridge Review of International Affairs* 28, pp. 3-20.

Sil, R., & Katzenstein, P. J. (2010) *Beyond Paradigms: Analytic Eclecticism in the Study of World Politics*, Macmillan.

Smith, S. (2000) "The Discipline of International Relations: Still an American Social Science?" *The British Journal of Politics and International Relations* 2, pp. 374-402.

Tickner, A. B., & Blaney, D. L. eds. (2013) *Claiming the International*, Routledge.

Tickner, A. B., & Wæver, O. eds. (2009) *International Relations Scholarship Around the World*, Routledge.

Vasilaki, R. (2012) "Provincialising IR?: Deadlocks and Prospects in Post-Western IR Theory," *Millennium* 41, pp. 1-20.

Vaughan-Williams, N. (2009) *Border Politics: The Limits of Sovereign Power*, Edinburgh University Press.

Wæver, O. (1998) "The Sociology of a Not So International Discipline: American and European Developments in International Relations," *International Organization* 52, pp. 687-727.

――― (2016) "Still a Discipline After All These Debates?" In T. Dunne, M. Kurki, & S. Smith, eds., *International Relations Theories: Discipline and Diversity* (4th ed.), Oxford University Press, pp. 300-321.

Walker, R. B. J. (1993) *Inside/Outside: International Relations as Political Theory*, Cambridge University Press.

Yan, X. (2011) *Ancient Chinese Thought, Modern Chinese Power* (Edmund Ryden, Trans.), Princeton University Press.

Zhang, Y., & Chang, T.-C. eds. (2016) *Constructing a Chinese School of International Relations: Ongoing Debates and Sociological Realities*, Routledge.

石田淳 (2010) 「国際関係論はいかなる意味においてアメリカの社会科学か――Ｓ・ホフマンの問い (一九七七年) 再考」『国際政治』第160号、152-165頁。

大矢根聡編 (2016) 『日本の国際関係論――理論の輸入と独創の間』勁草書房。

葛谷彩・小川浩之・西村邦行編 (2017) 『歴史のなかの国際秩序観――「アメリカの社会科学」を

第Ⅲ部　外部の視点から見た「「国際政治」の終わり？」論

　　超えて』晃洋書房。

川島真（2014）「中国における国際政治研究の展開」『国際政治』第175号、100-175頁。

芝崎厚士（2015）「国際関係研究の将来——国際関係の研究からグローバル関係の研究へ」『年報政
　　治学』2015-I、138-169頁。

田中明彦（2009）「日本の国際政治学——『棲み分け』を超えて」日本国際政治学会編『日本の国
　　際政治学１——学としての国際政治』有斐閣。

土佐弘之（2016）『境界と暴力の政治学——安全保障国家の論理を超えて』岩波書店。

初瀬龍平・戸田真紀子・松田哲・市川ひとみ編（2017）『国際関係論の生成と展開——日本の先達
　　との対話』ナカニシヤ出版。

前田幸男（2018）「気候変動問題から見る『惑星政治』の生成——『人新世』時代に対応するため
　　の理論的諸前提の問い直し」『境界研究』No.8、89-116頁。

モーリス＝スズキ、テッサ（2013）『批判的想像力のために——グローバル化時代の日本』平凡社
　　ライブラリー。

山影進（1996）「国際関係論——その一つのあり方」岩田一政・小寺彰・山影進・山本吉宣編『国
　　際関係研究入門』東京大学出版会。

山下範久・安高啓朗・芝崎厚士編（2016）『ウェストファリア史観を脱構築する——歴史記述とし
　　ての国際関係論』ナカニシヤ出版。

第7章

時政学の射程
―― 国際政治学の時間論的転回に向けて

高橋良輔

> すべての人間はそれにかかわりあい、それをよく知っていますが、そのことを考えてみ
> る人はほとんどいません。たいていの人はその分けまえをもらうだけもらって、それを
> いっこうにふしぎとも思わないのです。この秘密とは――それは時間です。
>
> ミヒャエル・エンデ『モモ』

　約100年前、アルベルト・アインシュタインは重力が空間を歪ませ、観察
者の位置と速度によって時間の進み方も変化すると予言した。それ以降、わ
たしたちが時計で測定する物理的時間――クロック・タイム――さえも、も
はや均質で安定したものとは考えられてはいない。むしろ今日、人々の生活
の鋳型となる時間フレームと社会活動を調整する時間決定の条件は、グロー
バリゼーションの臨界点で急速に変わりつつある。ウェストファリア史観の
もとで近代的な時間概念を前提にしてきた国際政治学の思考法もまた、あら
ためて時間と政治の関係性を問う時政学の観点から根源的に問い直されなけ
ればならない。

1. 社会的時間から時間政治へ

時間の非線形性

　2016年公開のアニメーション映画『君の名は』には、時間について印象
深いセリフがでてくる。「よりあつまって形を作り、捻れて絡まって、時に
は戻って、途切れ、またつながり。それが組紐。それが時間[1]」。こうした
時間の非線形性は、すでに20世紀初頭には文学上の一大テーマとなってい

第Ⅲ部　外部の視点から見た「「国際政治」の終わり？」論

た。マルセル・プルーストは、『失われた時をもとめて』の冒頭でそれを次のように表現する。

> 眠っている人間は自分のまわりに、時間の糸、歳月とさまざまな世界の秩序を、ぐるりとまきつけている。目覚めると、人は本能的にそれに問いかけて、自分の占めている地上の場所、目覚めまでに流れた時間を、たちまちにそこに読み取るものだが、しかし糸や秩序はときに順番が混乱し、ぷつんと切れることもある。（プルースト 1996、24 頁）

プルーストにとって、人間は歳月と世界という二つの座標軸でみずからを位置づける存在であった。彼は、空間のなかで人間に割り当てられた場所がごく狭いのに対して、時間のなかで人間が占める位置はむしろ広大だと考える。「人間はまた歳月のなかにはまりこんだ巨人族のようなもので、同時にさまざまな時期にふれており……人間の占める場所は逆にどこまでも際限なく伸びているのだ──（時）のなかに」（プルースト 2001、235 頁）。

時間フレームと位置確認

　こうして社会学者ノルベルト・エリアスによれば、時間とはなによりもまず人間の位置確認の手段であった（エリアス 1996、40 頁）。彼は、時間表象は何世代にもわたる長い学習プロセスの経験を通して開発されたものであり、イマニュエル・カントが前提にした先験的な認識作用などではないと批判する。

　例えば農耕社会では、人々の活動の前提となる時間フレームは太陽の動きや季節の移り変わりと連動する。またチャールズ・チャップリンの『モダン・タイムズ』は、工業化社会の時間フレームが機械のテンポと同期していくことを浮かび上がらせた。人々の生活の前提であり鋳型──マトリックス──となる時間フレームは、先験的であるどころか、各社会の特性や規模、発展段階によってきわめて多様である[2]。

　そして、この時間フレームは、各社会の主要な生活様式を映しださずには

150

おかない（ロッスム 1999、217 頁）。中世社会において修道院の聖務日課を枠づけた「教会の時間」と商人たちの交易を枠づけた「商人の時間」との併存は、主要な勢力の社会的配置を反映していた。この意味では、時間フレームは決して中立的でも普遍的でもなく、きわめて政治的に構築される社会秩序の一つである。

　古代ローマにおける改暦から現代日本における元号まで、暦やカレンダーの編成はいつも権力や権威の変動と結びついてきた。また 1884 年にイギリスのグリニッジ子午線が経度 0 度と認められ、その平均太陽時が国際的な基準時刻とされたのは決して偶然ではない。それは明らかに「太陽の沈まない帝国」の覇権に裏づけられた時間フレームであった。「すべての時間は社会的時間である」（アダム 1997、71 頁）とすれば、時間フレームは政治的に構築されて人々の生活を枠づけていくのである。

時間の可塑性

　このように、社会生活のマトリックスとなる時間フレームの政治性を認めるならば、時間それ自体の調整や編成もまたきわめて人為的な営みである。これについては、1924 年に発表された『魔の山』で、トーマス・マンは次のように記していた。

　　私たちが「退屈」と呼んでいる現象は、ほんとうはむしろ生活の単調による時間の病的な短縮であって、大きな時間量が単調な生活の連続のために血がこおる思いがするほど収縮してしまうことである……私たちは生活へ新しい違った習慣をはさむことが、生命をつづかせ、時間感覚を新鮮にし、時間感得を若返らせ、強め、ゆっくりとさせ、それによって生活感情そのものを若返らせるただ一つの手段であることを知っている。（マン 1988、184 頁）

プルーストが時間フレームのなかに人間を位置づけたのとは異なり、ここでは時間は人間の関心や行動によって変化する。

すでに 1884 年には、アンリ・ベルグソンが時間を等質的な環境とみなしたカントを批判し、「流れる時間」は意識に直接与えられると主張していた。またマルティン・ハイデッガーは、1927 年の『存在と時間』で人間（現存在）の実存の根拠を時間性（Zeitlichkeit）に求めている。彼によれば、「死へと臨む存在」である人間は自分を未来に向けて投企するとともに、過去の経験を現在のもとに把持しなくてはならない。

　マン、ベルグソン、ハイデッガーにとって、人間はただ時間フレームのなかに埋め込まれているだけの存在ではなく、むしろその関心によって時間を伸縮させ、みずからの生き方を方向づけていくのである。

時間決定の政治性

　このことから、エリアスは時間には社会的な位置確認機能のみならず、社会的な調整機能が備わっていると述べる（エリアス 1996、4 頁）。「われわれはどこにいるのか？」という位置確認が時間フレーム＝時間の持続（duration）を浮かび上がらせるのに対して、「われわれはそれをいつするのか？」という時間決定は時間の調整（timing）に注意を向けさせる。このとき時間は、生活の鋳型であるだけでなく、人間が活用するべき資源となる。その際に重要なことは、時間の流れのどこに断層線を入れるかというタイミングの決定にほかならない。すなわち「時間を決めること」は、稀少価値である時間をいかに創りだし、配分し、使用するかという政治的決定なのである。「社会的実践において時間決定の問題はますます重要な役割を演じている。しかし社会理論においては時間決定問題はほとんど注目されていない」（エリアス 1996、91 頁）。いわば時間決定は、自己と他者の行動を時間によって統制することを意味してきた。

　さらに過去、現在、未来といったシークエンスは、たんなる時間の流れや量的蓄積にとどまらず、「いま、ここ」での決定の方向づけ（orientation）にも利用されている。わたしたちは過去から学び、未来に向けて決断する。なるほど保守主義者エドマンド・バークは一切の保有物を先祖からの相続財産とみなすように勧め、マックス・ヴェーバーは政治家の倫理を将来に対す

る責任に見出して心情倫理と責任倫理の緊張関係を強調した。そこでは、消え去った過去やまだ存在しない未来が、現在の決定の根拠として引用されていく。

　かつて古代ギリシアでは、時間をめぐる二柱の神が概念化されていた。一方のクロノスは、過去から未来へと流れる連続した時間をつかさどる。他方でカイロスは、前髪は長いが後頭部が禿げた美少年の姿として描かれた。この神は一瞬の機会や主観的な時間体験をつかさどり、人間による時間決定に目を向けさせる。すなわち、人間は時間の流れのなかにみずからを位置づけつつ、同時にまたそれを伸縮させたり切断したりして時間を決定する。こうして時間フレームと時間決定という二つの局面は、社会的時間の抽出から時間政治──「時間のなかでの政治 Politics in Time」と「時間をめぐる政治 Politics of Time」──の省察へとわたしたちを促すのである。

2．七月危機をめぐる時間分析

戦争計画の位相

　それでは、こうした時間政治の分析はいかにして可能だろうか。プルーストやマンの同時代経験の一つは、言うまでもなく第一次世界大戦であった。そして、世界大戦への扉を押し開けた 1914 年の七月危機は、各国軍部がみずからを拘束した戦争計画と電信・電話の普及による外交ペースの変化によって特徴づけることができる。

　例えば『8 月の砲声』で知られる歴史家バーバラ・タックマンは、その冒頭 4 章をドイツ、フランス、イギリス、ロシアの戦争計画の描写に費やしている（タックマン 2017）。まず西部戦線でフランス、東部戦線でロシアと対峙するドイツで 1906 年に立案されたシュリーフェン計画は、戦争期間を 6 週間とし、当初目標をフランスの速やかな粉砕においていた。その根拠は、広大な国土と多くの人口を擁しながらも鉄道が少ないロシアは大攻撃開始までに 6 週間を要するのに比べ、ドイツもフランスも 2 週間あれば動員完了が可能で、5 日目には大攻撃戦を開始できたところにあった。

153

第Ⅲ部　外部の視点から見た「「国際政治」の終わり？」論

　これに対しフランスの戦争計画は、1913年10月に採用された「作戦要務令」冒頭の言葉「フランス軍はいまや古来の伝統に帰り、今後は攻撃以外の法則はこれを排す」に象徴されている。それは1911年にグランメゾン大佐が陸軍大学で行った「司令部の決断はすべて、機先を制し、主導の地位を保持しようとする意欲から出たものでなければならない」という主張をもとにしており、フランスはその置かれた地理的条件に相応する防衛計画を名実ともに放棄することになった。

　他方イギリスでは、1910年8月に作戦本部長に就任したヘンリィ・ウィルソンのもとで、ベルギー国境におけるドイツの新しい鉄道建設の状態が調査されていた。その結果、ドイツが先にベルギーを侵害した場合にのみ、フランスは確実にイギリスの支援を受けられるとする極秘のW計画が1914年に完成し、「介入反対の毛布ですっぽりと頭を隠した」政治指導者たちは、その監視を意図的に控えることになった。

　さらにロシアにとって、フランスとの同盟はみずからの保有する広大な空間の活用よりも、むしろ限られた時間に計画の重心を置くことを強いるものとなった。戦争勃発後のフランスの安全保障のためには、ロシアは東部戦線でドイツに一刻も早く攻勢をかけねばならず、作戦本部はオーストリアとドイツに対する二つの戦闘作戦を準備する。『第一次世界大戦への道』の著者ウィリアム・マルガンによれば、「時間か空間かという選択が、日露戦争から1914年までのロシアの軍事計画を左右していた」が、この時間に重点を置く戦争計画は、財政の脆弱性や相対的な技術の後進性、ツァーリ体制の不安定性を抱えるロシアにとってきわめて「不快な選択肢」であった（マリガン 2017、152頁）。

時間フレームという「鉄の檻」

　こうして動員時間に基づいて戦争計画を策定したドイツ、攻撃戦争に集中し防衛計画を放棄したフランス、ドイツのベルギー侵攻後の自動参戦を約束したイギリス、そしてフランスのために時間を重視せざるえないロシアは、それぞれが構築した戦争計画という時間フレームに強く拘束されていた。

第7章　時政学の射程

　このことをもっとも象徴的に示したのは、8月1日夜にベルリンで皇帝ウィルヘルム2世と参謀総長小モルトケのあいだに交わされた有名なやりとりであろう。すでに動員の歯車が回りだし、ドイツ軍が西進してルクセンブルグの鉄道連絡駅を占拠しようとする1時間前、二正面作戦を恐れた皇帝は全軍を東進させるように参謀総長に迫った。しかし、100万の兵員を前進寸前に逆方向に展開させることは、10分単位で構築された緻密な戦争計画の崩壊を意味する。モルトケは、「一度決定されたことは、変更してなりません」という言葉でウィルヘルムに応え、計画の変更をはっきりと拒否した。

　この言葉を、タックマンは「軍事計画が政治を左右する場合にかならずつかわれる文句」（タックマン 2017、181頁）と述べる。だがそれはまた、政策決定者がみずからつくり出した時間フレームに抗いがたく拘束されることも示していた。

　なるほどすでにポール・ピアソンは、『ポリティクス・イン・タイム──歴史・制度・社会分析』（2004年）で、社会過程をあらためて時間の文脈のなかに置くよう主張している。しかし時間は、諸現象の背景や文脈にとどまるものでは決してない[3]。むしろひとたびつくり出された時間フレームは、政策決定者に対してきわめて強固な「鉄の檻」となる。このより強い意味で、政治過程はいつもすでに「時間のなかでの政治」なのである。

危機の同時性

　もっとも、こうした鉄の檻としての時間フレームも、電信や電話、鉄道による外交ペースの変化がなければ修正や撤回が可能であったかもしれない。スティーブン・カーンは、7月23日から8月4日までに交付された最後通牒で設定された回答期限と列強が交わす電信・電話の時刻に注意を向けている。

　第一の最後通牒は、7月23日にオーストリアからセルビアにつきつけられた。そこではたった48時間での回答が求められるが、その理由は鉄道、電報、電話のある時代であれば、2、3時間もあれば大臣たちが集まるのに十分だろうというオーストリア大使の言葉に示されていた。また第二の最後

155

通牒は、7月31日午後7時にパリ駐在のドイツ大使からフランス政府に交付され、独露戦争においてフランスが中立を保つことを18時間以内に約束するように要求する。さらに同日夜12時には、ドイツはロシアに最後通牒を発し、オーストリア・ハンガリーとドイツに向けた動員中断を12時間以内に回答するように求めた。そして第四の最後通牒は8月2日午後7時にブリュッセル駐在のドイツ公使がベルギー政府に渡し、ドイツ軍の領土通過を静観するよう12時間以内の回答が要求された。そして翌朝のドイツによるベルギー侵攻後、8月3日午後7時にベルリン駐在のイギリス大使からドイツ政府に手渡された第五の最後通牒では、前日のベルギー政府への最後通牒を撤回し、ドイツ軍を速やかに撤退するように5時間以内の回答が求められる。言うまでもなく、これらの最後通牒のうちのどれ一つとして、各国が求めた回答をもたらすことはなかった。

さらに10日あまりのあいだに頻発された最後通牒のはざまでは、まさに分単位での通信が交わされている。例えば、第一の最後通牒がつきつけられた翌日には、イギリス、ロシア、フランスの外交官たちはただちに電信を交わし、戦争回避のために回答の期限延長を訴えた。他方オーストリアとドイツは、セルビアの最後通牒拒否を予想して宣戦布告と軍事行動の準備を急ぎ、またより長い動員時間を必要とするロシアも予備的動員を開始する。その一方で、ドイツ皇帝ウィルヘルム2世といとこのロシア皇帝ニコライ2世は、29日午前1時45分から1日夜10時30分のあいだに少なくとも9本の電報を打っており、両君主が互いに戦争回避への支援を求めつつ動員圧力に屈していく様子が浮かび上がっていく。カーンの表現によれば、「ふたりの皇帝はたぶん、電信のキーがカタカタいう音に外交の死を聞いたことだろう」（カーン 1993、206頁）。

切り詰められた時間決定

こうして七月危機は、最後通牒のかたちを借りた時間決定のもとで尖鋭化していった。48時間、18時間、12時間、そして最後には5時間にまで切り詰められた回答期限は、時間決定がいかに事態の推移に断層線を書き込むか

を示している。そこで断ち切られた時間はそのまま外交交渉の断絶となり、時間決定の重心は動員と戦争遂行へと傾いていった。

この切り詰められた時間決定をもたらしたものは、オーストリア大使の言葉に示されているように、鉄道・電報・電話による移動・通信時間の縮減であった。19世紀初頭まで、外交では「時間だけが調停者」とされていた。外交使節は、本国政府への報告と指示に要するゆるやかな時間のなかで事態の鎮静化を期待し、逆に通達に時間がかかることを利用して自律的な調整を展開した。かつてナポレオン戦争の戦後処理を担ったウィーン会議は、「会議は踊る、されど進まず」と揶揄される。だが高坂正堯が『古典外交の成熟と崩壊』で描き出したように、そこでは各国の妥協を引き出し、利害を具体的に限定して処理するために時間をかけることが不可欠だったのである[4]（高坂 2012、198頁）。

鉄道・電信・電話といった技術革新は、たしかに時間フレームの操作性を向上させ、時間決定の有意性を増したかもしれない。しかしそこで生じた時間の短縮は、皮肉にも「タイミングの技術」としての外交の調整幅を狭め、第一次世界大戦は旧外交の崩壊として記憶されることになった。最後通牒によって切り詰められていった回答期限は、まさに「時間をめぐる政治」の尖鋭化の徴候を示していたのである。

3. 戦後世界の時政学

高度経済成長と時間収縮

もちろんこうした七月危機をめぐる時間政治の尖鋭化は、戦争前夜という例外状況に特有の現象であった。だが、そこに露呈した時間の収縮は、やがて政策エリートたちの活動領域から溢れ出し、社会生活の基礎条件を変化させていく。第二次世界大戦後、この傾向をいちはやく国際政治の分析に結びつけたのが永井陽之助であった。そこには戦後世界の時間をめぐる政治学的分析——時政学——の臨床例を読みとることができる。

1979年の『時間の政治学』の冒頭で、永井はまず「経済秩序における成

熟時間」をとりあげる。彼によれば、第二次世界大戦後、労働者一人あたりに投入される資本量は急速に上昇し、労働生産性の上昇は加速化した。だが生産性の向上が労働時間を短縮し、節約された時間が自由な文化的時間になるというケインズの予見は見事に裏切られる。むしろ効率と経済合理性の観点は人々の生活時間にまで浸透し、賃金・賃貸料・利子・預金・減価償却費、保険料等、「同質的な時間単位で価値を配分し、「貨幣価値で時間を測る」ことが当然となった」（永井 1979、6頁）。

　ところが、こうした「時間の貨幣化」は、人間の有機的生成に必要な時間フレームと必ずしも相容れない。子育てや教育、教養や恋愛といった文化的活動には、いずれもある程度の成熟時間が必要である。だがこれら時間を要する活動は、単位時間あたりの生産性向上が至上命題となる社会では贅沢な浪費とならざるをえなかった。

　テクノロジーの発達と高度経済成長のもとで情報空間が広がる一方、人々の成熟時間はいっそうの短縮を求められる。この空間拡大と時間収縮について、永井はこう表現する。

　　世界全体が「地球社会」として網の目のように、緊密な相互依存のシステムにかたちづくられるにつれて、時間はますます短縮した。その結果、われわれ現代人は、時間パースペクティブのごくせまい、一種の「時間近視」にかかっている。われわれは、「順を追って成熟する暇がない」のである。（永井 1979、8頁）

社会生活の内部にまで浸透した時間収縮は、新たな時間フレームとして人々の生活を枠づけていった。生産性の向上を追求する相互依存のもとで成立した地球社会は、結果的にミクロ・レベルにおいて人々の時間の地平を狭めることになったのである。

資源競争の変容
　さらにこの時間収縮は、マクロ・レベルでは戦争目的の転換としてあらわ

れた。永井によれば、この変化がもっとも顕著にみられるのが資源獲得をめぐる競争である。

　　かつての資源戦争は、本質的に空間的な闘争であったが、現代のそれは、時間的闘争である。「ローマ・クラブ」の未来予測の当否は別として、われわれ人間の意識のうえに地球資源の時限性があきらかに刻印されてしまった以上、現代の国際政治は、いわば時限爆弾つき「宇宙船地球号」内部の「持ち時間つきゲーム」に一変した。そのことは、政治と外交へかつてないほど速度を持ち込むことになった。（永井 1979、9頁）

1972年の『成長の限界』は、人口増加率と経済成長率に基づいて新たな時間フレームを設定し、起こりうる未来の破局を引用することで先進諸国に速やかな政策決定を求めていた。そしてこのとき引き出されたのは、省エネルギーやリサイクル、新たな資源開発による「時間の引きのばし」という時間決定だったのである。

　こうした分析によれば、時間政治はもはや例外状況に特有のものではない。単位時間あたりの労働生産性の向上が加速するにつれ、ミクロ／マクロ・レベルの双方で時間はますます稀少な資源となる。一方でそれは諸個人の成熟時間の腐食をもたらし、他方でそれは資源競争を時間をめぐる闘争へと置き換えていく。この時間短縮を範型とする新たな時間フレームこそ、第二次世界大戦後のグローバルな経済秩序のマトリックスであった。

ミサイル時代の時間戦争

　そのうえ「空間をめぐる戦争」から「時間をめぐる戦争」への転換は、ミサイル時代にはさらに尖鋭化する。永井と同時期、時政学という用語を発案したポール・ヴィリリオは、1977年の『速度と政治』で次のように述べる。

　　かつて土地を譲って時を稼ぐことを本領とした機動は、今日、まったく意味のないものになってしまった。現在、時を稼ぐのはもっぱらミサイ

第Ⅲ部　外部の視点から見た「「国際政治」の終わり？」論

ルや砲の仕事であり、領土は射出体のためにその様々な意味を失っている。実際、速度の非-場所性のもつ戦略的価値が場所の価値に取って代わり、時の取得問題が領土の所有問題の性格を一変してしまった。（ヴィリリオ 2001、192 頁）

　この視点からすると、1962 年のキューバ危機はすでに時間をめぐる攻防であった。キューバへのミサイル配備は、超大国間の戦争予告の猶予を 15 分から 30 秒に短縮する。第一次世界大戦ではまだ数日間の猶予があった開戦までの時間フレームは、ミサイルの登場によって分・秒単位にまで収縮していた。

　これに対して、10 月 22 日午後 7 時にジョン・F. ケネディ大統領がテレビ演説で発表した海上封鎖は、キューバ攻撃までの猶予をもたらし、外交交渉が可能な 5 日間という時間を創りだす（アリソン＆ゼリコウ 2016、336 頁）。つまりその政策決定は、事実上、時間決定として機能したのである。ワシントン時間 10 月 28 日午前 9 時、ニキータ・フルシチョフ首相はモスクワ放送でミサイル撤去の決定を発表した。「空間戦争の戒厳令から時間戦争の緊急事態へ」（ヴィリリオ 2001、200 頁）。彼らが即時性のあるテレビやラジオ放送でその決定を全世界に伝えたことは、いまや時間が超大国の指導者にとっても、また諸国民にとっても等しく稀少資源となったことを物語っていた。

時間資源の非対称性

　ただし、こうした危機回避は、全面核戦争を目前にした米ソの時間資源がある程度均衡していたからこそ成立したとも言える。これに比べ、ベトナム戦争やアルジェリア戦争といった非対称紛争では、工業・技術社会を基盤とする先進国が前近代的ともいえる土着の解放勢力に敗れるという事態が生じていた。

　ここで注目するべきは、工業社会と農耕社会のそれぞれが保有する時間資源——待忍能力——の非対称性である。一方で、工学的な近代戦は集中性・計画性・非日常性を追求し、破壊力と機動性の短期的な効果・効率を高めて

160

きた。そこには、情報公開や世論、選挙等の時間フレームのもとで資本・情報・技術の集中が進む工業社会の時間資源が反映されている。

　他方、原始的ともいえるゲリラ戦では、むしろ拡散性・即興性・日常性が重要である。伝統的な農耕社会を枠づけるゆるやかな時間感覚や中央集権を拒むアメーバ状の組織文化は、ときに犠牲を許容する吸収装置（absorber）となった。

　このため、そもそも軍事的勝利が望めない現地勢力にとっては、「敵が倦みつかれて撤退し、「熟柿が落ちる」のを待つという「時熟の戦略」」（永井1979、80頁）が重要となる。そこで賭け金となるのが、時間に換算された意志──犠牲にいつまで耐えられるか──であった。ベトナム戦争におけるアメリカの敗北は、強大な先進国の能力と意志に時限性という弱味が組み込まれていることを露呈したのである。

　さらにヴィリリオは、パレスチナ問題をとりまく闘争に時間をめぐる戦争のさらなる尖鋭化を見出している。

　　というのも、彼らの闘争の原因自体が、ほかでもない、地理的領土の喪失だったのだ。彼らは早晩、文字通り世界中の空港という同一標準時地帯に身を落ち着けることになるだろう。どこからともなくやって来た無名兵士たちが、飛行時間の相対性の中にある戦略的時間の中で戦うのだ。（ヴィリリオ 2001、180頁）

ベトナム戦争においては、時間をめぐる戦争はなおも植民地化された領土を舞台に展開されていた。しかしこの時期にパレスチナ過激派が引き起こす数々のハイジャック事件は、もはや特定の空間に根ざしていない。

　法的・政治的領土を喪失したパレスチナ人は、航空機や国際空港の滑走路といった「移動の空間」でその闘争を展開し、世界の注目を惹きつけようとした。それは事実上、地理的空間の占拠から人々の関心を引く時間の占拠への戦略転換を意味する。時政学の観点からみれば、時間戦争はただ時間資源の稀少化にともなって尖鋭化しただけではない。むしろそれは異なる時間フ

第Ⅲ部　外部の視点から見た「「国際政治」の終わり？」論

レームのあいだの摩擦と、時間決定のイニシアティブをめぐる闘争として生じるようになったのである。

4．世界秩序の時間論的転回

時間秩序としてのウェストファリア体制

こうした時間戦争の登場を、すでに永井は「ウェストファリア体制の時空構造」の崩壊と捉えている（永井 1979、89 頁）。そもそもその勢力均衡システムが作動するためには、紛争の範囲を限定したり局地化したりする「空間的緩衝地帯」と、潜在的資源を戦力として動員するまでの「時間的冗長性」が必要であった。一方で、「動かしうる空間」としての国境や勢力圏、フロンティアは、列強間の戦争を承認された競争にとどめる緩衝装置として機能する。他方、保有資源を戦力へ実体化するための所要時間は、外交交渉を展開する時間的余裕をもたらす。それは戦争が不可避な場合にも、宣戦布告による平時と戦時の分節化を可能にした。

この「時間のおくれをともなったフィードバック」の重要性について、永井は次のように書き残している。

> 政治および経済の秩序において、一般にその制度（秩序）の権威、信用、といった象徴的部分は、その背後にひそむ実物過程との微妙な対応関係によってからくも支えられており、それは"時間"の問題と深く関わっている……つまり、秩序における象徴過程と実物過程の相互作用には、"時間のおくれ"（間欠性、周期性）が必要なのである。（永井 1979、101 頁）

戦争システムとしてのウェストファリア体制もまた、この「時間のおくれ」を組み込んだ秩序であった。それは必ずしも列強間の戦争を防止しなかったが、空間的緩衝地帯と時間的冗長性によってシステムの「揺らぎ fluctuation」を吸収する動的均衡を特徴としている。その意味では、ウェスト

ファリア体制とは、遅滞を組み込んだ時間フレームと柔軟な時間決定をもたらす外交術（art）によってかたちづくられた時間秩序にほかならない。

この時間秩序という観点からみれば、七月危機のなかで立ち現れた新たな時間フレームと時間決定は、すでにウェストファリア体制の「終わりの始まり」を暗示していた。

歴史的時間の復権

ところが、こうした時間秩序の変容は、冷戦終結まで必ずしも十分に分析されてこなかった。キンバリー・ハッチングスによれば、1945年から1989年のあいだ、国際関係論は明らかに時間よりも空間に心を奪われていた。ケネス・ウォルツのネオ・リアリズムの理論構成にも顕著なように、そこでは国際システムの力学が大きく変化する可能性よりも、異なる複数のパワーの空間的配置こそが関心の的となる。「言い換えれば、国内の政治空間はこれまでもこれからも変化しうると考えられたのとは対照的に、国際政治の空間は時間のなかで凍りついてしまっていたのである。」(Hutchings 2008, p. 11.)

振り返れば、国際関係の理論家たちにとって、国際政治学の「空間化 spatialisation」は、17世紀に成立したウェストファリアの平和にまでさかのぼる自明の前提であった。すなわち、近代ヨーロッパでかたちづくられた対内主権と対外主権の区分は、国際政治をめぐる思考法それ自体を空間表象に強く結びつけてきたのである。しかもこの特殊ヨーロッパ的な想定は、第二次世界大戦と戦後の脱植民地化を通じて、アジアやアフリカも含む世界中に拡大したものと考えられていた。

それゆえハッチングスも指摘するように、国際政治学における時間の再発見が冷戦末期に「歴史の終わり」として提示されたことは象徴的である。1989年、フランシス・フクヤマは、「わたしたちが立ち会っているのは、歴史の終わりであり、たんに冷戦の終わりとか戦後史の特定の時期が過ぎ去ったとかいうことではない。それは人間のイデオロギー的な発展の終点であり、人間による政治の最終形態として西側のリベラルな民主主義が普遍化していくことを意味している」(Fukuyama 1989, p. 4) と喝破した。それはまさに、

冷戦後の国際政治の位置確認の手段として、普遍史的なパースペクティブを復権する試みであった。実際、この普遍史という時間フレームの設定と、現在こそ「歴史の終わり」とする時間決定は、冷戦後の国際政治において資本主義と民主主義の優位を保証する役割を果たした。

　また、こうした位置確認の手段としての歴史的時間フレームの復権は、リベラル帝国主義を掲げたロバート・クーパーの世界観からも読みとれる。彼によると、現代世界はポスト帝国主義的なカオスを特徴とするプレ近代世界、古典的な国家システムが残っている近代世界、そして国家システムより規模の大きな秩序のもとで内政と外交の区別が融解していくポスト近代の世界に分裂している。クーパーは、「ヨーロッパは、軍事力では衰えたかもしれないが、模範を示す力はまだ残っている。その力こそ、ポスト近代における帝国主義と言えよう」（クーパー 2008、76 頁）と述べ、ヨーロッパの道義的優位を主張した。

　さらに、新たな時間フレームの設定と現在位置をめぐる時間決定は、近年では「ポスト・アメリカ」（Zakaria 2008）という言説形態をとる。ファリード・ザカリアによれば、現代は 15 世紀以降のヨーロッパの台頭、19 世紀末のアメリカ合衆国の台頭に続く第三の権力シフト、すなわちその他の国の台頭の時代である。この全地球的成長のなかで、あらゆる国家が参加する真の世界経済が誕生し、権力は国家から別のアクター——国際機関、企業、テロ組織等——へ拡散する。このように「アメリカ時代の終わり」という歴史化された言説もまた、明らかに時間フレームと時間決定の政治性によって刻印されている。

グローバリゼーションと「空間の時間化」

　こうして、冷戦の終結は現在位置の確認という問題を提起し、歴史的時間の復権をもたらした。ただしそれが「歴史の終わり」であれ「ポスト近代」であれ、あるいはまた「ポスト・アメリカ」であろうとも、国際政治学の思考法は近代的なクロック・タイムの線形性を越えていくことはなかった。なるほど頻発される「〜の終わり」や「ポスト〜」といった表象は、いずれも

直線的で不可逆的な時間を前提とし、実のところ名状しがたい事態の到来への焦燥を映しだしている。むしろ新たな時間条件とその政治的インパクトは、この時期に活性化したグローバリゼーションをめぐる議論のなかで検討されていった。

この点では、地理学者デヴィッド・ハーヴェイの時空間分析はきわめて示唆的である。彼によると、20世紀後半の産業組織では、従来までのスケールメリットを重視する硬直的なフォーディズムとは反対に、フレキシブルな蓄積が採用されてきた。そこでは多様な商品をスモールバッチで安価に製造する一方で、生産とそれに対応する消費における回転期間を加速することで資本蓄積が達成される。彼にとって、ここに生じる「時間-空間の圧縮」こそ、ポストモダニティの条件であった。

> 空間は電子通信の「地球村」、経済的または生態学的に相互依存した「宇宙船地球号」へと収縮しているようである。さらに存在するのは現在ばかり（分裂症者の世界）という点にまで時間的地平が縮められるにつれ、われわれの空間的、時間的な諸世界が「圧縮」しているという圧倒的な感覚にたいして、いかにわれわれは対処するのかを学ばなければならない。（ハーヴェイ 1999、308頁）

このフレキシブルな蓄積を可能にした交通手段の加速化は、もちろん地球を物理的に圧縮するわけではない。それは、移動距離に対する所要時間の短縮というかたちで経験される。グローバリゼーションをめぐる言説では、しばしば「地球が小さくなった」と表現されるが、そこに生じているのは移動時間の短縮なのである。

また1970年代初頭から用いられた衛星通信では、5000マイルも500マイルも通信コストは同じになり、遠く離れたさまざまな空間から押し寄せるイメージがほぼ同時的に経験可能となる。こうしていまや、移動・通信手段の加速に基づくグローバリゼーションは、たんなる空間の圧縮や情報空間の拡大ではなく、「時間による空間の絶滅」であることが明らかになる。そこに

第Ⅲ部　外部の視点から見た「「国際政治」の終わり？」論

生じる「空間の時間化」は、空間表象とかたく結びついたグローバリゼーションをめぐる認識に時間論的転回（Temporal Turn）をもたらしていた[5]。

瞬間的時間の政治的インパクト

　さらにジョン・アーリは、1970年代以降の情報社会の特徴を検討し、そこに電子情報が生み出す「無時間的な時間」を見出している。すなわち、電子化された情報は、「瞬間的・同時的に」「事実上どこでも」入手できるため、そこに「瞬間的時間」という新たな時間フレームが生じてくる。その際には情報や観念の瞬時の伝達のもとで、かつての昼と夜、家庭と職場、余暇と仕事といった時間区分が融解し、流行やイメージの不安定化・短命化が進行する。またそこでは、製品、場所、人間関係の「一時性」が広がるとともに、短期労働契約の増加、生活のペースの加速と政治的選好の浮動性の高まりも引き起こされていく。アーリの言葉では、「要するに、現代のテクノロジーと社会的営為は、意識的な人間の経験を越えた時間の枠組みを基にしているのだ」（アーリ　2006、222頁）。

　しかもこの瞬間的時間は、近代国家の統治機構さえも凌ぐ政治的インパクトをもっていた。冷戦終結後、東欧で同時多発的に生じた革命の原因を、彼は時間の加速化に求めて次のように述べる。

　　こうした国々は、近代主義的なクロック・タイムから逃れられず、流行、イメージ、マイクロ・コンピュータの瞬時性と、それに並行する空間の変容とに対応できなかったのだ。東欧社会は、時間のゆがみ、つまりクロック・タイムを軸にした強制的な近代化に縛られていたのである……一方で、その四方一帯では時間の転換が生じており、次第にそれは国境を縦横するものとなった。その結果、近代主義的なクロック・タイムを持った陸の孤島は従来のやり方を続けるのが不可能になったのである。（アーリ　2006、228頁）

いまや瞬間的時間にまで加速した時間は、硬直的な時間フレームによって支

えられていた東欧諸国の政治体制を崩壊させるのに十分な政治的インパクト
をもつ。それは言い換えれば、これまでの政治学／国際政治学が自明視して
きた近代的時間——クロック・タイム——に基づく統治がもはや時代遅れに
なったことを意味していた。

　しかも今日では、これらの近代的時間に基づく統治の破綻は、共産主義政
権や計画経済に特有のものではない。2008年に拡大した世界金融危機や、
2010年代初頭にSNSを通じて拡散したアラブの春、ほぼ同時期に世界同時
デモを具現したオキュパイ運動等、世界や地域に瞬時にして広がる政治・経
済・社会変動は、いずれもこの瞬間的時間をその時間フレームとしてきた。
それは、各主権国家のあいだの時間的冗長性を前提としていた「国際政治」
から、瞬間的時間の共有をマトリックスとする「世界政治」への移行を暗示
しているのかもしれない。

5．時間統治の行方

国民国家システムと時間的境界

　こうして、第一次世界大戦前夜から第二次世界大戦後を経て、冷戦終結以
降のグローバリゼーションの時代にまでいたる時間フレーム／時間決定の変
容は、これまで近代的なクロック・タイムを自明視してきた国民国家システ
ムに根本的な問い直しを迫る。

　なるほど『時間の政治的価値』（2018年）を著したエリザベス・コーヘン
によれば、日付や期限を区切る時間的境界（temporal boundaries）は、と
きに地理的境界よりもはるかに苛酷な政治的・統制的機能を発揮してきた。
第一に、時間的境界は主権が打ち立てられた端緒、つまり国家の政治的生命
の始まりを示すことで国家体制や政治的権威を確立する。第二に、それは
人々に過去を反復させることによって異なる国民同士を引き離す。第三に、
それはまた国民国家内部の人々を臨時的移住者、永住者、完全な市民権保持
者に分断する。そして第四に、時間的境界は年齢制限や在住期間の規程を通
じて人々の投票権を制限する。

第Ⅲ部　外部の視点から見た「「国際政治」の終わり？」論

　つまりこれまで国民国家は、時間決定によって、①主権を確立する境界、②諸国民を隔離する境界、③国家内部で人々の自由を規制する境界、④国家内部で権利をもつ者ともたない者を区分する境界、を創り出してきたのである。

　もちろんこの時間的境界は、空間的・地理的境界のように視認できるわけではない。だが時間フレームと時間決定との結合によって画定されていくこの見えざる境界は、政治的実践として人々を分断する。すなわち時間的境界は、事実上、空間的境界と並んで国民国家システムそれ自体を構成してきたのである。

未熟な正統性

　しかし第二次世界大戦後、地球社会の成立とともに進行してきた時間収縮は、しばしば瞬間的時間にまで達するようになった。こうしたなかでは、国民国家が設定する時間的境界も、かつてのように自明性を偽装することが難しくなっていく。こうしたなかでアーリは、今日、時間をコントロールする力を「時間統治力 time sovereignty」（アーリ 2015、285 頁）と呼ぶ。みずからの時間をどの程度コントロールできるか、あるいはフレキシビリティを備えているかという時間統治の可能性は、ミクロ／マクロ・レベルの双方で死活的な重要性をもつ。そこに見出されるのは、時間資源の稀少性がますます高まるなかで、時間厳守や時間短縮といった圧力が時間統治力をさらに弱めていくというスパイラルにほかならない。

　このため現代の時間統治について、ハルムート・ローザは「政治的時間の逆説」を指摘している。彼によれば、多元的で民主的な社会では正当な政治的決定のためには相応の時間が必要とされる一方で、政治的決定が対処するべき経済問題や技術発展はますます時間の短縮を要求するようになっていく。この矛盾した圧力のはざまで、政治システムはしばしば機能不全に陥り、その決定権を法的決定や経済動向、技術的発展といったより「迅速な」他のシステムに譲り渡してしまう[6]。

　すでに永井が慨嘆していたように、新たな時間フレームとしての瞬間的時

間は、成熟時間のさらなる喪失をもたらし、それは政治的には「未熟な正統性」をもたらす。トーマス・フリードマンは、2011年にムバラク大統領の独裁を終わらせたエジプト革命や2014年に当局に抵抗した香港反政府デモのリーダーを取材し、彼らの呼びかけが瞬く間に多くの人々に拡散して巨大な政治運動に発展した一方で、なぜ、民主化という目的を達成できなかったのかを探っている。

その取材によれば、エジプトで人々を集合させたソーシャル・メディアは、その後「総意」をまとめられず、政治闘争が激しく分極化した結果、イスラム原理主義の台頭や軍部の政権掌握を招くことになった。また香港の雨傘運動では、当局に対抗する幅広い同盟を生み出す信頼や人脈が構築できず、数か月の道路占拠は警察による排除という結末を迎えざるをえなかった。ここから彼は、加速の時代の時政学的変化を次のように述べる。

> ソーシャル・メディアは、意見の共有にはうってつけだが、共同で打ち立てるのには向かない。共同で破壊するのは得意だが、共同で建設するのは苦手かもしれない。フラッシュモブを集めるのにはすばらしい力を発揮するが、政党や憲法を基盤にすばやく合意をまとめるのは上手ではない。(フリードマン 2018、51頁)

こうして瞬間的時間という時間フレームは、即座に情報を人々に拡散して幅広い共同行動を可能にする一方、持続可能でレジリエンスの高い合意を育むことには必ずしも向いていなかった。それは既存の正統性を掘り崩すことはできても、新たな正統性を創り出すことはできない。この点でポスト・グローバリゼーション時代の政治課題とは、瞬間的時間という新たな時間フレームのもとで、いかに正統性が再構築できるのかという問題にほかならないのである。

空間表象の呪縛を越えて

以上、本章では、これまで国際政治学が必ずしも十分に目を向けてこなか

第Ⅲ部　外部の視点から見た「「国際政治」の終わり？」論

った時間政治に注目し、時間フレームと時間決定の観点から、時政学の射程を浮かび上がらせてきた。

　そこでは、①第一次世界大戦以降に進行してきた時間変容、②それぞれの政治主体が保有する時間資源の非対称性、③政策形成に方向づけをもたらす時間フレームの復権、そして、④近代的なクロック・タイムそれ自体の限界等が明らかになっている。20世紀初頭以降、人間がみずからに課す時間フレームは、移動・通信技術の発展とともに次第に収縮し、いまや瞬間的時間にまで切り詰められてしまう。そしてこの収縮のもとで、時間フレームと時間決定の再帰性のサイクルはますます加速していく。こうしたなか、近代的な時間概念を前提としてきた国際政治学の思考法も、国民国家システムを支える正統性のレベルから問い直されざるをえない。

　その意味では、2017年10月にロンドン・スクール・オブ・エコノミクスで研究カンファレンス「時間と国際政治」が開催されたことは示唆的である。そこでは、時間への注目があらためて国際政治学それ自体の問い直しと結びつけられ（Bertrand, Goettlich and Murray 2018）、時間論的転回に対しても批判的な検討が加えられた。こうした取組みは、これまで空間表象のもとで自明視されてきた「国際政治」から、新たな時間表象を共有する「世界政治」へと踏み出す一歩になるかもしれない。この点において、時政学という研究アプローチの射程は、国際政治学の「空間化」を見直し、その認識枠組みを再審することと深く結びついているのである。

＊本章は、科学研究費助成事業　挑戦的萌芽研究「時政学の構築――"政治的資源としての時間"の解明」（課題番号　15K12990）の成果の一部である。

注
（1）　同作の監督新海誠は、2002年の劇場公開作品『ほしのこえ』から、ほぼ一貫して登場人物のあいだでの空間的距離／時間的距離／社会的距離の重なりやねじれを描いている。自我同一性という心理学的概念が自己の内面に遡行するのとは反対に、そこでは登場人物は空間的位置・時間的位置・社会的位置（アイデンティティ）という三つの座標軸によって自己確認を行っていく。
（2）　例えば真木2003は、時間意識について、原始共同体の反復的時間、ヘブライズムの線分的時間、ヘレニズムの円環的時間、近代社会の直線的時間を区別している。

（3）　歴史的制度主義の観点から国際制度を分析した研究としては、Fioretos ed. 2017。
（4）　また高坂は、ウィーン会議を主宰したメッテルニッヒが「最後通牒」を嫌悪していたことを指摘している。「たとえ自己の立場を強く主張することが必要であっても、「最後通牒」という形で、時間を切り、急いで問題の解決を図ることは粗暴であり、愚かであると彼は考えていたのだった。」（高坂 2012、199 頁）
（5）　時間論的転回への批判的言及や検討としては、Hutchings 2018 および Hom 2018 を参照。
（6）　なお、社会的加速と民主主義の関係については、Scheuerman 2004。

参考文献

Bertrand, Sarah, Kerry Goettlich, and Christopher Murray（2018）"The Politics of Time in International Relations," In *Millenium*, Volume 46 Issue 3, June 2018, pp. 251-252.

Cohen, F. Elizabeth（2018）*The Political Value of Time: Citizenship, Duration, and Democratic Justice*, Cambridge University Press.

Fioretos, Ofero, ed.（2017）*International Politics and Institutions in Time,* Oxford University Press.

Fukuyama, Francis（1989）"The End of History?" In *The National Interest*, 16（1989），pp. 3-18.

Hom, Andrew R.（2018）"Silent Order: the Temporal Turn in Critical International Relations," In *Millenium*, Volume 46 Issue 3, June 2018, pp. 303-330.

Hutchings, Kimberly（2008）*Time and World Politics: Thinking the Present*, Manchester University Press.

————（2018）"Time and the Study of World Politics," In *Millenium*, Volume 46 Issue 3, June 2018, pp. 253-258.

Rosa, Hartmut（2009）"Social Acceleration: Ethical and Political consequences of a Desynchronized High-Speed Society," In Rosa Hartmut and William E. Sheuerman, ed.（2009）*High Speed Society: Social Acceleration, Power, and Modernity*, The Pennsylvania State University Press, pp. 77-111.

Scheuerman, William E.（2004）*Liberal Democracy and the Social Acceleration of Time*, The Johns Hopkins University Press.

Zakaria, Fareed（2008）*The Post-American World,* W. W. Norton.

アダム、バーバラ（1997）『時間と社会理論』（伊藤誓・磯山甚一訳）法政大学出版局。

アーリ、ジョン（2006）『社会を越える社会学』（吉原直樹訳）法政大学出版局。

————（2015）『モビリティーズ——移動の社会学』（吉原直樹・伊藤嘉高訳）作品社。

アリソン、グレアム＆フィリップ・ゼリコウ（2016）『決定の本質——キューバ・ミサイル危機の分析　II』（漆島稔訳）日経 BP 社。

ヴィリリオ、ポール（2001）『速度と政治——地政学から時政学へ』（市田良彦訳）平凡社ライブラリー。

エリアス、ノルベルト（1996）『時間について』（井本晌二・青木誠之訳）法政大学出版局。

カーン、スティーブン（1993）『時間の文化史——時間と空間の文化 1880—1918 年　上巻』（浅野敏夫訳）法政大学出版局。

————（1993）『空間の文化史——時間と空間の文化 1880—1918 年　下巻』（浅野敏夫・久郷丈夫訳）法政大学出版局。

クーパー、ロバート（2008）『国家の崩壊——新リベラル帝国主義と世界秩序』（北沢格訳）日本経済評論社。

高坂正堯（2012）『古典外交の成熟と崩壊　I』中公クラシックス。

第Ⅲ部　外部の視点から見た「「国際政治」の終わり？」論

タックマン、バーバラ（2017）『8月の砲声　上』（山室まりや訳）ちくま学芸文庫。

永井陽之助（1979）『時間の政治学』中央公論社。

ハーヴェイ、デヴィッド（1999）『ポストモダニティの条件』（吉原直樹監訳）青木書店。

ピアソン、ポール（2010）『ポリティクス・イン・タイム――歴史・制度・社会分析』（粕谷裕子監訳）勁草書房。

フリードマン、トーマス（2018）『遅刻してくれて、ありがとう――常識が通じない時代の生き方　下』（伏見威蕃訳）日本経済新聞出版社。

プルースト、マルセル（1996）『失われた時を求めて　第1篇　スワン家のほうへⅠ』（鈴木道彦訳）集英社。

―――（2001）『失われた時を求めて　第7篇　見出された時Ⅱ』（鈴木道彦訳）集英社。

真木悠介（2003）『時間の比較社会学』岩波現代文庫。

マリガン、ウィリアム（2017）『第一次世界大戦への道――破局は避けられなかったのか』（赤木完爾・今野茂充訳）慶應義塾大学出版会。

マン、トーマス（1988）『魔の山　上』（関康祐・望月市恵訳）岩波文庫。

ロッスム、ゲルハルト・ドールン - ファン（1999）『時間の歴史――近代の時間秩序の誕生』（藤田幸一郎・篠原敏昭・岩波敦子訳）大月書店。

第8章

国際政治学はマテリアル・ターンの真意を受けとめられるか？
—— 多重終焉の黄昏の中で

前田幸男

　人はどのような価値観や関心事をもっているかで、見える現実が異なる。本当は、現実は複数形であり、パースペクティブが複数あればあるほどその現実は、多次元的に展開してくるはずだが、国際政治学の世界ではどうもそうはならないことが多い。ましてや国家を基点として物事を捉える訓練をした者たちにとっての現実はある程度、予測できる射程の中に納まる現実だと言っていいだろう。

　近年、伝統的な三分類である自然科学・社会科学・人文学のそれぞれの分野を貫くようにしてマテリアル・ターンが起きてきた[1]。マテリアル・ターンは、一つの厳格な学派でもなければ、アプローチを形成する動きでもない。複数のまったく関係もなさそうな研究が、実は交差する地点だと言ってもいいだろう。例えば、新しいマテリアリズム、内在的自然論、ポスト・ヒューマニズム、反ヒューマニズム、思弁的実在論、複雑性理論、オブジェクト指向存在論、生成の哲学など、さまざまなアプローチの中にマテリアルな側面に注目する方向性が存在しているのである（Connolly 2013a, p. 399）。

1．マテリアル・ターンとは何か？

　上記のような流れを受け、国際政治学の世界でも気候変動問題を一つの導きの糸として、マテリアル・ターンが起こっている。このマテリアル・ターンは、これまでの人文学や社会科学でとくに顕著だった、物質的な側面をあまりにも無視してきた傾向への反省から起きているものである。それは言うまでもなく国際政治現象を捉える際にも、ヒトとヒトの関係だけを注視する

第Ⅲ部　外部の視点から見た「「国際政治」の終わり？」論

アプローチによって零れ落ちる別の現実があることに警鐘を鳴らし、「ヒトと自然」・「ヒトとヒト以外の動植物」・「ヒトと非ヒト（無機物を含む）」の間のさまざまな関係性が織り成す「現実」を改めて注視する姿勢に力点を置く。

　ここではマテリアル・ターンの特徴とその登場の背景としての人口爆発について述べた上で（第1節）、次にマテリアル・ターンが起きている理由を考える上で世界が多重終焉の中にあることを確認する（第2節）。他方で、それとは裏腹にリアリズム的世界観が復権しているように見える理由について論じた上で（第3節）、人類のサバイバルという課題に向き合うために、国際政治学の進むべき方向性としてのジオパワーの議論に接続させる（第4節）。最後にこの状況に対して日本の文脈から言えること／言うべきことを指摘して論を閉じたい（第5節）。

アクターとアクタントの区別

　マテリアル（物質）という概念は、国際政治学の分野ではまったく言及されてこなかったわけではない。リアリズムの世界観の中では物質は国益を算定するために「資源」や「兵器の数」などとして議論の俎上にのってきたし、さらには主にマルクス主義の流れを汲む史的唯物論のアプローチは、むしろ物質に焦点をあてることを専売特許としていると理解されてきたと言ってよいだろう。

　しかし、リアリストの考えているマテリアルとは、国益として算定される「もの（things）」でしかなく、分析の中心（あるいは議論の主語）にはアクター（国家）が鎮座している[2]。他方で、マルクス的な意味での物質は、資本との関係で利用される対象として自然が理解され、「物質代謝の亀裂（metabolic rift）」として自然に負荷がかかっていくものと捉えられている[3]。その点では興味深いが、国際政治学におけるマルクス派（あるいは世界システム論者ら）はその分析を国家の覇権や超大国の議論に回収していく傾向があった。そうなると、どちらにせよ焦点はアクター（actor）であり、アクタント（actant）にはない。アクタントとは、人間と非人間のどちらをもそ

の対象にできる概念である。それは社会科学者の多くが国家・企業・NGO・個人などの特定の「アクター（≒行為主体（subjects））」を措定して分析するアプローチとは根本的に異なる[4]。とにかく行為（actions）できる主体に、あらゆる事象を回収して理解してしまうことを警戒するのである。

　例えば、無人偵察機ドローン・ロボット・AIといった無機物である非ヒト的存在がどのような役割を果たしているのかといったテーマに対し、既存の国際政治学のアプローチではそれらを操作する行為主体を基点に何らかの議論はできても、非ヒトである「もの自体」のアクタント分析を経由した世界秩序論を展開することは難しいだろう。さらに本章との関係でいえば、気候変動、ハリケーン・サイクロン・台風、大地震、大津波、ウィルスといった「もの」は、明らかに行為を繰り出すアクターではないが、エコロジカルな危機としてこの地球上に生成し、世界にインパクトを与えるアクタントと言わざるをえない（Latour 2004, p. 75）。マテリアル・ターンが起きている理由の一つは、アクター分析では見えてこない諸現実が、アクタント分析によって描き出せるということがわかってきたからだろう。

言語アプローチとは異なる

　またこのマテリアルな側面に着目するアプローチは言語アプローチとも一線を画する。確かに、社会学的な蓄積から多くの着想を得て発展してきたリフレキシビズムというアプローチをまとまりのある研究群として捉えれば、それらは科学的手法に依拠した実証主義とは異なるものとして、ある種の発展を遂げてきたと言うことができる（五十嵐 2017）。しかし、これも言語およびそれを通した人々の再帰的応答が鍵になるのであって、あくまで主人公は（集団としての）人間なのである。これに対してマテリアル・ターンは、人間ドラマだけを扱うアプローチでは掴みきれない別の現実に迫るために始まったと言っていい。

　五十嵐元道が指摘しているようにフーコー派は「装置」というものを重視する。それは言語と身体の交差の反復から浮かび上がってくるものであり、ダイヤグラムとしばしば呼ばれることがある。そうした手法を意識しながら

第Ⅲ部　外部の視点から見た「「国際政治」の終わり？」論

ミシェル・フーコーの人生の中期以降に展開されたのが「統治性（govern-mentality）」分析だった。フーコーが講義の中で実験的に使用した「統治性」概念を通して分析したのは「人口」であった。統治性分析は、集団としての人のかたまりがどのように統治され、同時に統治されている人口はどう振る舞うのかの両面を捉えようとするものであった。しかし、マテリアル・ターンが起こることで現在注目されているのは、人間の集団から構成される「社会」にもっぱら焦点をあてるのではなく、ヒトと非ヒトの相互作用のあり方についてである。気候変動による異常気象そのものは現実であり、言語ゲームが繰り広げられている背後で淡々と進行してきた現象である。言語と行為の反復。マテリアル・ターンとは行為に関係する物質的諸条件にわれわれの意識を限りなく引き付けることで、既存の認識の限界を乗り越える挑戦と言ってもいいだろう。ウィリアム・コノリーの言葉を借りれば、マテリアル・ターンはもっぱら人間の集まりだけに焦点をあてる「社会中心主義（sociocentrism）」的アプローチからの脱却こそが賭け金となっているのである（Connolly 2017, p. 16）。なぜなら、社会中心主義にはしばしば人間が他の生命体とは異なり、例外的で特別な存在＝主体であるという暗黙の前提があるからである。この惑星の変化に敏感になるには、社会中心主義的アプローチでは限界があるのだ。

人口爆発──現実世界の砂漠へようこそ

　上記のアクタント分析という観点からすれば、マルクス派の資本の分析はこのカテゴリーの中に位置づけて理解することは可能であるし、しかも現代世界にあって資本の関与のない環境破壊というのも想像が難しいとも言える。にもかかわらず、われわれは資本が誕生するずっと以前から、大気・海・太陽・大地といった「世界」とともに暮らしてきたのだ。地球と地球上の生命の間では、資本と関係のないところで、北極と南極の位置が変わる極移動や、氷期と間氷期が繰り返されてきたし、大地震、大噴火、大津波が突如起きたりもした。自然環境は、安定している時もあれば、突如劇的に変化する場合もある。

第 8 章　国際政治学はマテリアル・ターンの真意を受けとめられるか？

　ところが、気候変動問題というものは、人間の諸活動が地球に与える何ら
かの影響から生じているということを否が応でもわれわれに考えさせる点に
ある。無論、大規模な経済活動の拡大は温室効果ガスの排出に寄与しており、
依然として資本は気候変動問題を引き起こした重要な要素ではある。しかし
「1 億年前にできた化石燃料の蓄えは、数世紀で尽きかねないが、それが気
候にもたらすインパクトは数百万年も続く」（Archer 2009, p. 11）。このマテ
リアリティは、資本と人間の関係を再考する機会になるのと同じくらい、惑
星と人間の関係を改めて考える機会を提供してくれる。それは言い換えれば、
国際政治学が暗黙の前提としてきた、物質（＝資源）とは人間が豊かになる
ために利用する道具であるとするマインドセットの再考に当然つながってく
る。

　われわれが生きる世界に、短期にこのようなラディカルな変化を引き起こ
した原因は何か。それは端的に言えば人口爆発である。2017 年度の国連の
世界人口予測によると、2017 年時点で 76 億人の世界人口は、2030 年までに
86 億人、2050 年に 98 億人、そして 2100 年には 112 億人に達すると予測さ
れている（UN Department of Economic and Social Affairs 2017）。19 世紀初頭
の世界人口がおよそ 10 億人でそれが 20 億人になるのでさえ 100 年かかった
ものが、1960 年代以降はほぼ 10 年間単位で 10 億人増えてきたのである。
その事実一つとっても、人間の増殖スピードは凄まじいものがある。

　まずは地球自体が「はたしてこの爆発的に増加した人口を養う能力を依然
として有しているのか？」という大きな問いから、この話は始めなければな
らない。なぜなら、近年公表された自然環境の悪化に関する研究結果は、ど
れも未来を生きるあらゆる生命にとってあまりにも厳しいものだからである。

　例えば、水について言えば、現在すでに世界人口の約半分にあたる 36 億
人が潜在的に水不足になる地域に住んでおり、これが 2050 年までには 48 億
〜57 億人にまで増加すると予測されている（UNESCO 2018, p. 3）。

　また世界銀行は 2018 年 3 月 19 日に、サハラ砂漠以南のアフリカ、南アジ
ア、中南米の 3 地域の気候変動と人口移動の関係を分析し、このまま気候変
動問題に各国が団結して対策を打てなければ、水不足や農作物の不作、海面

177

上昇などを理由として、2050 年までに約 1.4 億人が気候難民として移動を強いられるとの予測を出している（Rigaud, *et al.* 2018）[5]。

　さらに 100 人以上の科学者らによって組織されている「生物多様性および生態系サービスに関する政府間科学 – 政策プラットフォーム（IPBES）」は、2018 年 3 月 26 日、土地の劣化によって 2050 年までに 5000 万以上の人々が移住を強いられるとの報告を発表した。同報告書では、土地の荒廃によって世界人口の 40％にあたる約 32 億人の福利がすでに損なわれているとした上で[6]、この状況に何らかの歯止めをかけなければ、移住を強いられる人々は 7 億人に上る恐れもあるとしている（IPBES 2018, pp. 1-3）。

　改めて指摘しておきたいのは、こうした水・空気・大地といった人間活動の「背景舞台」である「環境」の崩壊に対する危機的予測は、現在も進行中の人口爆発との関係で考えなければならないということである。マテリアル・ターンとはこの如何ともし難い人間の爆発的増加のプロセスの中で、人間がそれ以外の生命体にかけてきた負荷に対して出されているシグナルに人間が気づき始めている中で起きたものとして理解できる。その意味で本章は、国際政治学が置く暗黙の前提を可能ならしめてきた物質的条件が成立しなくなりつつあることについて考察することを通して、国際政治学という学問のラディカルな再定義への道筋を切り開くことを狙いとしている。

２．確かに終焉なのだ、しかし何の？

　本章の問いかけであるマテリアル・ターンが起きている理由を考える上で、私はキャメロン・ハリントン（Harrington 2016）の多重終焉論が極めて重要であると捉えている。そこで、以下では多重終焉論を参照しながら、現在われわれが何の終焉を迎えつつあるのかを確認していく。その第一が、完新世時代の国際政治学の終焉であり、第二が手つかずの自然世界の終焉、そして第三が人間の終焉である。以下、順に見ていきたい。

完新世時代の国際政治学の終焉

　完新世とは、最終氷期が終わる約1万年前から現在までの地質学上の時代区分の名称であり、その境界は大陸ヨーロッパにおける氷床の消滅をもって定義される。国際政治学のほとんどの議論は、この地球が人間に提供する「環境」が変化しないということを所与として議論が展開される。覇権国はどこであるとか、新冷戦がどうであるとか、経済成長率や国内総生産の規模の議論であるとか、そもそも国益がどうであるとか、テロ対策は準備万端であるとか、そして難民の受け入れの是非がどうであるかなども含めて、議論は無数に存在する。

　ところが、地球環境を変化しない舞台背景として措定して、もっぱら人間関係の諸問題だけに焦点をあてることのできる時代は終わりを迎えつつある。いまこの完新世が終わり、新たに人新世の時代に入っているのではないかという議論がなされている。例えば、海水の熱吸収量についての興味深い結果が発表されている。1865年から2015年までの海水温の変動を追った研究チームのデータから、かつてない水温上昇傾向がわかっている。水深0mから700mの間の海水温の上昇も著しいが、水深700mから2000m、水深2000mよりも深いところの水温までも、わずか数十年で歴史的な上昇を記録している（Gleckler, Durack, Stouffer, Johnson & Forest 2016）。海水温の上昇は水の熱膨張を引き起こすため、結果としての海面上昇は避けられないことになる。またClimate CentralというNPOの研究によれば、仮に2100年までに3.2度の気温が上昇した場合、海面上昇によって海抜の低い都市が海面下に沈むことで2億7500万人が影響を被るとされている[7]（Holder, Kommenda & Watts 2017）。さらに近年、高緯度地域の永久凍土の融解が加速しているのはジェット気流（対流圏偏西風）の蛇行と密接に関係していることがわかっており、その蛇行の影響で著しい凍結や、その逆に熱波や洪水が生み出されたりする。その蛇行とヒト由来の温室効果ガスの関係性についての議論が現在も活発になされている（Carrington 2017）。

　こうした劇的かつ複雑な地球の諸変化は、近代化と人口爆発のプロセスの中にあって人間の諸活動の痕跡が地球に残された結果として理解できる。当

第Ⅲ部　外部の視点から見た「「国際政治」の終わり？」論

然こうした現象に対しても、各国はそれぞれの国益を勘案して行動しているし、安全保障のイシューを環境にも拡張していくべきであるという議論は、冷戦期にすでに登場している（Ullman 1983）。しかし、環境問題は国際協調によって管理可能な問題として考えられており、国際政治学において環境問題がテーマになる場合でも、多国間交渉プロセスや多国間条約を取り扱うものと理解されてきた（Harrington 2016, p. 486）。いくぶんラディカルではあるが、ミシェル・セールの言葉を借りれば、「環境」という言葉自体が、「われわれを取り巻く諸物のシステムの中心に人間がどっかと座って、われわれ人間が宇宙の臍であり自然の支配者であり所有者であるということを想定している」（セール 1994、53-54 頁）。イシューは環境ではあるが、研究対象がもっぱら人間集団もしくは国家間の相互作用に限定されるとすれば、それらはコノリーが社会中心主義的アプローチであると指摘した研究群に該当することになる。完新世時代の国際政治学というカテゴリーがあるとすれば、それは自然と人間の関係性の深化がどのような秩序変容を起こすのかについての研究ではなく、あくまで人間が中心に位置し、その外部にある環境問題に対処するという構図の下で展開される研究群と捉えることができる。しかし国際政治学が、管理可能な「環境」問題に向き合う人間集団（間）の営みを分析していればよい時代は終わりを迎えつつあると言わなければならない。

手つかずの自然世界の終焉

　かつてビル・マッキベンは『自然の終焉』の中で、人間が地球温暖化を引き起こし、自然を破壊したことによって、手つかずの自然というものがもはや存在しなくなったことを指摘していたが（McKibben 1989）、この「自然の終焉」というテーマについて、単純だが極めて示唆的な以下の事実から議論を始めたい。

　ヤン・ザラジエウィッチは、全世界の人間の体重の合計値に関する興味深い研究について言及している。すなわち、「単なる体という塊として理解すると、私たちは現在、地球上の陸上脊椎動物の体重の約 3 分の 1 を占めている。残りの 3 分の 2 のほとんどは、私たちが食べ続けているもの、すなわち

180

牛、豚、羊といった動物が占めている。5％に満たない、おそらくはわずか3％だけが、チーター、ゾウ、レイヨウなどの、本当の意味での野生動物によって占められている」（Zalasiewicz 2013, p. 24）。

　かつて第四紀（258万8000年前から現在まで）の初期には、人類は約350種類いた脊椎動物の一つに過ぎなかったが、いまや完全に他の動物を飼育し、自らの糧としているのである。われわれ人類は、あらゆる動物を含む自然を圧倒的なまでのコントロール下に置きながら生きているとも言えるが、逆に言えば、もはや人類と自然を峻別するだけでは済まないところにまできているのである。地球上の動植物を完全に取り込んでいる状況を考えると、現在のヒトと非ヒトの交差が、地球と地球上の生命にどのような負荷をかけているのかをできるだけ正確に認識することは、いまや環境正義という観点から見ても最低限の責務になっている。

　それにもかかわらず、人類は物流ネットワークの整備によって食糧を配備しようとしていく。それは人道的配慮や経済的配慮から、その場その場の判断としては妥当な措置ではある。しかし、別の角度から指摘するならば、そのプロセスは自然と社会が比較的有機的につながっていた時代が切断され、距離が置かれていき、人も動植物も大地も海も何もかもが見えなくなっていくプロセスである。むしろ、人類は現在の社会問題さらには地球的問題群の解決策を、技術的な応急措置（technical fix）によってのみ乗り越えようとする傾向にある。それが近代の未完のプロジェクトだと言っても差し支えないだろう。

　かつてトマス・ホッブズが論じた「自然状態」の中に、大地・海・大気といった自然が含まれることなく、したがって社会契約の主体として排除されてきたことが、人間中心の社会と世界の構築の一つの参照点となってきた点は、すでに別のところで指摘した通りである（前田 2018a）。これが、一方で「自然」を「人間」によって完全にコントロールしようとしている状態であるにもかかわらず、学問が前者を自然科学、後者を社会科学と人文学に差配し、分業を進めている現実である。

　自然とは何か。それは、ヒトがいない世界を指すのか、ヒトとヒトとが殺

第Ⅲ部　外部の視点から見た「「国際政治」の終わり？」論

し合う世界を指すのか。実際は、自らのディシプリンに都合のよい「自然」を定義して語っているに過ぎない。ミシェル・セールに言わせれば、現在の世界の状況は、ヒトとヒトがお互い争い合う主観的暴力のプロセスそのものが、つねにすでに客観的暴力として地球に襲い掛かっているということになる。まさしく「万物に対する万人の戦い」である（セール 1994、24 頁）。地球の生命を養う許容力の問題を考えると、このメッセージの重要性はいまも高まり続けているといえるが、そのことを自覚するものはいったい世界にどれだけいるのだろうか。国際政治学におけるマテリアル・ターンはこのプロセスへの覚知が世界のどこかで起きている証左であるということは言える。しかし、それがこのディシプリンに浸透するまでにいったいどれだけの時間がかかるのか、想像することも難しい。

人間の終焉

　安全保障を研究する多くの国際政治学者が核抑止論を擁護する一方で、とりわけ冷戦期、宇宙物理学者のカール・セーガンによる「核の冬」の議論[8]を受け、一部の国際政治学者は核戦争勃発による人類絶滅の危機について警鐘を鳴らしてきた（坂本編 1999; 小林 2017）。人類の絶滅という大きな課題という意味では、核兵器がもたらす破滅を問題の俎上にのせた意義は大きい一方で、絶滅それ自体は核兵器によってだけ起きうる事象ではない。

　21 世紀初頭の現在、すでに地球は第 6 次大量絶滅の時代に入っているという指摘がさまざまなところでなされている（例えば、前田 2018a）。その引き金の一つには発展途上国にある主要都市の過剰都市化によるスラムの膨張現象に顕著に表れているような、これまでに例のない人口爆発がある。ミシェル・セールはヨーロッパという超巨大都市に人が集中している状況を夜の人工衛星から眺めて、きらきら光っているエネルギーの塊として捉え、それらを地球に重くのしかかる「人間プレート」と呼んだ（セール 1994、25-30 頁）。この人間プレートはいまや、スマートフォンを携帯し、ハイブリッド化し、融合したヒトとモノとなっているが、これは純粋なヒトでも純粋なモノでもなく「準モノ（quasi-object）」（セール 1987）である。人間プレート

182

は「モノ＝客体（object）」でありながら、主体であるかのように地球にインパクトを与えている。エネルギーを消費する人口が爆発するだけでも地球には負荷がかかっているわけだが、現在はそのヒトがさまざまな追加エネルギーを要するサイボーグとなり、負荷の度合いを高めている。

　この準モノ化した人間プレートが世界に何をもたらしているのか。負の影響は多次元にわたっており、世界の平均気温の上昇という結果との因果関係の特定は難しい部分も多いものの、関係性はさまざまなところで指摘されている。気候変動によって居住が不可能になる地域の増加、永久凍土の消滅、現実に起きつつある海面上昇、温帯の亜熱帯化に伴う穀倉地帯の縮小、生物多様性の喪失、感染症の拡大、水の慢性的不足など、そのリストは続いていく。ある一つの現象が、ときに他の現象と共振しながら正のフィードバックが起こり、ティッピング・ポイントを超えると、もう元には戻れなくなる。

　しかし、準モノ化したわれわれはこの人間の終焉の危機に気づかないか、もしくは危機に慣れきってしまった者たちは今日もスマートフォンをいじりながら、世界秩序を再生産しているというのが現実だろう。賭け金はわれわれの日々の過ごし方にかかっているにもかかわらずである。この点に関連して、ロブ・ニクソンは、われわれの生活の集積が遅効性のある暴力として顕在化する現象を、時間をかけてゆっくりと進行するプロセスとして、ヨハン・ガルトゥングが使用する構造的暴力という概念との共通点を認めつつも、あえてそれとは区別して、「緩慢な暴力（slow violence）」と呼んだ（Nixon 2011, p. 11）。情報社会の中でスマートフォンを片手に準モノ化したわれわれの日常生活における時間感覚は確実にスピードアップするなかで、これまで10万年以上も変わらなかった地球の時間の刻まれ方が確実に変わってきている。「緩慢な（slow）」とは、その言葉とは裏腹に人間時間に自然を巻き込みつつあることを表現している。緩慢だが着実に進行する生態系の劣化。その先にはいったい何が待っているのだろうか。国際政治（学）的営みは当面も終わることなく慣性の法則のように続くだろうが、その先には寿命の来たPCのように強制終了が待っているということが、ここでは暗示されている。

183

第Ⅲ部　外部の視点から見た「「国際政治」の終わり？」論

3．リアリズムのリバイバル？

　こうして上記では、まさしく問題は国際政治学を続けるための前提条件であるわれわれの生存が、地球の生存の如何にかかっているということを論じた。しかしながら、国際政治学の分野では、米・中・露といった大国の覇権的行動や、ヨーロッパ各国でのポピュリズム政党の台頭などが勢いを増している。これは一言でいえばリアリズムのリバイバルと言ってもよい状況だろう。それがなぜ起きているのかを考えるために、ここでは学問分野（ディシプリン）によるわれわれの思考の規律（ディシプリン）という問題と、計測・算定による統治の精緻化の問題に向き合ってみたい。

ディシプリンによる思考のディシプリン

　国際政治学においてサバイバルについて論ずるとき、そこには「国家の」サバイバルであるという暗黙の前提が置かれることが多い。日本に限らず、先進国の国際政治学に関わる者が、気候変動によって自らの基本的足場が崩れかねない状況であることに気づけていないとすれば、その鈍感さは何に由来するのだろうか。一つには、数十年前に比べて、近年の夏が非常に暑いなど異常気象に慣れて（＝適応して）しまっている点が挙げられるだろうが、何よりも考えなくてはならないのは、知の権威の一端を担う国際政治学を再生産する場が先進国であり、多くは不可逆的かつ急激な環境変化の危険性を引き起こしうる気候変動の現場から遠いところでスーツを着て、ネクタイを締めて、エアコンをつけて行われている点にこそ求めるべきではないだろうか。国際政治学という学問に関わる者が「私たちは次の無味無臭の抽象化された大惨事のニュースを、エアコンの効いたオフィスでネクタイを締めて待つのである」（清水 2017、9頁）という清水耕介の言葉に付け加えることがあるとすれば、その態度は世界をシャットアウトしながら世界を夢想する行為であるのみならず、加えて人間関係（human affairs）に意識がいき、ヒト以外の世界はその夢想の中でさらにシャットアウトする行為だという点だ

184

第8章　国際政治学はマテリアル・ターンの真意を受けとめられるか？

ろう。マテリアルな部屋に自身を隔離し、マテリアルなPCのスクリーン越しに世界を夢想するが、その先に見える惨状はどこかの国に所属するヒトにもっぱら焦点があたった切り取られた形で理解される惨状であって、大地・水・大気・動植物・人間の分離不可能な世界の惨状ではない。

　一方で米・中・露など大国間の「グレートゲーム」によるお互いの削り合いは以前にもまして強まっているなか、国際政治学が考察の対象にしている空間的前提が成り立たなくなりつつある。例えば、以前の北極海は氷によって活発な人間活動が阻まれていたため、その地は南極条約のように個別条約は存在しないものの、北極圏諸国と先住民団体によって構成されている「北極評議会」によって国際的に管理される空間として理解され、その構成的外部である世界が国際政治学の舞台として理解されてきた[9]。しかし近年、科学者の間では2030年の初頭までに、北極の氷は夏季には消滅するだろうという議論がなされており、仮にそれが現実になれば、上記のような関係は成り立たなくなる[10]。それだけではなく、氷が融解し、消滅してしまうということは、太陽光を反射し、北極海が太陽熱を吸収するのを防いでいた氷がなくなるという意味であり、それが地球温暖化や気候変動に与える影響は計り知れない（Rosen 2017）。

　このように比較的人類にとって生存しやすい一つの時代が、まさしく終わりを迎えつつあるのとは対照的に、そのことに気づかないか、もしくは気づいていてもどこか他人事のように脳内で処理されていくところに、現在の洗練された文明の危機的状況があるといっても過言ではないだろう。しかし、その力が学問分野（ディシプリン）そのものにあるということにわれわれは自覚的でなければならない。

計測・算定による統治の精緻化

　また上記で指摘した通り、現在世界中でリアリズム的世界観を体現する政治的指導者がにわかに増えており、この惑星の危機など気にも留めていないかの如く、あからさまに自国の「国益」を最優先して行動しているように見える。これはなぜなのか。

185

第Ⅲ部　外部の視点から見た「「国際政治」の終わり？」論

　この問いに答えるには、各国が領土（とそこに含まれている資源）を正確に計測・算定し、統治対象として把捉・利用できるようになったことに注意を払う必要がある（前田 2018b）。それは、人口爆発の中で地球が人類を養える能力の限界が見えてきたのとは裏腹に、その地球に埋蔵されている資源の領土への帰属分が正確に把握できるようになってきたということである。その結果、帰属する領土と資源に対する飽くなき追求によって各国は国民の生を支えること（＝生権力）への執念がこれまで以上に激しく強くなっている。「生政治（biopolitics）」は必然的に「エネルギー政治（energopolitics）」に強く連関する。なぜなら、人口を養うにはエネルギーが不可欠だからである。それはわれわれの生活を支える電気やガスの供給を考えれば容易にわかることだが、統治におけるエネルギーの欠如は人口にとっての死を意味する。「生政治」の概念を提起したミシェル・フーコーはその講義録『安全・領土・人口』の中で、領土と人口の関係についての考察を深めることはなかったが、ここではミッシング・リンクはエネルギーであるとだけ指摘しておく。統治がもっぱら人口を生かすことにある以上、生物多様性が重要な目標として浮上してくることはない（Szeman 2014, p. 460）。加えて、統治に終局がないということは、言い換えれば、より良い統治のためのエネルギー確保への欲求にも終局はないことになる（Szeman 2014, pp. 461-462）。

　民主主義国家が他国に対して好戦的になる傾向が、冷戦の融解後の1990年代よりも、現在においてより顕在化していることはこの問題と関係している。この「生政治 - エネルギー政治」が共振し、閉鎖系の統治モードの強度が高まってきている以上、定期的に選挙を何度繰り返しても、「民主主義国家」は好戦的な政体を何度でも打ち立てることが可能である（Connolly 2013a, pp. 411-412）。というのも、民主主義社会の政治家たちは選挙のサイクルにしたがって行動するために、人口であると同時に有権者でもある国民がそれを欲すれば、自ずと政治家たちはその欲求を反映する形で行動に移すだけだからである（Chakrabarty 2014, p. 3）。

　例えば、アメリカ合衆国のトランプ政権の気候変動問題に対する姿勢が興味深いのは、環境保護関連予算を削減するだけでなく、気候変動という用語

186

をホワイトハウスのホームページからの完全な削除までを指示した点である。トランプ大統領は「人間」の代表として自らを認識しているからこそ、雇用と票のために石炭業界を保護し、人間以外の存在は人間の重要度に対して下位に位置づけていることが露骨なほどわかる[11]。

　国際政治学の分野においてリアリズムが復権しているように見えるのは、その行動が他国を睨みながら自国の人口を養うという動機からの敵対的統治に由来しているからである。ここでリアリズムを持ち上げることは容易にできるわけだが、この立場に立脚する者はことごとく、そのコインの裏側で人間が地球に対して総攻撃（＝戦争）をかけているという現実を引き受けようとしないし、見ようともしない。この状況を単に受容し、知の権威として再生産し続けているとすれば、そこに人間中心主義的な国際政治学という学問の限界が露呈しているといえる。

4．ジオパワーに基づいた新しい地政学へ

　このように一見リアリズムのリバイバルのように見えるのは、人類のサバイバルを国家のサバイバルの総和としてしか表現できないからであるということが言える。しかしサバイバルといっても、やはり地球とそこに生きるあらゆる生命の問題として考えなければならない。国際政治学という分野は特殊で、国家のサバイバルが最優先事項であると言い続けられる時間は、あまり残されていないのだ。

　地球はいま人口爆発した人間プレートを抱える一方で、地球に寄生する人間プレートのわれわれの側は近代化を通して発展してきたし、まだアジアやアフリカではその途上だという意識が強い。このプロセスの中で人類は多重終焉を経験しているわけだが、こうした状況にあって、われわれは何を思考し、何をなすことができるのだろうか。かつてドゥルーズとガタリは『千のプラトー』の中で「層（strates）」に注目していた（Deleuze & Guattari 1980）。層とは何か。本章との関係に引き付けて言えば、それは何よりも地層である。地層を理解するには、気の遠くなるような時間を経ながら、人類

187

誕生以前も以後も地球の表面では何が起こってきたかを考えることが鍵となる。それは太陽の照射と光合成、そして生命の誕生と終焉の循環、さらには地殻の形成である。それとは対照的に、人類は後期近代という短期間に大発展するなかで化石燃料を燃焼させてきたが、それによって大気中に放出された温室効果ガスが今度は大地や大海に降下し、地層を加速度的に変容させてきた。地中に埋まっていた「化石燃料」を掘り起こし、人為的に世界の大気と海水に炭素をばら撒いてきたのだ。なぜなら、人口を養うためにはエネルギーが必要だったからであり、そのエネルギーを地層から抽出する必要があったからである。しかし持続可能性という点で、人類によるこの手法は終わりを告げられようとしている。

　ただ、世界はどれだけ激変しようとも、つねに歴史は「地層」とともに生命はあったし、これからもそれは変わらない。すべての歴史は「地球史（geo-history）」であるということを受け止めることができれば、遅かれ早かれすべての政治は「地 - 政学（geo-politics）」として理解できるようになる（Clark 2017, p. 215）。

　問題は、いまこの地球に対してわれわれがどのような姿勢で向き合っているのかである。地球は搾取し、使い倒すことのできる物なのか、それともパートナーや親族なのか。国際政治学はこの問いに向き合うべきである。社会契約の主体と見るのか、家族や親族の一員と見るのかで当然違いが出てくるだろう。しかし、いずれにせよ言語能力をメンバーシップの必須条件とみなし、語らないものはその資格に値しないと捉えるべきではないだろう。言語能力の有無によって、フラットで対等なパートナーやメンバーたりうるかを判断する限り、ロゴス至上主義からの脱却は著しく困難であると言わざるをえない。

　パートナーやメンバーとして理解しようとするのであれば、かれらの日々のドラスティックな変化に敏感になることを通した、われわれの存在論の修正は避けられないだろう。マテリアルな側面に目を向けることの意味は、そこに自身の生活との接点があるからである。気候変動のガバナンスの思考とローカルな現象面での偏在する厳しい状況をつなげて思考することから始め

るべきだろう。例えば、われわれの豊かな生活を支えている化石燃料の抽出地点（ユーラシア・中東・アフリカの諸地点）で起こる紛争・自然破壊・搾取などのさまざまな悲惨を想像することができるかどうかである。そうした限界状況をパートナーやメンバーからのシグナルであると捉えることで、自らの振る舞いに何らかの変化が起きないかどうか、一度考える機会が必要となっている。そこで意識と振る舞いの変革が起こるかどうかは、「地球は単なる「資源（resource）」ではなく「源（source）」である」（Klein 2014, p. 444）ということをわれわれが理解できるかどうかにかかっているといえる。

これは先に触れた「生政治 - エネルギー政治」の連関という観点から捉え返せば、「生権力（bio-power）」の存立に不可欠だったのが「エネルギーの力（energo-power）」だが、その力の源は生命を生存可能にさせる「地球の力（geo-power）」（Grosz, Yusoff & Clark 2017, pp. 134-135）だということである。そして、そこに人間は寄生しているに過ぎないという事実を、われわれの意識の中に「規範化＝標準化」できるのかどうかという問題である[12]。

5．日本からの応答？

こうした諸状況を日本という視点から捉え返せば、歴史的にも日本は東洋文明の中に位置しており、自然と共生していくことは昔から得意なはずである。また多重終焉という問題に対しても、例えばすでにスタジオジブリの1986年の作品である『天空の城ラピュタ』の中でシータがムスカに対して語っていた以下のセリフに集約される形で答えは出ている。

　　土に根を下ろし、風と共に生きよう。種と共に冬を越え、鳥と共に春を歌おう。どんなに恐ろしい武器を持っても、たくさんのかわいそうなロボットを操っても、土から離れては生きられないのよ！

しかし残念ながら現在の日本は、自然と共生することへの意識が決して高いわけではない。例えば2018年6月にカナダで開かれたG7でプラスチック

第Ⅲ部 外部の視点から見た「「国際政治」の終わり？」論

による海洋汚染問題が協議され、合意文書が取りまとめられたが、アメリカとともに合意文書に署名はしていない。また日本の銀行はアジアやアフリカ向けに温室効果ガスを大量に出す石炭火力発電所の建設に積極的に融資したり、先住民の生活を脅かすパイプラインの敷設にも出資する事例がある。つまり日本はこれまで経済成長の大きな物語を追求してきたし、その流れはいまも健在であり、概してマテリアルで身近な自然の破壊に胸を痛めるというよりも、マテリアルな物質文明の豊かさへの執着の方が強い。近年サステナブル金融などに注目する企業が登場しつつあるとしてもである。それはなぜだろうか。一つには、西洋列強の仲間入りを目指した明治維新から日清・日露戦争、そして太平洋戦争へと続く富国強兵を支えてきた殖産興業の流れがあり、もう一つは冷戦期アメリカの反共の極東戦略上の要衝になった敗戦国日本がアジアにおける「資本主義のショーケース」として経済発展の成功例に仕立て上げられていった（と同時に自らを仕立て上げていった）点が挙げられる（吉見 2007; Maeda 2016, p. 194）。ティモシー・ミッチェルが指摘するように、ふんだんに化石燃料を消費して二酸化炭素を排出する「豊かさ」と、その象徴としての自由民主主義的価値を享受できたのが欧米各国の人々であるとすれば（Mitchell 2011）、日本もそのパッケージとしての西洋近代化の恩恵をふんだんに受けてきた国として改めて理解されなければならない。

　日本が自然と共生していく上で大切な感性が潜在的には備わっているにもかかわらず、顕在化している環境意識が低い理由を理解するには、この日本文化の両面性を試掘することが不可欠となる。しかも、その試掘に際して注意すべきなのは、日本文化の西洋文明との連続と断絶という問題を、もっぱらヒトに焦点をあてる社会中心主義的な文化理解の中で処理しないことだろう。むしろ自然に対する態度の両面性（共生と搾取）を理解するには、ヒトがヒト以外の生命にどのように向き合ってきたのか、そしてそれがどの時点でどのように変容したのかを見定めていくことは避けられない。つまり、文化はマテリアリティに対する姿勢の問題としてあぶり出す必要があるということである。

　日本は熱帯地域や北極地域など気候変動の影響が露骨に表れる場所に比べ

て、恵まれた「温帯」地域に位置することから、気候変動に対して鈍感なままであったとしても驚くにはあたらない。しかも、中華人民共和国（「共産主義国家」）の成立のお陰で、日本の経済発展がアメリカの世界戦略上の重要な目標になったことは日本人が豊かさを獲得する条件に恵まれていたことも意味する。つまりその自然との共生の感覚の鈍さは、日本が地球上の偶然の地理的配置と、冷戦期の偶然の条件による化石燃料のふんだんな使用による経済発展という、二重のマテリアリティに起因しているとの立論が可能だろう。

とはいえ、もはや日本においてさえ、気候変動によって壊滅的な被害を受けている生命は出始めている。例えば、沖縄の近海に生息しているはずのサンゴは近年の海水温の上昇で白化が著しく、サンゴの恩恵を受ける他の海洋生物の生存も危機に瀕している。海の幸が手に入りにくくなっていることについても、総じて鈍感である。陸に目を移しても、日本列島はすでに亜熱帯化しているが、日本人はもはや技術的応急措置（エアコンや虫よけ商品など）による適応の中で問題の深刻さは乗り越えていると錯覚している者も少なくない。

日本の美しい単一の自然というものがあるわけではなく、それぞれの場所で気候変動が引き起こす生命の限界状況が空間的に不均等に顕在化しているのが現実である。われわれは、この状況に真摯に向き合おうというのであれば、多様な脆さと美しさを併せ持った存在として諸生命に触れ合いながら、そこにある生の脆さに対する感受性をわれわれ自身で涵養し、共生の姿勢を内面化していくしかないだろう。そのためには、まずもって国際政治学が与件として考慮してこなかった自然が、もはや与件にできる状態にはなく、むしろドラスティックに変化していることを畏敬の念をもって受け止めるところから始めなければならない。

注
（1）　一つの起源は、プリゴジンとスタンジュールが口火をつけ、カウフマンなどが発展させた複雑系理論や自己組織化の理論だろう（Prigogine & Stengers 1979=1987; Kauffman 1995）。その後、人文学や社会科学にその議論が伝播してきた。例えば近年の哲学や現代思想の世界で言

えばミシェル・セールを継承するラトゥール（Latour 1997）やハーマン（Harman 2011）であり、前二者とは若干立場は異なるもののマテリアル・ターンを牽引する政治理論家としてはベネット（Bennett 2010）やコノリー（Connolly 2013b）の議論が挙げられる。
（2）　さらに付言すれば、コンストラクティビズムの亜種とされる「英国学派」も、「社会／自然」の二分法の一方の「社会」の側に位置しながら、他方の「自然」を資源として捉えて「利用（exploitation）」の対象とみなす傾向がある。言うまでもなく、それを乗り越えるには自然との連帯が構想され、自然とのコミュニケーションについてのラディカルな提案が必要となる。
（3）　人間が生きるために栄養を摂取し、エネルギーに代えて活動を維持するが、体内では新陳代謝が起き、外から取り込んだ物質は老廃物として排出される。これは一連の物質代謝のプロセスだが、資本主義が発展し、資本が人間の物質代謝のプロセスを自己増殖のプロセスに利用するなかで、自然には修復不可能な亀裂が残される。これが物質代謝の亀裂という言葉で示される内容である。
（4）　アクタント分析は、影響力、権力、交換、支配、紛争もしくは戦略など、人や組織などの主体が他の主体との関係性の中で見出せる現象を主に分析する、アクター分析を超えるところまでを射程にしている（Gomart & Hennion 1999, p.226）。
（5）　他方で、同報告書は世界全体で地球温暖化対策を打てば、人口移動の規模を8割程度減らせるとも試算している。
（6）　とりわけ湿地は近代の開始から87%が失われており、1900年から現在までで54%が失われているとしている。
（7）　そこでは、海抜の低い都市に住む人々、とりわけ上海の1750万人、香港の840万人、大阪の520万人、アレクサンドリアの300万人、マイアミの270万人などが移住を強いられると指摘されている。
（8）　核兵器が爆発した後に飛び散る空中の塵によって日光が遮蔽されることで、生態系の壊滅的な破壊が招来するという議論のこと。
（9）　ただし、すでに北極評議会（Arctic Council）と2008年にイルリサット宣言を出した北極海会議（Arctic Ocean Conference）との潜在的な対立関係には国益が複雑に絡んでおり、ある意味で国際政治学的である（Kuersten 2016）。
（10）　1958～2002年の北極圏の平均気温と、2018年開始から50日までのそれを比較して、例年よりも20度高いというのは、例外中の例外だと指摘されている。またNASAは北極海の氷が10年間で13.2%の比率で解けて消滅したと発表している（Watts 2018）。
（11）　ただし、水圧破水法によるシェールガス抽出が環境へ悪影響をもたらすことが分かり、規制が強化されていったものの、その抽出が本格化したのはオバマ政権時代だったのは皮肉である。
（12）　「地球の力（geo-power）」とは、フーコーの生権力と並行しながらもそれとは異なる存立平面として、エリザベス・グローシュが提唱した概念で、当時、人の群れ（＝人口）に注目していたフーコーが語ってこなかった点である。

参照文献

Archer, D. (2009) *The Long Thaw: How Humans are Changing the Next 100,000 Years of Earth's Climate*, Princeton University Press.

Bennett, J. (2010) *Vibrant Matter: a Political Ecology of Things*, Duke University Press.

Carrington, D. "Climate Change: 'Human Fingerprint' Found on Global Extreme Weather," *The Guardian*（2017.3.27）.

Chakrabarty, D. (2014) "Climate and Capital: On Conjoined Histories," *Critical Inquiry*, 41(1), pp.

第 8 章 国際政治学はマテリアル・ターンの真意を受けとめられるか？

1-23.

Clark, N. (2017) "Politics of Strata," *Theory, Culture & Society* 34(2-3), pp. 211-231.

Connolly, W. E. (2013a) "The 'New Materialism' and the Fragility of Things," *Millennium: Journal of International Studies* 41(3), pp. 399-412.

――――(2013b) *The Fragility of Things: Self-Organizing Processes, Neoliberal Fantasies, and Democratic Activism*, Duke University Press.

――――(2017) *Facing the Planetary: Entangled Humanism and the Politics of Swarming*, Duke University Press.

Deleuze, G., & Guattari, F. (1980) *Mille Plateaux: Capitalisme et Schizophrénie*, Éditions de Minuit. (宇野邦一他訳『千のプラトー』河出書房新社、1994 年)

Gleckler, P. J., Durack, P. J., Stouffer, R. J., *et al.* (2016) "Industrial-era Global Ocean Heat Uptake Doubles in Recent Decades," *Nature Climate Change* 6, pp. 394-398.

Gomart, E. & Hennion, A. (1999) "A Sociology of Attachment: Music Amateurs, Drug Users," In J. Law, & J. Hassard, *Actor Network Theory and After*, Blackwell, pp. 221-247.

Grosz, E., Yusoff, K. and Clark, N. (2017) "An Interview with Elizabeth Grosz: Geopower, Inhumanism and the Biopolitical," *Theory, Culture & Society* 34(2-3), pp. 129-146.

Harman, G. (2011) *The Quadruple Object*, Zero Books.

Harrington, C. (2016) "The Ends of the World: International Relations and the Anthropocene," *Millennium: Journal of International Studies* 44(3), pp. 478-498.

Holder, J., Kommenda, N. and Watts, J. "The Three-degree World: the Cities That Will be Drowned by Global Warming," *The Guardian* (2017.11.3).

IPBES. "Worsening Worldwide Land Degradation Now 'Critical', Undermining Well-Being of 3.2 Billion People," *Summary for Policymakers (SPM)* (2018.3.23).

Kauffman, S. (1995) *At Home in the Universe: the Search for Laws of Self-Organization Complexity*, Oxford University Press.

Klein, N. (2014) *This Changes Everything: Capitalism vs. the Climate*, Simon & Schuster. (幾島幸子、荒井雅子訳『これがすべてを変える――資本主義 VS. 気候変動（上）（下）』岩波書店、2017 年)

Kuersten, A. (2016) "The Arctic Five Versus the Arctic Council," In L. Heininen, H. Exner-Pirot, & J. Plouffe, eds., *Arctic Yearbook 2016*, Northern Research Forum, pp. 389-395.

Latour, B. (1997) *Nous n'Avons Jamais Été Modernes*, La Decouverte.

――――(2004) *Politics of Nature: How to Bring the Sciences into Democracy* (C. Porter, Trans.), Harvard University Press.

Maeda Y. (2016) "Popular Geopolitics for Construction of Pro-American Mentality in Japan," *East Asian Review* 16, pp. 183-198.

McKibben, B. (1989) *The End of Nature*, Random House. (鈴木主税訳『自然の終焉――環境破壊の現在と近未来』河出書房新社、1990 年)

Mitchell, T. (2011) *Carbon Democracy: Political Power in the Age of Oil*, Verso.

Nixon, R. (2011) *Slow Violence and the Environmentalism of the Poor*, Harvard University Press.

Prigogine, I. & Stengers, I. (1979) *La Nouvelle Alliance: Métamorphose de la Science*, Gallimard. (伏見康治他訳『混沌からの秩序』みすず書房、1987 年)

Rigaud, K. K., de Sherbinin, A., Jones, B., Bergmann, J. *et al.* (2018) *Groundswell: Preparing for Internal Climate Migration*, World Bank Group.

Rosen, J. (2017) "After All the Ice Goes?" *Nature* 542(7640), pp. 152-154.

Szeman, I. (2014) "Conclusion: On Energopolitics," *Anthropological Quarterly* 87(2), pp. 453-464.

The Lancet Commission. (2018) "The Lancet Commission on pollution and health," *The Lancet* 391(10119), pp. 462-512.

Ullman, H. R. (1983) "Redefining Security," *International Security* 8(1), pp. 129-153.

UN Department of Economic and Social Affairs (2017) *World Population Prospects: 2017 Revision,* United Nations.

UNESCO (2018) *The United Nations World Water Development Report,* UNESCO.

Watts, J. "Arctic Warming: Scientists Alarmed by 'Crazy' Temperature Rises," *The Guardian* (2018.2.27).

Zalasiewicz, J. (2013) "The Human Touch," *The Palaeontology Newsletter* 82, pp. 23-31.

五十嵐元道（2017）「リフレクシビズムとは何か——ポスト実証主義の理論的展開」国際政治学会大会「部会9 『国際政治学』は終わったのか？」、1-19頁。

小林誠（2017）「自己実現的予言としての国際政治学——自閉する公理の権力」国際政治学会大会「部会9 『国際政治学』は終わったのか？」、1-13頁。

坂本義和編（1999）『核と人間Ⅰ・Ⅱ』岩波書店。

清水耕介（2017）「日常性の国際政治学——モラルの起源としての私的経験について」国際政治学会大会「部会4 グローバル化する私的空間——国際政治学の挑戦」、1-12頁。

セール，ミシェル（1987）『パラジット——寄食者の論理』（及川馥、米山親能訳）法政大学出版局。

————（1994）『自然契約』（及川馥、米山親能訳）法政大学出版局。

前田幸男（2018a）「気候変動問題から見る「惑星政治」の生成——「人新世」時代に対応するための理論的諸前提の問い直し」『境界研究』第8号、89-116頁。

————（2018b）「領土と主権に関する政治理論上の一考察——暴力、人民、国連をめぐるアポリアに抗して」、杉田敦編『デモクラシーとセキュリティ——グローバル化時代の政治を問い直す』法律文化社、139-165頁。

吉見俊哉（2007）『親米と反米——戦後日本の政治的無意識』岩波書店。

終章

終わりは、はじまり

芝崎厚士

What we call the beginning is often the end and to make and end is to make a beginning. The end is where we start from.

T. S. Eliot, Little Gidding (1942)

　本書は、2017 年 10 月の国際政治学会での部会セッションをもとにした、国際政治学の現状と将来を多様な視点から問題提起する試みである。執筆者は「国際政治学は終わったのか？」という英語圏の国際政治学における問い（以下「終わり」問題と略称する）に対する直接・間接の応答という前提を共有しつつも、基本的にはそれ以上の主題・手法の共通化を施すことなく、それぞれがもつ固有の問題意識にもとづいて、考察の対象、研究の方法、議論の構成をできうる限り自由に行っている。したがって、各執筆者が合意した認識や結論は現時点では存在しない。本書はこれらの議論を国際関係研究者に限らず幅広い読者と共有することで、議論を続けていくための問題提起として供される。

　しかし、その一方で、議論を開いていくために、本書の議論を総合的に集約した結果得られうる展望を提示することには一定程度の意義がある。加えて筆者には、編者の一人として、また当該の主題を扱ってきた研究者の一人として、そのような考察を示す義務があると考える。このような理由から本最終章では、執筆者全員の完全な合意の結果としてではなく、あくまで一編者の視点から本書の全体的な議論を総括し、それらから抽出した知見や論点を包括的に整理する一つの試みを記す。

　本章の構成は次の通りである。まず、各章の骨子を摘要した上で、編者の

視点からみて重要と思われる論点を析出する。続いて、それぞれの論点を総合的に関連付けることによって、本書で展開された知的営為が全体として指し示していることは何か、また今後の課題は何かを提示する。

1．第Ⅰ部の到達点

パワー・ポリティックス、リアリズムの内在的破綻と人類の終焉の回避可能性

　第1章の小林論文は、「終わり」問題を国際政治学の中核にあるリアリズムとパワー・ポリティックスの内在的な破綻として論じている。国内秩序と国際秩序の質的峻別からアナーキーの帰結として導出されるパワー・ポリティックスおよびそれを理論的核に据えるリアリズムは自らの理論としての妥当性に関する批判に対し、現実の国際政治における実践と学問としての国際政治学における知的ヘゲモニー闘争の両面から逆襲している。しかしパワー・ポリティックスの示準特性としての有効性は、パワー・ポリティックス現象が国内においても存在してきたという厳然たる事実と、近年の主にテロリズムに由来する暴力や監視などによる国際由来のパワー・ポリティックスの国内へのさらなる浸透によって、すでに破綻している。

　現実が合致しなくなったと指摘された場合にその理論が取りうる態度は、理論に合致した現実が生まれることでその正しさを改めて引き続き証明するか、自らを放棄して現実に合致した新たな理論を構築するかのどちらかである。前者をもたらすのは国家間戦争の発生であり、理論としての妥当性が最終的に証明されるのは全面核戦争による地球の壊滅であるが、それはパワー・ポリティックスの勝利であると同時に国際政治学の作り手である人類の終焉を意味する。後者を試みるならば、学問としての整合性が保ちがたい「グローバルな政治」という設定に安易に走ることなく、ダール＝モーゲンソー流とは異なるパワー概念を構想するか、被害者限定原則や重層的な公共圏の再構築といったフレイザーの公共圏理論などを参照しつつ、新たなパワー概念にもとづいた国家主体以外によるパワー・ポリティックスの可能性を構想することが選択肢である。しかし現状では、後者よりも前者の勝利と死

終章　終わりは、はじまり

滅のほうが先に起こる蓋然性が高いという。勝利して人類とパワー・ポリティックスが終わるのが早いか、既存のパワー・ポリティックスがバージョンアップするのが早いか、という問いかけである。

　小林論文は、五十嵐（第2章）・安高論文（第6章）が描くイズム間の大論争（The Grate Debate）からの離脱という近年の傾向のなかで後景に退きがちな、国際政治学の伝統的中核に関する「終わり」を改めて正面から論じ直している。また、酒井（第4章）・安高論文が模索するグローバルな国際関係学の構築には懐疑的で、無政府状態とアナーキーを基礎に据えた国際政治学の更新を期待している。この姿勢は、「政治的なるもの」の考察を重視する西村論文（第5章）とも共通する。「終わり」問題に関しては、前田論文（第8章）では人類の終焉は人為的な核戦争ではなく、マテリアル・ターンを認識し行動し損ねた結果持続可能性を喪失することによって起きるが、小林論文はそれ以前のレベルでの終焉がいまだに現実の脅威として強固に存在していることを改めて認識させる。そしてこうした終焉認識を掘り下げるには、高橋論文（第7章）が扱う時政学的な分析が必要になることは明らかであろう。その一方で、最後に提示される処方箋と中盤での議論との関連を、五十嵐・安高論文が提示し酒井論文が示唆するような現在進行形の国際政治学内部の変容過程と重ね合わせて理解することが必要であろう。

　リアリズムの強固さに関する実践と学知の相互作用に関する指摘は、筆者も含めた共同研究における広義と狭義のウェストファリア史観の歴史的役割という議論と平仄が合う（山下・安高・芝崎編 2016）。また国際と国内の峻別が消えつつあるという現象レベルでの指摘は、酒井・五十嵐論文における存在論的・方法論的な変容と重ね合わせることができるであろう。さらに、日本の「国際関係論」が、政治学の下位にではなく政治学と併記されたことを「パワー・ポリティックスというディシプリンの神髄をだらしなく捨て去った」とみなす指摘は、日本における国際関係研究のあり方を他分野との関係で考える上で、酒井論文に近い問題意識を見いだすことができよう。そして、ディシプリンの翻訳可能性への言及や、英語の国際関係論との「遅れ」の問題としてディシプリン間の関係が理解されるという知のヘゲモニーと言葉と

の関係への言及は、芝崎論文（第3章）とも接続しうる論点である。

量的分析を中心とした新実証主義とリフレキシビズム

　第2章の五十嵐論文は、イズム・大理論をめぐる論争が収束し、細分化した中範囲の理論形成をめざす傾向が主流となりつつある近年の国際政治学において、量的分析を主とする新実証主義的な研究手法が跋扈している状況を批判しうるポスト実証主義の流れから生まれたリフレキシビズムの形成と発展過程を検証する。リアリズムとパワー・ポリティックスが公理として失効したわけではないものの後景に退き、自然科学的な実証主義の量的分析がまさに量的に席巻しつつある状況に対するアンチテーゼとして、フランクフルト学派における批判理論、フーコーの系譜学、ブルデューのハビトゥス論などに依拠しながら、かといってコンストラクティビズムのような一般理論ではなく中範囲の理論形成をめざすリフレキシビズムには、（新）実証主義とポスト実証主義が権力的に非対称な関係に陥りつつある現状において「語られない存在が自らを語る方途」として存在意義があるという。

　小林論文（第1章）がいわば大論争時代以来の論争軸を引き続き受け止めているのに対して、五十嵐論文は安高論文（第6章）と同様にイズム論争の終わりという意味でのポスト大論争時代の論争状況における議論の分断性を問題にし、ポスト実証主義的な研究に希望を見いだしている。五十嵐論文の主張の根底にあるのは、リフレキシビズムか実証主義かという問題ではなく、理論の健全な多元性が不当に失われる可能性に対する懸念がある。この主張に依拠すると、小林・西村論文（第5章）が提起している大理論時代からの古典的課題をおざなりにしたまま、量的分析とリフレキシビズムが五十嵐の言葉を借りれば「休戦ライン」（濱村 2016）を維持して得手勝手に「発展」していきかねない。これを防ぐためには、リフレキシビズムのみを単に活性化するのではなく、「休戦ライン」を超えた対話が直接的に変革に結びつくような回路をいかにして作り出すかが鍵となる。

終章　終わりは、はじまり

「未知との出会い」の現場を出発点としたディシプリン間関係史の枠組み

　第3章の芝崎論文は、過去および現在の特定の国際政治学の歴史や現状に関する分析の試みではなく、「終わり」問題を含めて、国際政治学を研究対象として記述する際の分析の枠組みに関する問題提起である。その意味で、本書のすべての章にかかわる論点を扱っている。ただし、ある程度一般化しうる可能性は認めつつも、基本的に日本の国際関係研究の歴史を扱う上で整合的な枠組みを模索している点は留保するべきである。具体的には、学問史・研究史、文脈主義、言説アプローチのそれぞれの問題点を指摘し、また「日本の」という単位措定の問題性を十分に意識した上で、平野健一郎の国際文化論や柳父章の翻訳文化論における異なる二つの文化間で生じる「未知との出会い」としての、人間がある知をどのように受け取り、そこから何を生み出していったのかという知の生々しい現場を解明することをめざしていく。そこでは既知とみなされた学術用語や専門用語によって舗装されたディシプリン間の関係史の現場にひそむ「「もの」としての言葉」に人間が遭遇した際に生じたはずの原的な思考の足跡を掘り起こしていくことをめざす枠組みである。

　業界内部でのジャーゴンによって歴史をたどったことにするのではなく、専門用語とその翻訳語を駆使することでかえってみえなくなった、それらの言葉を受け取った瞬間にその人間のなかに起きたことを問題とするアプローチは、「語りえないこと」を語ろうとする意味では五十嵐論文（第2章）と重なり合う。また、言葉という「もの」に人間がぶつかったときに何を感じ、どう反応し、それが最終的にどのような言語として表現されるのかをたどることは、酒井（第4章）・安高（第6章）・前田論文（第8章）などが明示的に示している感受性や「しなやかな知性」といった観点から研究者のあり方や知的営為を観察する視点とも通底するし、言葉と人間の関係を分析する際には、前田論文におけるマテリアリズムおよび人間中心主義、高橋論文（第7章）における時間と政治をめぐる認識双方に対する系譜学を試みることが必要であろう。

　とはいえ、小林論文（第1章）も扱っていた翻訳の可能性／不可能性の問

題をも引き受けつつ、国際関係研究一般について一般的に語ろうとする際に抜け落ちてしまう知の初期衝動を捉えるべきであるというこの主張は今のところ画餅の域を出ておらず、はたしてそれが、どのようなかたちで、どこまで可能かという点はかなりの部分未知数である。

2. 第Ⅱ部の到達点

地域研究と国際関係論相互の変革と相互作用の変革による再生可能性

　第4章の酒井論文は中東の地域研究と国際関係の理論との乖離という問題を出発点とし、国際関係論の側が中東を客体としてしかみておらず、中東における事態を「自分たちが考える中東」をめぐるよそ者同士の争いの域を出ない原因を、正確な知識と情報の不足および、それらの知識や情報を不要とする考え方に求めた上で、国際関係論が西欧中心主義から、そして地域研究が対象領域の固有性のみに固執する体質からそれぞれ脱却し、双方および双方の関係をより健全に再構築する可能性を論じている。地域研究が「下僕」として国際関係論に利用され続けてきた経緯を踏まえつつ、「作られた地域性」への気づきをもとに、地域研究が「地域」を「脱」領域化し「他者との関係、他者のまなざしによって生成される」ものとして再定義し、可知化・計量化が困難な「見えない、埋め込まれた関係性」を動態的に捉えていくことによって、地域研究と国際関係論のあいだの非対称性を解消し、両者が抱えてきた「主体の固有性、領域の閉鎖性、社会的属性の固定性」を問い返すことで、協働可能性を見いだそうとしている。

　地域研究の知見から国際政治学を見直すという姿勢は、安高論文（第6章）の扱うグローバルIRの方針と軌を一にしている。酒井論文の知見と照らし合わせると、アチャリアのグローバルIRは比較的楽観的であり、歴史的経緯に深く根ざした両分野間関係の宿痾とも言える課題を軽視していることになる。また、地域研究と国際関係論のディシプリン間関係への注目は芝崎論文（第3章）と、日本の事例と日本からの視点の独自の有効性を扱っているという点では、芝崎・前田論文（第8章）とも視点を共有している。そ

終章　終わりは、はじまり

して地域研究の「終わり論」と国際政治学の「終わり論」の連動と相互変革という展望は、多くの国際関係研究者にはない地域研究者ならではの視点である。

　その一方で、可知の計量可能な世界だけではなく、不可知の世界の重要性を指摘する点は五十嵐論文（第2章）の議論と共鳴関係にあり、さらに「未知との出会い」に対する姿勢が閉ざされがちな傾向への批判という意味では、再び芝崎論文あるいは「しなやかな知性」の必要性を標榜する安高論文や公共圏論を引き合いに出す小林論文（第1章）とも視座を共有している。その一方で、小林・西村論文（第5章）が指摘するような国際関係論のディシプリンの公理との向き合い方、また量的分析が圧倒しつつある国際関係論の最新の理論状況に対する、地域研究の、リフレキシビズムとの関係を含めた対応といった点が課題となる。また、前田論文が重視するマテリアル・ターンに対する多様な感受性や、高橋論文が扱う時間認識の多様性は地域におけるローカルな実践の中に見いだされることも少なくないという意味で、三者を架橋しうる可能性がある。

「政治」および「政治的なるもの」への解釈史としてのディシプリン史からみた自問体質と「終わり」言説の意味

　第5章の西村論文は、「終わり」論それ自体が陥っている陥穽を、「自問体質」の原因が無政府状態・自然状態を前提として「政治的なるもの」を問いつづけたがゆえに、「何が政治か」という問いが状況の変動に反応して都度都度先鋭化しつづけてしまうことにあると論じる。この問いは科学主義的な、五十嵐（第2章）・酒井論文（第4章）的にいえば可知的で計量可能なものだけを対象とする学問においては捨象されがちであり、したがって国際政治学の「終わり」とは、科学主義が疑いをもたれなくなり、内省が不要なディストピア・ユートピア状況が到来することでもたらされる。

　しかし、ここでむしろ重要なのは、「終わり」という議論を好む体質そのもの、さらにはそれを嘆くにせよ喜ぶにせよ「終わりという言葉で何かが語られているという気分になる感性」である。こうした議論に容易に与するの

201

は「過去に関心のない進歩主義者」にほかならず、彼らの歴史感覚の欠如、過去の学知そのものを後に鋳直されたかたちでしか受け取らない非歴史的な自問体質、自問すべきことを自問すべき方法で自問せずに実際には多くの場合「終わり」をもたらさないうわべだけの「終わり論」を玩ぶ傾向そのものに警鐘を鳴らしている。ここに見られるのは、科学主義の透徹による「政治的なるもの」への思考の放棄という「終わり」の可能性の指摘と、「終わり論」が「終わらない」ことへの批判である。

　西村論文は、無政府状態ないしは自然状態という規定から政治を論じるという国際政治学が、国際政治の歴史的変動という現実と無政府状態という理念系とのあいだで揺れ続けることで駆動してきたと捉えている点では小林論文（第1章）と立場を共有する。小林論文が指摘する「パワー・ポリティックス」をめぐる議論は「政治的なるもの」を問う議論と表裏一体であり、「政治的なるもの」をめぐる揺れは、小林論文が指摘するパワー・ポリティックスの逆襲と破綻の物語を含む。他方、科学主義の勝利が「終わり」をもたらすのではないかという議論は、五十嵐・安高論文（第6章）における実証主義批判や、酒井論文における地域研究を「下僕」とみなす国際政治学への批判とも通底しよう。

3．第Ⅲ部の到達点

自己省察的国際政治学の系譜とグローバル国際関係学への評定

　第6章の安高論文は、ロズノーに依拠しつつ理論が抽象化の役割を担う上で国際政治学には不可欠であり、理論そのものについての「終わり」論は明確に否定する。続いて、国際政治学における自己省察の系譜を方法、対象の双方においてたどり、方法における実証主義・合理的選択理論のみを「正しい」「科学的」であるとみなす傾向への批判がヨーロッパ中心主義へに対する批判、すなわち対象への自己省察に結びついていくことを明らかにする。次に、この経緯を踏まえて登場した、非西欧型国際関係学やポスト西洋型国際関係学、そして両者を経て近年提唱されるようになったアチャリアらによ

るグローバル国際関係学（以下、「グローバル IR」）の構想を検討する。そして、世界史に根ざした理論や手法、西洋支配の影響、地域・地域研究の統合、理念や規範の循環や文明間の邂逅といった課題を背負いつつも、非西洋型国際関係学の二項対立的傾向や、ポスト西洋型の抱く西洋支配の終焉というナラティブを否定し、既存の学問体系・制度を維持しながらヨーロッパ中心主義を非西洋を含めたグローバルな経験に根ざした知見によって補正していくというグローバル IR の「全部のせ」的特徴を明らかにしている。

　しかしグローバル IR は、理論が抽象化を不可避的に伴う限りにおいて本来的に「政治的かつ倫理的な営み」であるという面を不当に軽視するあまり、テッサ・モーリス・スズキの「批判的想像力」やコノリーの「生成の政治」における「アゴーン的な敬意」や「批判的な応答性」を取り込む余地を十分にはもっていない。これを「しなやかな知性」「深い多元主義に向けた具体的なエートスの涵養」によって埋めていかなければ、グローバル IR もまたかけ声倒れに終わる可能性がある。その点では歴史研究・地域研究との関係が深い日本の国際政治学は、こうした欠落を埋める上で有効に働きうるが、そこでもやはり必要なのは「深い多元主義のエートスとしなやかな知性」である。

　安高論文は基本的には五十嵐論文（第 2 章）と同様、批判的国際政治学の立場に立っているが、五十嵐論文が相対的によりミクロな新実証主義対リフレキシビズムの共犯的分断状況に焦点を絞っているのに対して、理論そのものが本来的にもつ政治性・倫理性への自覚の度合いという観点でグローバル IR を評定しており、五十嵐論文と相互補完的に組み合わせることで、現在のポスト大論争期の英語圏の国際政治学の研究動向が的確に把握できる。

　その一方、これも五十嵐論文と同様に、小林（第 1 章）・西村論文（第 5 章）が粘り強く論じている、アナーキーとパワー・ポリティックスという古典的な公理が近年の議論のなかでどう扱われるか・いないか、またそれはなぜかという点への掘り下げは必要であろう。またこうした批判系の議論は、ディシプリンの外側との関係において、酒井論文（第 4 章）が示すような相互作用と相互変容の可能性にどこまで開かれているか、さらに、酒井・前田

論文（第8章）と明示的に通底する研究者の側の知性や感性の変革や、前田論文・高橋論文が扱うマテリアリズム・時間認識という問題関心をグローバルIRがどこまで受け止めうるのかが問われることになろう。

時間的・空間的再編による国際政治学の可能性

第7章の高橋論文は、国際政治学という学問が全体として前提としている時間観・空間観それ自体の歴史性を明らかにし、「時間フレーム」と「時間決定」の両概念を軸に据えつつ、エリアスやハイデガー、ヴィリリオさらには永井陽之助や近年の時間をめぐる社会学・国際政治学の動向と第一次世界大戦開戦時をはじめとした数多くの事例の検討を踏まえることで、既存の時間的・空間的前提に依拠した国際政治学をグローバリゼーションにともなう「空間の時間化」を軸に据えた時間論的転回を踏まえた形で「時政学」（Chronopolitics）の名の下に再編する必要性と可能性を提示している。この時間論的転回もまた、近年ようやく自覚され始めた論点であり、前田論文（第8章）と同様、本書の他の論考ではほとんど顧みられていない議論である。

近代以降の固定的な地政学的認識に支えられたウェストファリア史観が依拠していたのは、永井陽之助のいう「空間的緩衝地帯」と「時間的冗長性」によって支えられた「時間のおくれ（間欠性、周期性）」という時間観であった。しかしそれは、冷戦の終焉を経て急激に進行したテクノロジーの進展を伴うグローバリゼーションがもたらした「空間の時間化」の帰結としての時間の加速とスマートデバイスやソーシャルメディアが象徴する「瞬間的時間」という新たな時間フレームの前には有効性を失いつつある。瞬間的時間の政治は瞬間的で幅広い共同行動を可能にする反面、持続的な正統性の構築には不向きであり、それをいかに実現するかが重要な課題となり、その検討は、空間表象を共有する「国際政治」から時間表象を共有する「世界政治」への一歩をもたらしうるのである。

哲学、思想、政治学や社会学、さらには文学作品をも縦横に駆使した高橋論文の議論は、前田論文と同様、他のすべての議論をその枠組みから再検討

終章　終わりは、はじまり

することで新たな知見をもたらす可能性を秘めている。その一方で、やはり前田論文と共通して、AからBへの変化・転回をめざす「べき」論的な方向性に力点が置かれているようである。おそらく重要なのは、多様な時間観・空間観が（共同）主観的に混在し、錯綜しているという現実の複雑な様相を、こうしたA→Bへの転回という軸足に即しつつも過度に複雑さを捨象しない程度にどのように的確に描くか、またそのような目的に即した国際政治学ないし世界政治学はどのようなものであるべきかという課題である。永井陽之助にせよアーリにせよ、現実が大きく変わる兆候としての特異点をある種「例外研究」的につかみとって今後の変化の可能性を一気に指し示すような議論を意図的に行っているところがあるが、「転回」論が空転するリスクを避けるために、主体間・主体内で錯綜する多様な時間観・空間観の重層的な絡み合いの構造と長期・中期・短期・瞬間的変容から読み解き描写することが課題となるように思われる。

マテリアル・ターンと脱人間中心主義的社会科学としての国際政治学の可能性

　第8章の前田論文は、人口爆発を端的な原因としたマテリアル・ターンが生じている世界全体の変化を研究するには、国際政治学を含めた社会科学の人間中心主義、社会中心主義を批判し、人間間、非人間間、人間・非人間間の関係をすべて含めたアクタント分析にもとづいた新たなマテリアリズムにもとづいて世界分析を実践する必要性を提唱し、国際政治学もこの延長線上で変革されなければならないことを主張する。完新世時代の国際政治学・手つかずの自然世界という認識・人間という多重終焉状況のなかで、国際政治学者は「万物に対する万人の闘争」の帰結としての空間的前提の崩壊の予兆を見逃すか過小評価し、人間と自然の関係を正確に意識する責務に対する認識はきわめて低い。しかし、こうした認識が高まるのには時間がかかり、このままでは「準モノ」化した「人間プレート」としてのわれわれはスマートデバイスを後生大事に抱え込みながら人間の終焉という「強制終了」を待つのみということになりかねない。

　この危機的状況に対処するには、すべての歴史を地球史としてとらえ、

「源」としての地球に寄生しているという意識が規範化＝標準化されなければならない。日本文化は自然と融合するのが得意なはずであるが、一方では自然破壊に無頓着な両面性をもっている。われわれは「多様な脆さと美しさを併せ持った存在として（自然と）触れ合いながら、そこにある生に対する感受性の高さを涵養し、共生の姿勢を内面化していくしかないだろう」と結ぶ。

　前田論文は、本書所収のすべての論考において、まったくないしほとんど留意されていない重要な論点を示している。その一方で、人間の側の知性や感性や意識の変革の必要性という問題関心を、直接の対象こそ違えど他の多くの論考と共有している。また、学問論をしているあいだに終焉の方が先に来ると警告しているという意味では、人類史的な時間感覚や方向感覚においては、扱っている議論が最も対照的であるはずの小林論文（第1章）と同じ面がある。理論が、方法がと論じ合っているあいだに人類は滅亡するかもしれないという意味で、両論文は「終わり」問題において奇妙に交響している。また、終焉という時間感覚と高橋論文（第7章）の時政学的考察との関連は、すでに述べたとおりである。

　その一方で、前田論文が指摘する地球の危機に対する社会科学の無感覚さという議論は、『成長の限界』や『スモール・イズ・ビューティフル』などを持ち出さずとも、少なくとも60年代後半以降ずっと繰り返されてきた議論であることも認めざるをえない。もちろん、マテリアル・ターンを論じることには21世紀前半の人類の現状を地球史・人類史的視座から理解し、打開策を見いだす上では意義がある。しかし、これらが外部化され続けてきたのはなぜなのか、また外部化されることを嘆き、それに抗してきた試みがなぜ今まで主流の国際政治学においてほとんど反映されてこなかったのかを解明しなければ、前田論文もまた同じ宿命をたどる可能性がある。あえて意地悪くいえば、核戦争にしろ、源としての地球の破綻にせよ、もしそれが喫緊の課題であれば社会科学を作り変える手間を省いて、ラオ博士の自然科学に基礎を置いた知恵をもとにコナンやラナのようにあらゆる抵抗を乗り越えて終焉をくいとめる術をただちに実践することがむしろ必要なのかもしれない

のである。

　次に、竹内啓が指摘するように、学問とは本来的に人間中心的なものであり、それ以外のものになることはきわめて困難である（竹内 2001）。前田論文自身が指摘するように、人間が自然を把握して記述する以上、それは人間からみた自然であって、自然からみた自然・人間ではありえない。その意味でマテリアル・ターンもまた、きわめて人間中心主義的な世界観である。また、竹内によれば、地球を学問的に描写する方法には、物理化学的なシステム、生物システムあるいは生態系、あるいは社会システムという少なくとも三つの位相を峻別する必要があるが、それぞれのレベルでの科学的描写は、他のレベルにおける現象を説明することはできない。「生態系の論理の中には、人間中心主義の善も悪も存在しない」し、「生態系の調和なるものはこのようなすべての種の自己中心主義の衝突の結果として生ずる不安定な均衡にすぎない」のであって、「明確なことは、天体の運動から人間の運命を知ろうとしても無意味なように、生態系の論理からは人間行動の倫理的規範を導くことはできないということ」なのである（竹内 2001、248-249 頁）。地球の終焉は物理化学的なレベルでも、生物システム的なレベルでも描写しうるが、今のところ人類並以上の地球外生命体がアクター／アクタントとして登場していない以上、それを「終焉」とみなす存在はやはり人間のみである。

　最後に、柳父章が指摘するように、日本語の「自然」と、欧米語の"nature"は本来的な意味が大きく異なる。欧米語の"nature"は名詞として出発し、抽象的、全体的な存在で、はじまりと終わりがあり、それ自体に内在する原理（自然法・自然法則）があり、人為操作可能な対象である。日本語の「自然」はもともと形容詞的な修飾語で、はじめも終わりもない「無始無終性」（安藤昌益）を基本的な属性としてもち、理性ではなく具体的、直感的に感じ取られるものであって、むしろ人為的操作の不可能性を想定していない、本来的に人の手に負えないという意味の概念であった。この位相差は日本においてマテリアル・ターンや地球環境問題を議論する際に、とくに表向きの学術的な議論に覆い隠された感覚のレベルで生き続けていると考えられる。日本文化の両面性のうちネガティブな方に「自然」が、ポジティブな

方に "nature" が張り合わされているかどうかはさておき、前田論文が最終的に強調する感受性、意識、共生の内面化というシナリオは、こうした論点とも関連付けながら論じていく必要があろう。また、考察する側の主体としてのあり方の改革という論点は、酒井論文や安高論文にも明示的にみられ、また他の章においても潜在的に隠された処方箋であり、以下でさらに検討する。

4．本書全体の包括的評定

第一に、本書が全体として提示している国際政治学の現状は、次の通りである。まず古典的な理論的核のレベルでは、アナーキーとパワー・ポリティックスそれ自体の有効性・妥当性の再検証が不十分なまま、それらのリアリズム的思考は実践と知のヘゲモニーという双方のレベルで力を保ちつつ再生産されつづけており、その帰結としての全面核戦争による人類の死滅（とパワー・ポリティックスの勝利）の蓋然性は依然として高い。一方でリアリズムを含めた大論争的議論は影を潜めるようになったが、その代わりに中範囲の量的分析を主眼とした新実証主義が量的に圧倒しつつある。こうした科学主義的・実証主義的分析が寡占状態になり、無政府状態を前提とした「政治的なるもの」の捉えがたさが不問に付されると同時に、ポスト実証主義的アプローチが不当にないがしろにされるならば、国際政治学自体が「終わる」可能性もある。

次に、ディシプリンの外側との関係においては、同じく変容しつつある地域研究との関係や相互作用とその再構築に目を向けることが少なく、地球の多重終焉状況を直視するマテリアル・ターンに至ってはほぼ無視ないし軽視されてきたし、時間論的転回の必要性についてもようやく認識され、議論が蓄積され始めた段階である。また、そもそも国際政治学の歴史を振り返る際に、学問史的・研究史的視座から脱却しえないで表面的な説明に終始していることもディシプリンの変革を阻んできた一因である。

第二に、こうした現状認識において「終わり」論は、次のように提示され

終章　終わりは、はじまり

ている。それは、パワー・ポリティクスの終わりとその破綻としての人類の終わりであり、大論争・イズム闘争の終わりであり、歴史性を無視した態度における「終わらない」要素を無視したいわば偽りの「終わり」論であり、可知的かつ量的な実証主義的分析と科学主義の主流化がもたらす「政治的なるもの」の曖昧さを捨象するかたちでの国際政治学の「終わり」であり、マテリアル・ターンの前提となる物理的条件の破綻としての人類および国際政治学の「終わり」である。また「歴史の終わり」論を含めて、国際政治や国際政治学における「終わり」言及を支える時間観の歴史性や多様性を時政学的観点から考察する必要がある。

　第三に、この状況を打開するために必要なことは次の通りである。まず、国際政治学内部の伝統的なレベルでは、アナーキーとパワー・ポリティックス、政治的なるものが依然として重要であるという認識をもつこと、フレイザー的公共圏の発想を参照しつつ、新たなパワー概念とそれにもとづいた国家主体以外によるパワー・ポリティックスの可能性を模索すること、またうわべの「終わり」論に安易に与することなく「政治的なるもの」のある種の万古不易的重要性を、過去の議論を掘り起こしつつ注視していくことである。

　次に、国際政治学の近年の現状に即したレベルでは、語られない存在が自らを語る方法に一定の価値を見いだしそれを既存の理論すべてに適用して分析するリフレキシビズムの活用と実証主義との対話を進めること、ポスト実証主義的・批判理論的立場からの研究を、批判的想像力・批判的な応答性・アゴーン的敬意を実践するために、しなやかな知性にもとづいて、深い多元主義に向けた具体的なエートスを涵養すること、国際政治・国際政治学における時間認識・空間認識を相対化することで「世界政治学」への回路を切り開くことである。さらに、ディシプリン間関係史を記述する際に、ディシプリン間の交流において捨象されてきた人間が言葉に出会う現場を分析することも求められる。

　そして、ディシプリンの外に置かれた領域との関係においては、脱領域化しつつある地域研究と従来の関係を打破して連携しつつ、主体の固有性・領域の閉鎖性・社会的属性の固定性を地域研究ともども協働して問い返すこと、

209

マテリアル・ターンを基準化・規範化・内面化した国際政治学を構築するために、自然と触れ合い、生に対する感受性の高さを涵養し、共生の姿勢を内面化していくことである。

　最後に、「日本からの応答」に関しては、日本ではパワー・ポリティックスという国際政治学の前提を捨て去ったという見方もあれば、地域研究を組み込んできたことないし歴史研究と地域研究の親和性の高さに日本の独自性を見いだそうとするもの、またマテリアル・ターンにみられるような日本文化の両面性への言及などがなされているが、すべての論者に共通した見解や方向性は今のところみられない。いずれにせよ「日本」という主体を安易に措定することが胚胎する種々の問題に配慮しつつ、安易に「日本学派」といった二番煎じ、三番煎じに飛びつくことなく、提出されたそれぞれの一般的な論点に関する「応答」を析出することが今後必要となろう。

5. 「終わり」論の意味、「終わり」論を提示することの意味

　こうした議論自体はいったい、何を意味するのであろうか、またこうした議論を提示すること自体は、何を意味するのであろうか。筆者の個人的見解では、こうした議論をする目的は、直接的には「終わり」を食い止めたり助長したりすることでも、「終わり」論を終わらせることでも、また国際政治学を直接的に、「瞬間的」に変革することでもないと考える。というのは、筆者が別のところで論じたように（芝崎 2015）、人文科学と社会科学は言語の矛盾可能性（同じ言葉を違う意味で使ったり、存在しないものごとについて語ったりできることなど）という、動かすことのできない前提をもとに議論が行われるため、自然科学と同じ意味では本来的に、定義上、決して完全な意味での整合的な科学にはなりえないためである。さらに、異なる水準の領域や異なる水準の視点や目的をそれぞれの領域に対してつぎつぎと継ぎ足し、建て増ししてきたことによって、ある領域のなかでの理論的整合性を得ることがそもそも不可能になっているからである。

　こうした「終わり」論の諸相をさらに鳥瞰的に把握するための糸口として、

終章 終わりは、はじまり

時間論で知られる理論物理学者の渡辺慧による、自然科学における理論の進化をめぐる次のような議論を俎上に載せよう。

自然科学の法則Lにはその通用する経験の範囲Aが付随します。このLをAより広い経験の範囲に適用するとそこに経験と理論のくい違いXが見いだされます。このくい違いをなくするような新しい法則 L′ が発見されます。この新しい法則 L′ にもやはりその適用経験範囲 A′ が付随します。A′ はAを含んでいます。このようなLから L′ への遷移をつぎつぎに繰り返すのが理論の進化であります。（渡辺 1973、5頁）

自然科学や数学においては、法則・範囲・くい違いはそれぞれ最終的には観察者の主観的な解釈の余地はなく、基本的には一意的に決定することができる。もちろん途中においてはある程度の揺れも存在しうるであろうし、ゆらぎ・カオス・フラクタルといった概念にもとづく科学が登場して以降は、事態はそれほど単純ではない面もある。しかし最終的には、法則・範囲・くい違いは一定程度の同床同夢関係の中で学問的な帰結を判定することが可能である。

しかし国際政治学を含めた社会科学は、これらの法則・範囲・くい違いすべてにおいて、解釈の問題が生じ、そこにはつねに同床異夢・異床同夢の可能性がありつづける。これは、自然科学者と社会科学者の能力の差というよりはむしろ、対象としている現象の本来的な性質の違いに由来するものである。そうであるからこそ社会科学や人文科学の議論は正当な学問的手続きを経て提出される限りは延々と続き、さまざまな学説が覇を競うことになる。「終わり」問題もまた、その意味で簡単には終わらない。理論対理論の決着が多くの場合ほぼ永遠につかなかったり、つねに危機が語られ、パラダイムシフトが叫ばれるのはこうした構造的な理由があるのではないであろうか。

続いて渡辺は、「終わり」論と密接に関わる次のような指摘を行っている。

ある法則が知られていて、この法則は何々の条件のもとにおいてのみ

成立するということが付言されている場合でも、あとになってみると、たいていの時はその条件はひろすぎるのです。その法則の有効範囲として初めから言われているものより、実際の範囲Ａは狭いのがほとんど通常です。自然科学の歴史を見ますと、Ｌの有効範囲Ａが自覚されるのは、人がすでにつぎの法則 L′ をうすうす感じているときなのです。

（中略）

　最も普通の進化の過程は矛盾Ｘが現れるまで、Ａが自覚されず、法則Ｌは一応限界なく通用力を有しているものとされます。矛盾Ｘが現れて初めて、限界が存在するということが暴露されますが、その限界Ａが自覚されるのはつぎの代の法則 L′ が確立されてからであります。そして L′ がふたたび限界のない通用力を有するような外観を呈します。これがために科学は絶対的に正確であるかのごとく誤解されるのです。（渡辺 1973、7-8 頁）

　国際政治学の理論もまた、ほんとうは狭いはずの範囲がかなり広いものとして認識されていたのが、徐々に実際の有効範囲が自覚されてきた経緯をたどったように思われる。科学的な理論という意味で国家間関係の政治にまで要素をそぎ落としたウォルツの仕事は、かなりの程度Ｘが自覚され始めたなかで改めてＡとＬを提示した試みであったのかもしれない。そしてその後、このＡとＬはどれほどＸがいやましても、完全には覆されることはなく現在に至っている。同時にさまざまな観点からのＸの指摘と A′–L′ の提案が生まれたが、それらは学会全体の普遍的な総意としていずれかに決着することはないまま、共存しつづけている。それは、ＸがほんとうにＸであるのか、そもそもＡやＬは何なのかが、社会科学の本来的性格と継ぎ足し・建て増しという二重の非整合性に助けられて、つねに論争的でありつづけるためである。

　現在の「終わり」論における水準や範囲の混乱も、究極的にはこうした二重の非整合性がもたらしていると考えることができる。最終的に L′ が確立されると少なくとも多くが合意するまでは、この状況はそう変わらないであろう。Ｌは終わったという議論、Ｌは生きているという議論、L′ がはじま

ったという議論が共存したまま増殖し、繰り返されるのである。

　では、Lの終わりとL′のはじまりの確定、という事態はどのようにもたらされるであろうか。自然科学に関していえば、渡辺はこの点に関して、「経験の範囲がある程度までひろがったときに、突然段階的に新しい法則へとぶ」（渡辺 1973、9頁）と述べている。この段階は自然科学とは異なる国際政治学において、いつどのようにして起きるのであろうか。それがあらかじめわからないからこそ、学問はつづくということなのであろうか。いわば本書の各章は、それぞれの視点からの、Xの発見による、A-L と A′-L′ の描写なのである。国際政治学が新しい法則へ飛ぶことができるか、また「終わる」のかは今のところはっきりしないし、またどちらになる「べき」かも誰にも明確な答えがない。おそらく、今後もさまざまなXの発見・A-L の終わり・A′-L′ のはじまりが提示されつづけるであろうが、その積み重ねがいつかどこかで「飛ぶ」ことになるように思われる。本書もまた、そうした積み重ねの一つである。

6．終わりは、はじまり

　最後に、よい意味で予想外であった、本書の各章全体に共通して想定していると思われる処方箋について、筆者なりの推論を試みて局を結ぶこととする。いうまでもなく、これが唯一の正しい答えであるということではなく、数多く考えられるうちの一つに過ぎず、議論のたたき台として示すものであることに留意されたい。

　それは、国際政治学をより健全な学問にしていくためには、最終的には学問内在的な論理操作や理論構築を改善することではなく、その学問を扱っている国際関係研究者が、自らの人間としての認識や感性や知性をどう変えていき、豊かにしていくかが究極的には鍵となるとほぼすべての論者が考えているように思われるということである。それは、各章の筆者が提示した問題点と処方箋は最終的には、「しなやかな知性」「批判的応答、アゴーン的敬意」「不可知・計量不可」なものへの気づきの感覚、自然や生に対する感受

性の涵養、時間・空間認識の多様性や変化への気づきの必要性といった指摘にみられるように、国際政治学を全体としてどのような学問にしていくかは、学問内部において結果として提出されたロゴスをめぐる闘争以前の段階で、学問そのものがどうあるべきか、学問と人間がどうあるべきか、学問を志す人間が対象となる現実と使用する学問に対してどのような知性や感性を働かせて望むべきかという、まさに倫理的な問いが最終的には問われているように思われる。

　つまり、すべての研究者が完全に納得せざるをえないような動かしがたい客観的な根拠にもとづいて一意的に真偽・優劣が本来的に決まらない社会科学・人文科学の一つである国際政治学の未来は、最終的には、それを生み出す作り手である国際関係研究者が、どのような学問をどのように作るべきと考え、選択し、どのように実践するかにかかっているという問題だということである。

　さらに、暴論を承知であえて述べるならば、もしこの問いが「終わり」問題に端を発した国際政治学を論じる一連の議論の根源的な本質をある程度突いているとしたら、現在のわれわれに一番見えなくなっており、また立ち入らないで来たのは、国際関係研究者という人間自身なのではないであろうか。すなわち、国際関係の研究者がどういう人間であり、どういう知性や感性をもち、どのような世界観や人間観や学問観をもち、それがどのようなかたちで研究や教育に反映されているかということである。

　本書で論じられているような多様な知のあり方を認めて分野内・分野間の相違や対立に己を開き、そこにつねに積極的な協働の可能性を見いだし、また積極的に新たな理論を作り出していくといった処方箋を描くことは重要である。しかし本書における議論がむしろ指し示しているのは、そこにとどまらず、なぜそれが言うは易く行うは難しなのかという点に「研究する存在」の人間としてのあり方を問うことで踏み込んでいくべきなのではないかという問いかけなのではないであろうか。ただし、この問いは学問内在的な議論ではないため、内外を問わず、学会においても研究会においても直接論じられることはほとんどないと思われるが、そこにメスを入れていく必要がある

終章　終わりは、はじまり

かもしれないということである。

　もちろん筆者は、すべての国際政治学者が「しなやかな知性・感受性」や「批判的想像力・アゴーン的敬意」を身につける研修を受けたり、「見えないものを見えるようにする」トレーニングを受けたりしなければならないといいたいわけではない。しかし、最後に残っているのは、国際政治の理論や論争状況を直接もたらしているのは研究者の著作物や学会などでの議論である一方で、それらを生み出しているのはそれぞれの研究者としての人間としてのあり方なのであるならば、最終的にはそこに分析の矛先を向けなければならないのではないかという問題を提起しているのである。

　もしこの見解に一定の妥当性があるならば、国際政治学・国際関係論内部の学問的な仕事としてこの問いに取り組むにはいろいろな方法が考えられよう。一つの方法はおそらく、国際関係を研究し実践してきた人間がどのような知性や感性を働かせて、複数の言語を往復しつつ対象を認識、理解し、実践してきたかを過去に遡って知ろうとすることではないであろうか。ある国際関係研究者がある時間と空間において国際関係学という知や国際関係という現実に出会ったときにどのような知性、感性、感受性などをどのように発揮したのか、してこなかったのか、それはなぜなのか既存の学問用語に必ずしも落とし込まないかたちで説明し、そこから歴史的な限界を見いだして、実践的な知を実現するにはどうしたらよいかを地道に見つけ、学問的言辞に回収されて見えなくなってしまった感じ方や考え方を掘り起こすということである。

　また、この点は国際政治を研究する局面だけでなく、国際政治や国際政治学を教育する局面においても生かされなければならないであろう。戦前の帝国大学における某教授の経済学の授業の第1回目は「経済学の限界について」からはじまったといわれる。既存のディシプリンをマニュアルのように教え込むのではなく、まず学問とはどういうものであって、どういうものでないのか、そして現在国際政治学といわれている学問はどのようなものであり、どのような問題を抱えているのかという、学問が置かれている状況を教えることからはじめ、「限界」を共有し、多様な世界認識・世界理解の可能

215

性を常に踏まえた上でその中身を学び、新たに作り上げていくような手法が
より望まれるということである。市川惇信が論じたように、ディシプリンと
はあくまで、「しつけ」のために必要なものでしかなく「ディシプリンが研
究を支配するというのは本質的におかしい」(市川 1990、48頁)ということ
をわれわれは教育の現場においてどこまで踏まえて実践できているであろう
か。またわれわれ自身がディシプリンによって支配され、またその権威を不
必要に再生産している可能性はどこまであるだろうか。

　国際政治学におけるペダゴギーのありかたもまた、これまで十分に検証さ
れてきたものとはいいがたいが、すでにこうした方向性をもった試みが生ま
れており、単にそれらを知らないだけなのかもしれないのであって、今後の
検証が必要であろう。いわば、「国際政治学教育」の「終わりとはじまり」
という論点である。単なる教育ハック的な教授法改善の域を超えたレベルで、
なにを、どのように教えるかを議論し実践していくことは、様々な意味で
「世界」を全体として考察しきれなくなっていると本章の諸論考が指し示し
ている古典的・伝統的なアナーキーとパワー・ポリティックスにもとづいた
学知を無反省に再生産することを防ぎ、より柔軟な国際政治・世界政治を研
究する学知を作っていく礎をなす営みであろう。

　いうまでもなく、以上の推論は第3章の執筆者という立場でもある筆者の
個人的なものにすぎず、また多くの誤りを含んでいる可能性が大いにある。
そして言うまでもなく、まったく別の方向からまったく別の推論が可能であ
る。また、筆者の「未知との出会い」の方法はあくまでその一つの不十分な
模型でしかなく、おそらくさまざまな、はるかに優れた手法でこうした検討
を施すことができるであろう。Xの発見による、A-L と A′-L′の描写を、
ロゴスのレベルだけでなくエートスやパトスのレベルでの人間としての国際
関係研究者のありようを教育面も含めて踏まえて検討していくということで
ある。「終わり」の議論を言いっぱなしの「雪合戦」にせずに、「はじまり」
に変えていくための試みが本書を契機にまさに「はじまる」ことを願ってや
まない。

参考文献

市川惇信（1990）『世界認識するシステム科学』三田出版会。

芝崎厚士（2015）「国際関係研究の将来――国際関係の研究からグローバル関係の研究へ」『年報政治学 2015-I』木鐸社、138-169 頁。

竹内啓（2001）『科学技術・地球システム・人間』岩波書店。

濱村仁（2016）「「休戦ライン」としての核不拡散体制――衝突する規範の妥協と二重基準論争」『国際政治』第 184 号、89-102 頁。

柳父章（2013）『未知との出会い――翻訳文化論再考』法政大学出版局。

山下範久・安高啓朗・芝崎厚士（2016）『ウェストファリア史観の脱構築――歴史記述としての国際関係研究』ナカニシヤ出版。

渡辺慧（1973）『時間の歴史――物理学を貫くもの』東京図書。

おわりに

　本書は数々の偶然と多くの方々のご尽力がなければ成立しえなかった。ま
ず筆者が2016年秋に新しく国際政治学会企画委員会主任となられる遠藤誠
治先生から声を掛けられ、企画委員会の一隅に名を連ねなければ、次いでい
ったんは没となった筆者の企画案「『国際政治学』は終わったのか？」がな
ぜか理事会から進めるようにと差し戻されなければ、さらにそれぞれご活躍
中で断られてもやむなしとお声をかけた諸先生方―報告者の小林誠先生、芝
崎厚士先生ならびに五十嵐元道先生、司会者の西村邦行先生、討論者の酒井
啓子先生と宮下雄一郎先生からご快諾を頂けなければ、本書のもとになった
2017年度日本国際政治学会研究大会部会9「『国際政治学』は終わったの
か？」は開催にまで辿り着けなかったであろう。幸い当日は多くの聴衆を集
めることができ、かかる分野横断的かつ包括的なディシプリンに関するテー
マがもつ訴求力を確認することができた。本来ならここで物語は終わりとな
るのであろうが、報告者の小林先生の鶴の一声「このセッションを本にして
はどうか」をもう一人の報告者の芝崎先生が受けとめ、部会終了後の昼食の
テーブルでは出版に向けた相談が開始された。さらに当日の部会に聴衆とし
て参加もしくは後日その議論にインスパイアされた安高啓朗先生、高橋良輔
先生、前田幸男先生が執筆者に加わり、本書の企画が始動した。当初は「来
年の国際政治学会での書評パネルに間に合わせる形で刊行したい」という芝
崎先生の言葉を半信半疑で聞いていた筆者であるが、今年の初めに京都に帰
省した折にお会いしたナカニシヤ出版の酒井敏行さんに出版を引き受けて頂
けることになり、刊行に向けたスケジュールが固まった。まずはセッション
のほぼ1年後に刊行予定日が設定されているというタイトなスケジュールの
なか、研究や大学での学務でご多忙であるにもかかわらず、充実した内容の
原稿をご執筆頂いた各先生方―小林先生、五十嵐先生、芝崎先生、酒井先生、

おわりに

西村先生、安高先生、高橋先生、前田先生に深い謝意を表したい。また本書の企画者ならびに共同編者として、在外研究で滞在中のスイスのバーゼルから事務能力に欠けた筆者を折に触れてサポートして頂いた芝崎先生に深謝申し上げる。さらに版元のナカニシヤ出版におかれては、研究書とりわけ論集の刊行にとって厳しい環境であるにもかかわらず、本書の刊行を引き受けて頂き、誠に感謝に堪えない。とりわけ編集をご担当頂いた酒井敏行さんには、こちらの不手際と入稿の大幅な遅れから多大なるご迷惑をおかけし、相当なご無理を強いてしまったことにお詫び申し上げるとともに、この場を借りて厚く御礼申し上げる次第である。

　　平成 30 年 10 月 13 日

葛谷　彩

執筆者紹介（執筆順、＊は編者）

＊葛谷　彩（くずや・あや）　序章
1970 年生まれ。京都大学大学院法学研究科博士後期課程研究指導認定退学。博士（法学）。国際政治学・ドイツ国際政治思想専攻。明治学院大学法学部准教授。『20 世紀ドイツの国際政治思想——文明論・リアリズム・グローバリゼーション』（南窓社、2005 年）、『現代ドイツ政治　統一後の 20 年』（分担執筆、ミネルヴァ書房、2014 年）、『歴史のなかの国際秩序観——「アメリカの社会科学」を超えて』（共編著、晃洋書房、2017 年）、ほか。

小林　誠（こばやしまこと）　第 1 章
1960 年生まれ。東京大学大学院法学政治学研究科博士課程単位取得退学。修士（法学）。国際政治学専攻。お茶の水女子大学大学院人間文化創成科学研究科教授。『市民社会論』（共著、おうふう、2016 年）、『グローバル文化学』（共編著、法律文化社、2011 年）、ほか。

五十嵐元道（いがらし・もとみち）　第 2 章
1984 年生まれ。サセックス大学国際関係学 Ph.D 課程修了。Ph.D（国際関係論）。国際関係論専攻。関西大学政策創造学部准教授。『EU の規制力』（共著、日本経済評論社、2012 年）、『支配する人道主義』（岩波書店、2016 年）、ほか。

＊芝崎厚士（しばさき・あつし）　第 3 章、終章
1970 年生まれ。東京大学大学院総合文化研究科博士課程単位取得退学。博士（学術）。国際関係思想・国際文化論専攻。2017-18 年バーゼル大学ヨーロピアン・グローバル・スタディーズ研究所客員教授。駒澤大学グローバル・メディア・スタディーズ学部教授。『近代日本の国際関係認識』（創文社、2009 年）、『国際関係の思想史』（岩波書店、2015 年）、『ウェストファリア史観を脱構築する——歴史記述としての国際関係論』（共編著、ナカニシヤ出版、2016 年）、ほか。

酒井啓子（さかい・けいこ）　第 4 章
1959 年生まれ。東京大学教養学科卒、英ダーラム大学中東イスラーム研究センターにて修士号（M.A.）取得。主たる専門分野は中東現代政治（主としてイラク）。千葉大学大学院社会科学研究院教授、グローバル関係融合研究センター長。『9.11 後の世界史』（講談社新書、2018 年）、『移ろう中東、変わる日本』（みすず書房、2016 年）、『フセイン・イラク政権の支配構造』（岩波書店、2003 年）、『中東政治学』（編著、有斐閣、2012 年）、ほか。

西村邦行（にしむら・くにゆき）　第 5 章
1980 年生まれ。米国フロリダ大学政治学部博士課程修了。Ph.D.（Political Science）。国際政治学・政治思想史専攻。北海道教育大学教育学部准教授。『国際政治学の誕生——E・H・カーと近代の隘路』（昭和堂、2012 年）、『日本の国際関係論——理論の

輸入と独創の間』（分担執筆、勁草書房、2016 年）、『歴史のなかの国際秩序観──
「アメリカの社会科学」を超えて』（共編著、晃洋書房、2017 年）、ほか。

安 高 啓 朗（あたか・ひろあき）　第 6 章
1978 年生まれ。ウォーリック大学大学院政治学・国際関係学研究科博士課程修了。
Ph.D.（政治学・国際関係学）。国際関係理論専攻。立命館大学国際関係学部准教授。
『英国学派の国際関係論』（分担執筆、日本経済評論社、2013 年）、『ウェストファリ
ア史観を脱構築する──歴史記述としての国際関係論』（共編著、ナカニシヤ出版、
2016 年）、「ネオリベラリズムの生命力──世界金融危機後のアメリカにみるネオリ
ベラリズムの行為遂行的効果」（『年報政治学』2017-I、2017 年）、ほか。

高 橋 良 輔（たかはし　りょうすけ）　第 7 章
1974 年生まれ。青山学院大学大学院国際政治経済学研究科一貫制博士課程修了。博
士（国際政治学）。政治理論・国際関係思想専攻。青山学院大学地球社会共生学部教
授。『国際政治哲学』（共編著、ナカニシヤ出版、2011 年）、『国際政治のモラル・ア
ポリア──戦争／平和と揺らぐ倫理』（共編著、ナカニシヤ出版、2014 年）、『デモク
ラシーとセキュリティ──グローバル化時代の政治を問い直す』（分担執筆、法律文
化社、2018 年）、ほか。

前 田 幸 男（まえだ・ゆきお）　第 8 章
1974 年生まれ。国際基督教大学大学院行政学研究科博士後期課程満期退学。博士
（学術）。政治学・国際関係論・政治地理学専攻。創価大学法学部准教授。『デモクラ
シーとセキュリティ』（分担執筆、法律文化社、2018 年）、『政治概念の歴史的展開』
（分担執筆、晃洋書房、2015 年）。主な論文に「気候変動問題から見る『惑星政治』
の生成──「人新世」時代に対応するための理論的諸前提の問い直し」（『境界研究』
第 8 号、2018 年）、ほか。

「国際政治学」は終わったのか
日本からの応答

2018 年 11 月 30 日　初版第 1 刷発行 （定価はカヴァーに表示してあります）

編　者　葛谷　彩　芝崎厚士
発行者　中西　良
発行所　株式会社ナカニシヤ出版
　　　　〒 606-8161　京都市左京区一乗寺木ノ本町 15 番地
　　　　TEL 075-723-0111　FAX 075-723-0095
　　　　http://www.nakanishiya.co.jp/

装幀＝白沢　正
印刷・製本＝創栄図書印刷
ⒸA. Kuzuya, A. Shibasaki et al. 2018　Printed in Japan.
＊落丁・乱丁本はお取り替え致します。
ISBN978-4-7795-1337-4　　C3031

本書のコピー，スキャン，デジタル化等の無断複製は著作権法上での例外を除き禁
じられています。本書を代行業者等の第三者に依頼してスキャンやデジタル化する
ことはたとえ個人や家庭内の利用であっても著作権法上認められておりません。

ウェストファリア史観を脱構築する
歴史記述としての国際関係論
山下範久・安高啓朗・芝崎厚士 編

ウェストファリアの講和に国際システムの起源をみるウェストファリア史観は、国際関係論にどのような認知バイアスをもたらしてきたのか。オルタナティブな国際関係論の構築をめざす知のインタープレイ。　三五〇〇円

国際関係論の生成と展開
日本の先達との対話
初瀬龍平・戸田真紀子・松田哲・市川ひろみ 編

坂本義和、高坂正堯から村井吉敬、高橋進まで、平和の問題を真剣に考え続けた先達たち。時代と対話した彼らの苦闘をたどり、日本における国際関係論が持つ内発性、土着性、自立性を問う。　四二〇〇円

戦争と戦争のはざまで
E・H・カーと世界大戦
山中仁美 著／佐々木雄太 監訳

国際関係、ソ連研究、歴史哲学に関わる卓越した思想家カー。「三人のカー」、「両義的」な理論、「難解な人物」と言われたその思想と行動の基本軸とは。英国に学び、志半ばで他界した著者渾身の学位論文の邦訳！　四六〇〇円

ロールズを読む
井上彰 編

正しい社会のあり方をめぐる問いに正面から向き合ったロールズ。規範理論と経験科学の接点に着目しながら、ロールズ正義論の全貌を明らかにする。ロールズ研究の最前線を示す決定版。　三八〇〇円

表示は本体価格です。

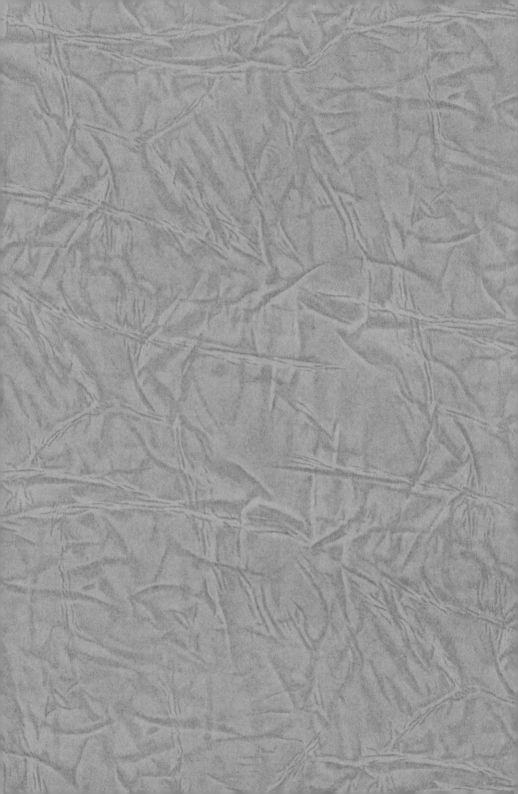